KB175719

경제학은 조직 원리와 통치 이데올로기를 넘어서 현대의 새로운 종교가 되었다. 이 지식 체계는 신고전학과 경제학으로 불리는, 매우 특정한 형태의 경제학으로 훈련받은 선택된 사제들에 의해서 통제된다. 저자들은 정교한 이론적 반성과 독창적인 경험에 기초한 예리한 분석을 통해 이들 사제와 그 제자들의 지배가 우리 경제와 사회를 얼마나 옥죄고 있으며, 어떻게 해야 우리가 이런 상황에서 벗어날 수 있는지 보여준다. 저자들은 동료 경제학자들의 폐단을 낱낱이 고발하면서 젊은이들을 대학의 울타리 너머로 조심스럽게 이끌고 있다. 매우 설득력이 있으며 냉철한 책이다.

장하준(케임브리지 대학 경제학부 교수, 『장하준의 경제학 강의』 저자)

이 책은 경제학의 사명에 대해 생각을 달리하는 대학원생들이 경제학 교수들에게 보내는 호소력 강한 경고장이다. 이들이 던지는 두 가지 주장은 경제학자들이 주도하는 '이코노크러시'는 우리의 미래를 맡길 경제 시스템으로 맞지 않다는 것과 민주통제(democratic control)의 사상과도 모순된다는 것이다. 따라서 문제는 양쪽에서 다루어져야 한다. 하나는 새로운 경제학을 만들어내는 것이며, 다른 하나는 시민에 대한 전문가의 책임성을 회복하는 것이다. 어떤 도전 앞에서도 굴하지 않을 이 진취적인 그룹이 집필한 대담하고, 논리가 탄탄하며, 유익한 이 책은 새로운 사회개혁 운동으로 나아가고자 하는 선언문으로 읽혀야 한다.

로버트 스키델스키(워릭 대학 경제학부 명예교수, 영국 학술원 회원)

전쟁이 장군들에게만 맡겨놓기에는 너무 중요한 것처럼, 경제야말로 특정 방식으로 훈련 받은 경제학자들에게만 맡겨놓기에는 너무나 중요한 분야이다. 하지만 이 책에서도 볼 수 있듯이, 우리의 명문 대학들이 이런 경제학자들을 배출하고 있다. 경제학자들이 사회에서 수행하는 역할을 감안할 때, 우리는 그들에게 현실과 거리가 먼 가정에 입각해서 방정식을 다루는 일보다 훨씬 더 많은 일을 하도록 요구해야 한다. 이 책은 그 요구가 왜 중요하며, 우리가 어떻게 해야 하는지에 대한 생각들을 일깨운다.

마틴 울프(《파이낸셜 타임스》 수석 칼럼니스트)

흥미롭고 매우 적절한 책이다.

노암 촘스키(MIT 교수)

이코노크러시

경제를
전문가에게만
맡겨놓는 것의
위험성
이코노크러시

조 얼, 카할 모런, 제크 워드 퍼킨스 지음 | 안철흥 옮김

페이퍼로드
paperroad

THE ECONOCRACY by Joe Earle, Cahal Moran and Zach Ward-Perkins

Original English language edition first published in 2000 under the title *THE ECONOCRACY* by Manchester University Press, Oxford Road, Manchester M13 9NR
Copyright © Joe Earle, Cahal Moran and Zach Ward-Perkins 2017
All rights reserved.
The Authors have asserted their moral rights.
This Korean edition was published by Paperroad Publishing Co. in 2019 by arrangement with Manchester University Press c/o IPR License Limited through KCC(Korea Copyright Center Inc.), Seoul.

이코노크러시
경제를 전문가에게만 맡겨놓는 것의 위험성

초판 1쇄 발행 2019년 2월 22일

지은이 —— 조 얼, 카할 모런, 제크 워드 퍼킨스
옮긴이 —— 안철홍

펴낸이 —— 최용범
편   집 —— 김소망, 박호진
디자인 —— 장원석
경영지원 —— 강은선
펴낸곳 —— 페이퍼로드
출판등록 —— 제10-2427호(2002년 8월 7일)
         서울시 동작구 보라매로5가길 7 캐릭터그린빌 1322호 (우) 07071
         Tel (02)326-0328 | Fax (02)335-0334
이메일 —— book@paperroad.net
포스트 —— http://post.naver.com/paperroad
페이스북 —— www.facebook.com/paperroadbook

ISBN 979-11-88982-76-9(03320)

차례

일러두기

1. 모든 각주는 역자주다.

2. 미주에 표기된 모든 url 주소는 2016년 4월~9월에 확인된 주소다.

3. 본문에 등장하는 도서명은 『　』, 신문·잡지·저널 등은 《　》, 영화 제목은 〈　〉로 표기했다.

나는 영국이 유럽연합에서 탈퇴하기로 한 국민투표가 치러진 직후에 이 서문을 쓰고 있다. 영국 국민들은 탈퇴에 따른 경제비용이 엄청나리라는 경제학자들의 조언을 무시한 채 투표소로 향했다. '이코노크러시'와 '데모크러시'가 전쟁을 치른다면, 바로 이것이 그 전쟁일 것이다. 누가 이겼는지는 꽤 명확하다. 전문가들보다 대중들에게 더 큰 지혜가 있었는지는 시간만이 증언할 것이다. 하지만 다른 걸 다 떠나서, 경제학자들이 가슴은 물론 머리를 얻기 위해서는 얼마나 먼 여행을 떠나야 하는지, 이 에피소드가 여지없이 보여준 것만큼은 틀림없다.

이것은 놀랄 일도 아니다. 지난 몇 년간 우리는 어느 누구도 겪어보지 못한 큰 규모의 경제 및 금융 위기를 목격했다. 위기의 여진은 아직 사라지지 않았고, 상처는 여전히 아물지 않았다. 그 위기의 여파로 막대한 상처를 입은 이들 중에는 경제학자들도 있는데, 이들이 그렇게 느낀다고 해서 부당한 것은 아니다. 실제로 금융 위기로 인해 금융 경제학이 위기에 봉착했다고 해도 과언은 아니다. 근본적으로 이번 영국 사태는 경제·금융 위기만큼이나 경제 분석의 위기이기도 했다.

그리고 이번이 처음도 아니다. 1930년대 대공황 직후에도 똑같은 일이 벌어졌다. 되돌아보면 치명적인 지식의 오류가 재앙적인 정책 실패를 이끌었고, 그 결과 막대한 경제적 손실을 초래했다. 이번 위기는 1930년대처럼 경제와 사회의 구조까지 난폭하게 훼손시키지는 않을 것이다. 하지만 위기는 아무리 봐도 실패한 지식의, 그리고 실패한 정책의 결과물이었다. 대공황 이후 그런 실패를 진단하고 개선하기 위해 케인스의 리더십이 필요했고, 이 과정을 통해 그는 20세기의 가장 영향력 있는 경제학자가 되었다. 위기는 위대한 도약의 기회를 제공한다. 하지만 적어도 지금까지는 현재의 위기가 21세기의 케인스를 낳지 못했다. 분석적인 측면에서도 어떤 커다란 도약을 목격하지 못했다. 아마 지금은 겨우 초기 단계일 것이다. 혁명, 특히 경제 분석 분야의 혁명은 틀이 잡히고 성장하기까지 시간이 걸린다. 사실, 새로운 인물은 부고 기사가 실린 뒤에야 떠오르는 법이다. 깨끗하게 청소하려면 새로운 빗자루가 필요하다. 경제학을 수렁에서 건져낼 인물은 기존의 학계나, 나처럼 정책을 만드는 공룡들 속에서가 아니라 새로운 세대의 학생들 중에서 출현할 것이라는 뜻이다.

이 책이 통렬하면서도 의미 있게 다가오는 이유는 그 때문이다. 이책의 저자들은 학생으로서 경제학자들의 위기를 지켜봤고, 그 후 위기를 타개하기 위한 과정에서 같은 학자로서 실패의 좌절을 맛본 이들이다. 최근 몇 년 사이에 경제학을 공부하려는 학생들의 수가 급증했다고 한다. 그들에게 위기는 위협만큼이나 기회를 의미할 것이며, 20세기에 케인스가 그랬던 것처럼 21세기의 경제학적 사고방식을 바꿀 지적 도약의 기회가 또 한 번 찾아올 것이다. 이는 위기의 어두운 구름 뒤로 비치는 한 가닥 은색 빛줄기와도 같다. 어떤 전문 분야도 이보다 더 훌륭한 재능을 요구하지 않는다.

그러나 이 자질이 경제학을 회생시키고 새롭게 할 만하다면 좀 더 현명하게 부여될 필요가 있다. 그것이 이 책이 전하는 경제학 비판의 핵심이다. 저자들의 비판은 기술적인 이론의 수준을 넘어선다. 즉, 현대 경제학의 주력 경주마인 신고전학파 모형이 경제 위기라는 실제 경주에서 절름발이로 판명되었다고 이들은 주장한다. 나아가 신고전학파 모형과 그에 수반하는 기술 언어가 정책적으로, 그리고 사회적으로 과도한 역할을 수행했다는 심층비평으로 이어진다. 첫째, 이 체계는 지적 역량에 비해 책임이 과도했다. 기존의 경제학 이론체계는 그들을 둘러싼 불확실성과 취약성을 감안할 때 감당할 수 없을 만큼의 과도한 정책을 책임지고 있었다. 둘째, 이 체제는 권력을 휘두르는 테크노크라트들에게 지나치게 큰 정책 권한을 부여했다는 점에서 과도했다. 이런 체제를 저자들은 '이코노크러시'라고 명명한다. 저자들의 논점을 정리하면, 이코노크러시는 기술적으로 너무 편협한 반면, 사회적으로 광범위한 영향력을 가진 체제이다.

이들 비판의 가능성을 평가하려면 아주 세심하게 살펴보는 것이 중요하다. 그중 일부에는 기술적 비판이 포함되어 있다. 주류 경제학 모형은 수학적 순수함의 제단에 현실주의를 희생시켰다. 그들이 단순화시킨 가설들은 실제 목적보다는 미학적인 용도로 사용되었다. 많은 경제학자들이 방법론적 단일 재배 방식으로 배출되었다. 그리고 위기가 닥치고 이 방식이 실패했음을 극적으로 확인할 때, 지적 다양성의 결여 때문에 치러야하는 학문적 대가는 혹독했다. 저자들은 또한 이런 단일 방식의 경제학자 배출이 대학 내 경제학 커리큘럼의 협소화로 이어졌다고 주장한다. 경제학 커리큘럼은 모형을 최적화하는 수학적 체조에만 초점을 맞출 뿐 경제의 작동방식을 둘러싼 일상적인 에어로빅은 거들떠보지 않는다. 이와 함께 경제사, 윤리학, 화폐와 은행, 근본적인 불확실성, 비합리적 기대 등 경제학과 뗄 수 없으면서 경제학을 풍성하게 만들어주는 과목들이 무시되었다. 간단히 말하자면, 경제학을 흥미로운 학문으로 만들고 중요하게 만드는 바로 그것들이 잊혀졌다.

내 개인적인 견해로 이들은 공정한 경찰관이다. 사실, 나는 이들의 비판 중에서 일부 학계 파벌에 대한 것만 빼면 더 이상 논란의 대상이 아니라고 생각한다. 위기 이후, 속도가 빠르지는 않지만 변화에 상당한 진전이 있었다. 리싱킹 경제학이라는 이름으로 모여 있던 대학들의 국제 네트워크로부터 변화를 위한 움직임이 시작되었다. 나는 커리큘럼을 확장하고 심화시키기 위한 학생들의 노력을 지지해 왔으며, 맨체스터 대학 학생들이 작성한 2014년 커리큘럼 개혁 보고서의 서문을 쓰기도 했다(이것과는 다른 서문이다!). 물론 학계 내부에서도 진전은 있었다. 유니버시티 칼리지 런던(UCL)의 웬디 칼린과 그녀의 동료들의 노력이 주목할 만한데, 그들은 CORE•라고 부르는 새로운 쌍방향 경제학 커리큘럼을 개발했다. 이는 금융위기를 거치면서 단점이 적나라하게 드러난 기존의 거시경제학 도구들을 현실 세계에 더 적합하도록 보완하기 위한 시도였다. 이들의 주목할 만한 성취는 좀 더 세력을 모으고 지지를 받을 만한 가치가 있다.

이 책이 전하는 경제학 비판의 두 번째 요소는, 이는 사실상 첫 번째 비판의 연장이기도 한데, 경제학자들이 사용하는 언어가 일반 대중들에게 확실하게 진입장벽의 역할을 했다는 점이다. 이는 의도적으로 장벽을 세웠다고도 할 수 있다. 금융 경제학도 이 점에서는 예외가 아

• 풀 네임은 'Curriculum in Open access Resources in Economics'이며 '경제학 과정 오픈 액세스 커리큘럼' 정도로 옮길 수 있다. CORE에 대한 자세한 내용은 제4장에서 다루어진다.

니다. 모든 교수들이 적어도 어느 정도는 진입장벽을 노린 자체 어휘집을 가지고 있다. 언어는 전문가들이 자기 분야에서 인적 자본과 관련한 지대(rent)를 보전할 수 있는 유일한 방법이다. 이런 방식이 옳지 않은 것임에도 왜 경제학을 선택해야 할까? 경제학이 어느 면에서는 성공의 희생자라는 것이 하나의 논점이 될 수 있다. 경제학의 기본 원칙과 체계들은 온갖 종류의 공적인 논쟁과 담론 속에 녹아들어 있다. 그것들은 오늘날 거의 모든 공공 정책과 관련한 논쟁의 틀을 규정한다. 경제학이 그렇게 다양한 방식으로 사회 구성원들에게 영향을 미치고 있다면, 경제학을 모두가 명쾌하게 이해할 수 있도록 만드는 특별하고도 독특한 책임감이 필요할 것도 같다.

나는 이들의 비판이 상당한 힘을 지니고 있다고 믿는다. 하나의 예로, 나는 내 연설을 포함해 영국은행(BOE)의 내부 소통 과정에서 얼마나 복잡한 언어들이 사용되는지 살펴보았다. 일간지 지면보다 훨씬 어려운 어휘들이 사용되고 있었고, 타블로이드 신문 지면과는 비교할 수조차 없었다. 다시 말해서 은행 내부 커뮤니케이션에서 사용되는 대부분의 어휘들이 대다수 대중들이 쓰는 어휘와 너무 달랐다. 영국의 EU 탈퇴가 가져올 경제적 비용에 관한 다양한 보고서들도 아마 이런 장애물을 넘어서지 못했을 것이다. 이 보고서들은 주로 엘리트들에 의해, 엘리트들을 위해 작성된 것이다. 아직까지는 복잡한 기술 언어를 쉽게 전달하는 것과 관련한 경제학계 내부의 긴장감은 찾아볼 수 없다.

일기 예보를 하는 것보다 기술적으로 복잡한 활동은 거의 없다. 이는 방대한 데이터를 가져와서 강력한 정보 기술을 사용하여 매우 복잡한 모형을 거의 실시간으로 처리하는 과정을 포함하고 있다. 하지만 이렇게 산출된 결과물은 모든 사람이 쉽게 이해할 수 있도록 간단한 어휘와 그래픽으로 표현된다. 기상학자들은 자신들이 그렇게 하고 있다고 확신한다. 현재 경제학자들에게는 이 기술이 부족하다.

경제학에 대한 대중적 이해를 개선하는 프로그램을 만들자고 제안하는 것은 쉽다. 저자들이 이 부분에서 제 역할을 잘하고 있다는 점은 의심할 여지가 없다. 그러나 경제학자들에게 대중을 이해시키는 프로그램도 마찬가지로 중요하다. 예를 들어 기업이나 자선 단체의 프로젝트에 교수들을 참여시킬 방법을 찾고, 실질적으로 그들의 역할을 배치하는 것 등이 여기 포함될 수 있다. 실제로 내가 공동 설립을 지원한 자선단체 프로 보노 경제학에서 그런 일을 하고 있다.

경제학 비판의 세 번째이자 마지막 요소는 경제학이 정치로, 경제학적 기술이 사회로 이어지는 연결 고리에 관한 것이다. 여기에서 논쟁의 초점은 선출되지 않은 테크노크라트들이 단지 경제학 학위와 방정식을 다루는 능력만으로 무장한 채 사회적 선택을 하도록 남겨졌다는 것이다. 다시 말해, 의식하지 못하는 사이에 정치적 선택권이 익명의 테크노크라트 손으로 넘어가버렸고, 그로 인해 민주주의의 결핍이 발생하고 있다. 종종 인용되는 한 가지 사례가 중앙은행의 양적완화(QE) 조치이다. 이는 의도적으로 자산 가격을 부풀리기 위한 조치이다. 하지만 이에 따른 재산상 이득은 균등하게 발생하지 않는다. 그것들은 이미 부자들 쪽으로 기울어져 있다. 따라서 양적완화는 선출되지 않은 테크노크라트들에 의해 우발적으로 저질러진 분배 행위라고 할 수 있다. 비슷한 비판을 듣는 것으로 낮은 이자율을 들 수 있는데, 이는 대출을 늘리고 저축을 줄여 분배의 왜곡을 야기한다.

우리는 이제부터 이 논쟁들의 맥락을 살펴봐야 한다. 중앙은행이든 다른 어떤 기관이든 거의 모든 공공기관의 정책이 분배에 영향을 미친다. 공공 정책은 어느 한 시점의 사람들 간에, 또는 시간 경과에 따라 세대 간에 자원을 이동시킨다. 통화 정책이 저축하는 사람과 돈을 빌리는 사람 사이에서 자원을 이동시키듯이, 재정 정책은 부자와 빈자 사이에서, 지금 세대와 다음 세대 사이에서 자원을 이동시킨다. 모든 공공 정책의 목표는 최대한 많은 배를 들어 떠우는 것이다. 하지만 모든 배를 매번 똑같이 떠울 수는 없다.

그렇게 할 수 없다는 것이 모든 정책 결정을 정치인들에게 맡겨야 한다든지, 혹은 국민투표를 통해 대중에게 위임되어야 한다는 것을 의미하지는 않는다. 정치적 과정에서 제3자 원칙을 취하도록 훈련받은 전문성은, 정치 일정이나 파퓰리즘의 압박에도 불구하고 사회의 장기적인 이익을 위해 판단할 수 있도록 하는 중요한 역할을 한다. 금리를 중앙은행이 독립적으로 관리하도록 하는 관행이 매우 보편적으로 여겨지는 까닭도 이 때문이다.

테크노크라트들은 중요한 정책 인프라다. 그들은 역사적으로 국가의 성공을 위한 핵심 요소로 간주되어왔다. 하지만 정책 당국이 위임받은 권한을 행사할 때, 그에 따른 무거운 책임은 선출되지 않은 테크노크라트들의 몫이다. 이는 관료 제도가 의회뿐 아니라 더 많은 대중의 지속적인 동의를 필요로 한다는 것을 의미한다. 영국은행을 비롯한 공공기관들은 지난 수십 년에 걸쳐 큰 진전을 이루었다. 이들 기관은 보고서와 회의록, 사본, 연설문, 의회 출석 등을 통해 이전에는 상상할 수도 없었던 수준으로 공개적인 감시를 받고 있다. 거의 투명성과 책임성의 혁명이라 할 만하다. 그리고 그것은 필수적인 것이 되었다.

그런데 특히 일반 대중을 대상으로 책임성과 투명성을 개선하기 위해 할 수 있고, 해야만 하는 일이 더 있을까? 있을 것이다. 공공기관을 향한 대중의 신뢰는 경제 위기로 인해 크게 상처가 났으며, 일부 기관은 매우 심각할 정도이다. 찌그러진 부위를 고치는 것은 단순히 차체 도장을 새로 하는 것보다 많은 시간이 걸릴 것이다. 해당 기관들은 대중들이 기관의 정책 수행과 그 의도를 이해할 수 있도록 참여와 설명, 교육 프로그램들을 더욱 새롭고 다양하게 모색해야 할 것이다. 중요한 것은 사회적 이해 관계자들의 의견을 듣고, 그들로부터 배우는 새롭고 폭넓은 수단이 필요하다는 것이다.

나는 우리가 이코노크러시에서 살고 있는지 아닌지 알지 못한다. 그것이 사회에 좋은 뉴스인지 나쁜 뉴스인지는 더 말할 것도 없다. 내가 아는 것은 기술적 전문성과 지식이 신뢰를 잃고 무시된다면 사회의 실패 가능성이 높아진다는 것이다. 위대한 겸손으로 무장한 전문성과, 과거 어느 때보다 더 많은 사회의 이해 관계자와 함께하려는 욕구가 그런 결과를 피하기 위한 유용한 발걸음이 될 것이다. 이 책은 그런 발걸음을 내딛도록 우리를 격려하고 있다. 경제학자들에게는 이 책의 저자들이야말로 위대한 경제학자일 것이다.

2016년 7월
영국은행 수석 이코노미스트
앤디 홀데인

감사의 말

이 책은 세계 곳곳에서 일어나는 경제학 학생운동의 주장을 담았다. 따라서 우리는 학생운동에 참여하고 있는 이들에게 감사하며, 세계 곳곳에서 더 좋은 경제학 교육을 위해 싸우는 이들의 노고를 기억하고자 한다. 우리는 현재 경제학이 처한 상황에 대한 그들의 우려와 좌절을 담아내려고 노력했다.

우리는 또한 책을 쓰면서 도움을 받은 분들에게 감사를 드리고 싶다. 이번 프로젝트를 연구하도록 도와준 Louis James와 연구 결과를 명쾌하게 발표할 수 있도록 도움을 준 Cleo Chevalier에게 특별한 감사를 표한다. Gail Matthews의 교열 덕분에 우리 원고는 일관성을 유지할 수 있었다. 남은 문제가 있다면 전적으로 우리 탓이다. 우리는 또한 Will Horwitz, Gemma Wearing, Emma Hamilton, Yuan Yang, Rafe Martyn, Ben Glover, Andrew McGettigan, Victoria Chick, Ha-Joon Chang, Daniel Chandler, Jonathan Aldred, Claire Jones, Cameron Murray와 Philip Pilkington의 상세하고 건설적인 피드백 덕분에 많은 도움을 받았으며 고맙게 생각한다. 이밖에도 이 책을 쓰면서 도움 받은 분들을 모두 열거하기에는 지면이 한정되어 있음을 안타깝게 여기며 우리에게 도움을 준 모든 분들께 감사드린다. 또한 Diane Coyle, Martin Wolf, Diane Elson, Pat Devine, Anne Booth 를 비롯하여 친절하게 인터뷰에 응해준 분들(일부는 익명)과, 제4장에서 역사가의 의견을 피력해준 Aashish Velkar에게 감사를 드린다. 우리 는 또한 리싱킹 경제학(Rethinking Economics)의 모든 스태프들과 특히 Diana Garcia Lopez, Kiryl Zach, Olivia Wills, Severin Reissl, Isaac Stovell, Eleanor Baggaley Simpson에게 감사드린다. Andy Haldane 에게는 매우 큰 감사를 드리는데, 그는 이 책의 서문의 필자이자 우리 학생운동의 지지자이며, 우리가 자랑스러워할 만한 경제학자이다.

이 책의 출간은 프렌즈 프로비던트 재단(Friends Provident Foundation)과 리싱킹 경제학의 관대한 지원이 없었다면 완성되지 못 했을 것이다. 우리는 Andrew Thompson의 개인적인 도움에 대해 특 별한 고마움을 표한다. 우리는 맨체스터 대학 출판부의 모든 분들과 이 책의 제작 과정에 참여하신 모든 분들께 감사드린다.

마지막으로 우리는 두 그룹에게 인사를 드리고 싶다. 먼저 맨체스 터 자본주의 시리즈의 편집자 Karel Williams와 Mick Moran은 우리 를 믿고, 이 책에 담긴 많은 아이디어가 성장하도록 도움을 줬다. 마지 막으로 우리를 계속 믿고 후원한 우리의 친구와 가족들, 특히 Andrew, Jessie, Ruby, Rachel, Richard, Ben, Bryan과 Kate에게 감사한다.

경제학을 전문가에게만 맡겨놓는 것의 위험성

모든 세대가 틀림없이 세상을 개혁하고자 하는 욕구를 느낄 것이다. 내가 아는 한 세상을 개혁하는 것은 어렵겠지만, 그런 생각은 점점 더 커져갈 것이다. 그런 생각이 바로 세상이 스스로 무너지는 것을 막아내는 힘이기 때문이다.

알베르 카뮈[1]

이 책의 저자들은 2008년 세계 금융위기의 소용돌이를 겪으며 성장한 세대이다. 위기는 난데 없이 들이닥쳐 우리의 청소년 시절을 가로막고, 국제적으로 커다란 충격을 불러일으켰다. 뉴스는 연일 과도한 부채, 신용부도 스와프, 서브 프라임 모기지에 대한 우려와 혼란상을 보도했다. 이런 이상한 통과의례를 거치며 우리는 완전히 새로운 세계와 처음으로 대면했다.

운전교습 강사는 검은 수요일 이후 이자율이 급등하자 집을 잃었고 이어서 결혼생활도 파탄이 났다. 학교에서 교사들은 취업시장에서 통하는 자격증을 취득할 필요가 있다고 강조했고 정치권에서는 경제적 신뢰를 두고 논쟁이 끊이지 않았다. 우리는 이런 경험을 통해 경제학이 우리가 사는 사회의 한가운데를 차지하고 있다는 사실을 점점 분명하게 깨달았다. 경제는 거의 모든 곳에서 존재감을 발휘했다.

우리의 많은 친구들과 가족들이 느끼는 감출 수 없는 불안감이 세계 경제의 중심지를 불쾌하게 짓눌렀다. 우리는 화제가 경제학에 이르기만 하면 대화가 중단되던 무수히 많은 사례를 기억한다. 누군가가 '그 많은 돈을 누구한테 다 갚아야 하지?'라고 묻거나, 또는 '경제가 망가지기 때문에 그렇게 하면 안 된다'라고 말했다. 침묵이 흐르고, 모두들 한 번씩 어깨를 으쓱거린 뒤 대화는 신속하게 마무리되었다.

물론 전혀 주저함이 없어 보이는 사람들도 있었다. 경제학자와 정치인, 언론인, 정책 입안자들은 정기적으로 언론에 나와 경제 건전성에 관한 의견을 제시하고, 이번 사태나 저번 정책이 경제에 미칠 영향을 예측했다. 이 남자들(대부분이 남자들이었다)은 자신감이 넘치고 권위적이었으며, 그들의 의견은 존중 받았다. 그들은 전문 용어와 그래프, 통계 자료를 사용하면서 이야기를 나누었기 때문에 무슨 말을 하는지 이해하기 어려웠다. 우리는 세계를 이해하고 그 속에서 역할을 찾기 위해서는 그들의 언어를 구사할 필요가 있다고 느꼈고, 그런 계기로 우리 세 사람은 같은 해인 2011년 맨체스터 대학에서 경제학 공부를 시작했다.

그 후 우리의 처지가 바뀌었다는 느낌이 들었다. 이제는 토론의 주제가 정치적 이슈로 바뀌고 누군가 의견을 제시하면 사람들은 마치 '경제학적인 측면에서 말이 되나요?'라고 묻는 얼굴로 우리를 쳐다본다. 가끔은 '당신은 경제학자잖아요. 어떻게 생각하세요?'라고 노골적으로 묻기도 한다. 경제학을 배우는 학생으로서 우리는 정치적 논쟁이 가치가 있는지의 여부를 판정할 수 있는 이상한 권위를 갖게 되었다.

이런 상황이 우리는 불편하다. 이제 졸업생인 우리는 대학의 경제학 교육이 우리가 누린 권위를 정당화할 만한 지식이나 기술을 제공하지 않았다는 것을 통렬하게 깨닫고 있다. 우리는 대학에서 배운 것으로는 세상을 이해하는데 별 도움이 되지 못한다는 것에 엄청 좌절하면서 대학 2학년 때부터 경제학 교육 개혁 운동을 시작했다. 우리가 객관식 시험을 위한 추상적인 경제 모형을 외우고 되새기는 사이 유로존의 위기는 절정에 달했고, 그리스와 이탈리아는 재앙의 위기에 직면했다. 강의 시간에는 이런 내용이 전혀 언급되지 않았을 뿐 아니라, 우리가 배우는 것들은 현실을 이해하는 데 아무런 관련이 없어 보였다. 불편한 진실을 못 본 체하기는 너무 힘들었다.

2013년 초였다. 우리는 거의 몰랐지만 다른 학생들도 세계 곳곳에서 비슷한 캠페인을 시작하고 있었고, 시간이 지나면서 우리는 리싱킹 경제학이라는 네트워크 안에서 그들과 연결되었다. 놀랍게도, 경제학이 깊이 병들어 있으며 그 결과 학생과 시민들이 소홀히 취급되고 있다는 일치된 감성이 대륙과 언어를 뛰어넘어 우리를 하나로 묶었다. 어쩌면 경제학자가 되기 위한 과정을 밟고 있었을 수도 있던 시간에 우리는 외부인의 눈으로 경제학을 볼 수 있었다. 우리는 이런 결함이 있는 교육의 파급 효과가 대학의 극장식 강의실 너머 멀리까지 퍼지는 것을 목격했다. 또한 적절한 과정을 거쳐 수여받았는지 여부와 관계없이 경제학 학위가 사회에 나가서 중요한 자리를 차지하는 관문 역할을 한다는 사실을 깨달았다.

이런 경험을 바탕으로 우리는 경제학에서 소외되었다고 느끼는 사람들에게서 중요한 해법을 구할 수 있음을 깨달을 수 있었다. 누군가 '나는 그냥 경제학이 이해가 안 된다'라거나 '경제학은 나한테 중요하지 않다'라고 말한다면 그들은 현대 사회에서 사회를 정의하는 특징 중 하나를 강조하고 있는 것이다. 우리는 오늘날 전 세계적으로 퍼져 있는 일종의 정치 시스템을 설명하기 위해 이코노크러시라는 용어를 만들었다. 이코노크러시에는 정당이 활동하며 정기적인 선거를 치르는 등 모든 형식적인 대의 민주주의의 장치가 갖추어져 있지만, 정치적 목표는 협소한 경제적인 관점을 통해 정의되며, 결정은 의미 있는 공공의 감시를 거치지 않은 채 이루어진다. 물론 전쟁이나 국가안보 같은 정치의 영역들까지 경제에 미치는 효과 측면에서 다루어진다고 볼 수는 없지만, 정치가 경제학의 영향력 안으로 축소되는 현상이 전반적인 추세인 점은 분명하다.

세계적으로 약 7,000개의 언어가 사용되는 것으로 추정된다. 경제학 언어는 가장 새롭고 잘 알려지지 않은 언어 중 하나이지만, 급속하게 가장 중요한 언어 중 하나가 되고 있다. 그 결과 시민들은 점점 더 자신이 어찌할 수 없는 세계에서 살아간다. 경제학의 언어를 구사할 수 없다는 것은 경제나 정치 시스템의 운영에 관한 의미 있는 목소리를 낼 수 없다는 것을 의미한다. 아주 현실적으로 말하자면 시민들은 중요한 정치 제도와 과정에서 배제되어 있으며, 전문가와 정치인들에게 책임을 묻기 위해 안간힘을 쓰고 있다. 많은 사람들이 이런 느낌을 어느 정도 가지고 있는 것으로 보인다. 우리는 여론조사기관 유고브(YouGov)에 의뢰해서 1,696명의 사람들에게 정치인과 미디어가 경제학을 다루는 방식에 대해 어떻게 생각하느냐고 물었다. 겨우 12%의 사람들만이 이해하기 쉬운 접근방식이라고 응답했다.[2]

경제가 정치와 정책 입안 과정에서 핵심적인 위치를 차지하면서 경제학은 커다란 영향력을 가지면서도 고도의 기술적인 학문이 되었다.

경제학은 대다수의 사람들의 안중에 없으며, 비전문가가 토론에 참여할 수 있도록 하는 어떠한 노력도 하고 있지 않다. 이는 경제학을 정치적인 것보다는 기술적인 주제로 보이도록 하고, 나아가 민주주의적인 문화와 논쟁을 약화시키는 결과로 이어진다. 이런 민주주의의 결핍은 소수가 공공의 감독을 받지 않은 채 경제적 권위를 독점하는 체제로 이어진다. 매년 만 명의 경제학과 졸업생이 배출되며, 이들은 규제기관에 들어가거나 공무원, 컨설턴트, 언론인, 그리고 전통적인 의미의 경제학자가 된다. 이들이 사회의 경제 전문가들이며, 우리는 그들에게 경제를 관리하도록 의존한다. 그들은 현재 시민들이 이해할 수 없는 언어를 구사하고, 시민들에게는 없는 상당한 권한을 가지고 아무런 의심 없이 시스템을 작동시키도록 교육이 아니라 훈련을 받고 있다. 그들은 공공의 의견 취합 과정을 거치지 않더라도 경제를 이해하고 측정하고 관리할 수 있는 지식과 도구를 가질 수 있다는 자신감으로 가득 차 있다.

하지만 경제학 교육의 문제점은 환경 재앙이나 불평등 심화, 금융위기와 같은 오늘날 세계가 직면한 가장 중요한 문제들의 상당수를 대부분의 강의에서 다루지 않거나, 다루더라도 심도와 복잡성을 지나치게 단순화시켜서 가르친다는 점이다. 이런 식으로 교육을 받은 결과 우리에게는 차세대 경제 전문가로서 주어진 권력을 효과적으로, 책임 있게 사용할 만한 준비가 너무 부족하다.

경제학은 '우울한 과학'으로 불리며, 경제학자들조차도 혼란스러워할 정도로 너무 많은 전문 용어를 생산해냈다. 하지만 본래 경제학은 70억 인구의 개인적이고 집단적인 선택을 다루는 이야기라고 할 수 있다. 우리의 삶은 온통 경제에 둘러싸여 있다. 우리는 일을 하면서 생산에 기여하고 물건을 사면서 소비에 기여한다. 우리가 태어나고, 교육을 받고, 실직하고, 아플 때마다 그 비용은 정부 지출로 기록된다. 우리가 살기 위해서는 소득을 올리든지 부를 쌓든지 경제생활을 해야 하며, 경제 행위는 우리의 결정에 달려 있다. 위기 상황이 찾아오면, 다시 말해 개인이, 가족이, 계급이, 그리고 사회 전체가 분열하거나 변화를 겪을 때면, 우리가 개별적으로 겪는 상황들이 더 넓은 경제에서 일어나는 사건들과 얼마나 긴밀히 연결되어 있는지가 분명해진다. 우리가 원하든 아니든 우리는 경제학의 자장에서 벗어날 수 없다. 2008년의 금융위기가 그런 사실을 확실히 보여줬는데, 존 랜체스터는 이런 상황을 다음과 같이 완벽하게 묘사했다.

> 돈과 경제학을 이해하는 사람과 우리 같은 나머지 사람들 사이에는 커다란 격차가 있다. 격차의 일부는 돈의 흐름에 은밀하게 개입하는 과정에서 계획적으로 발생했지만, 격차를 벌리는 더 큰 요인은 양쪽 모두가 단지 지금처럼 사는 게 더 쉽다는 사실과 관련이 있다고 나는 생각한다. 돈을 가진 사람들은 자신이 무엇을 하는지 설명할 필요가 없었고 스스로 규칙을 만들 수 있었으며 합의에 따른 혜택을 봤다. 반면 우리 같은 나머지 사람들에게 멋진 일이란 경제학 따위를 결코 생각할 필요가 없다는 것뿐이었다. 오랫동안 그것은 서로에게 좋은 것처럼 보였다. 하지만 더 이상 그렇지 않다.[3]

경제학은 모든 사람들에게 영향을 미친다는 점에서 명실상부하게 모두를 위한 학문이다. 따라서 전문가에게만 맡겨놓기에는 너무도 중요하다.

전문가와 시민의 격차가 생긴 것이 누군가의 고의에 의해서라고

할 수는 없다. 경제 전문가들은 장막 뒤에 숨어서 활동하는 어둠의 집단이 아니다. 그보다는 우리가 사는 국가야말로 특정한 역사적 상황의 소산이다. 우리는 이 책에서 경제학이라는 학문이 걸어온 길과 20세기의 정치적 사건들, 그리고 고등교육 개혁이 어떤 식으로 결합되면서 전문가들에게 경제적 의사 결정을 맡겨버리는 세계를 만들어냈는지 보여줄 것이다. 우리는 누군가를 비난하기 위해서가 아니라, 우리의 상황을 인식하고 모두 함께 해결책을 찾아보자는 뜻으로 이 책을 썼다.

우리는 이제부터 대학의 경제학 교육 과정 내부로 들어가서 샅샅이 파헤치고 때로는 맹렬히 비판할 것이다. 물론 우리는 그 교육과정이 많은 것을 제공하고 있으며, 우리가 기대하는 변화의 핵심에 위치하고 있다는 점을 잘 알고 있다. 우리는 경제 전문가들이 세계를 어떻게 보고 있으며, 그들의 이론은 쓸 만한지(혹은 그렇지 않은지), 그리고 그들의 전문성은 한계가 어디까지인지 등에 대해 사람들이 더 많이 알고 있어야 한다고 생각한다. 경제학과 우리 사회에 대한 이해의 폭을 넓힘으로써 시민들은 전문가나 정치인들과 동등한 처지에서 그들의 경제학적 주장을 검토하고 책임을 물을 수 있다.

무엇보다 중요한 것은, 사람들이 경제학을 어려워하지 않고 쉽게 접근할 수 있도록 만들어서 경제 토론과 의사 결정 과정에 더 많은 대중적 참여를 이끌어내는 것이다. 리싱킹 경제학의 목표는 경제학 교육 과정을 개혁하여 미래의 전문가들이 경제를 더 잘 이해하고 사회와 소통할 수 있도록 하는 것이다. 또한 우리는 경제학이 본질적으로 사회 구성방식에 대한 공적 논의를 바탕으로 해야 한다고 믿기 때문에 경제학을 민주화하려고 노력하고 있다. 여기에는 전문가의 역할이 중요한데, 그것은 멀리 있는 권위자가 아닌 겸손한 조언자로서의 역할일 것이다.

알베르 카뮈 세대의 과제는 핵전쟁으로 인해 '세상이 스스로 무너지는 것'(the world from destroying itself)을 막아내는 것이었다. 우리 세대는 금융 위기에서 지구 온난화, 식량과 에너지 불안에 이르기까지 실존적 위협에 직면해 있다. 이런 재앙을 예방하고 지속 가능하고 안정적이며 풍요로운 사회를 건설하기 위해 우리 세대는 경제를 새롭게 상상할 수 있는 능력을 가져야 한다. 그리고 그렇게 할 수 있으려면 경제학을 전문가로부터 되찾아 와서 기술적인 학문이 아닌 공적인 대화에 바탕을 둔 학문으로 전환시켜야 한다.

리싱킹 경제학

이 책의 저자들은 모두 리싱킹 경제학(RE)에서 활동중인 회원이다. 이 책을 쓰는 동안 RE에는 13개 국가의 40개 그룹이 참가하고 있었다. 이 책은 경제학을 개혁하려는 학생운동의 역사와 주장에 대한 우리의 해석이며, 전 세계 학생들의 목소리가 담겨 있다. 하지만 우리가 이 운동을 전체적으로 대변한다고 말하기는 어렵다. RE의 회원 중 일부는 우리의 주장이 너무 과격하다고 느낄 수 있으며 더 나아가야 한다고 생각하는 사람도 있을 것이다.

우리의 운동은 더 많은 개방성과 다양성, 참여와 반성을 요구하고 있으며 모든 다양한 견해를 환영한다. 우리는 이 책이 그런 원칙들을 반영하고 있을 뿐 아니라, 그렇게 함으로써 우리가 원하는 변화의 일부가 되기를 바란다. 이 책을 읽은, 그리고 전문가에게 경제학을 맡겨 놓지 않은 독자들께 감사드린다. 리싱킹 경제학에 대해 더 알고 싶거나 관련 정보를 얻고자 하는 이들을 위해 홈페이지 주소를 남긴다.

리싱킹 경제학 공식 홈페이지 : http://www.rethinkeconomics.org

주

1   알베르 카뮈가 1957년 10월 10일 스웨덴 스톡홀름 시청의 노벨문학상 수상 기념 연회장
    에서 연설한 내용 중 일부이다. 다음을 참조하라. http://www.nobelprize.org/nobel_
    prizes/literature/laureates/1957/camus-speech.html

2   전체 투표 결과는 다음을 참고하라. https://d25d2506sfb94s.cloudfront.net/
    cumulus_uploads/document/5tw8cdop65/RethinkingEconomicsResults_160229_
    Media&Economics_w.pdf

3   John Lanchester, *How to Speak Money*, London: Faber & Faber, 2015, xiii - iv.

제1장

이코노크러시

이코노크러시(e·con·oc·ra·cy) [명사] *정치적 목표가 경제에 미치는 영향에 따라 정해지며, 전문가의 관리를 요하는 별도의 논리 체계가 존재한다고 믿는 사회*

이코노크러시에서 살기

이코노크러시는 사람들이 일상적으로 쓰는 말 속에 뚜렷이 존재한다. 미디어는 '경제'를 하나의 실체로 거론하고, 무엇이 '경제에 좋은지' 혹은 '경제에 좋지 않은지'에 대해 언급한다. 경제는 속도를 높이거나 늦출 수 있고 개선되거나 쇠퇴할 수도 있으며 추락했다가 회복할 수도 있지만, 어떻게 되든 정치적 관심사로 남아 있어야 한다. 오늘날 정치인들은 뭔가를 하려면 늘 경제의 중요성을 염두에 두어야 한다. 대표적인 예로 빌 클린턴 전 미국 대통령의 선거운동 팀이 '바보야, 문제는 경제야!'라는 구호를 내걸고 선거를 치른 것을 들 수 있다. 영국에서는 데이비드 캐머런 총리가 2010년 선거 직후 '우리 정부의 최우선 과제는 경제 개혁'이라는 주제로 연설했다.[1] 영국 노동당의 존 맥도

넬 예비내각 재무장관 또한 2015년 자신의 경제적 신뢰도를 확보하기 위해 세계적인 저명한 경제학자들을 포함하는 경제 자문위원회를 설립하겠다고 발표했다.[2]

경제정책의 신뢰를 얻지 못한 정당이 선거에서 승리한 전례는 거의 없다. 2015년 영국 총선을 앞두고 가장 자주 다뤄진 이슈는 선거 자체를 다룬 뉴스를 빼면 단연 경제였다.[3] 정치인과 논객들은 상대방 정책을 '정책적으로는 좋지만 경제적으로는 나쁘다'[4]고 폄하하고, 이러한 정책들이 경제 이론과 모순되거나 의도하지 않은 결과를 초래할 것이라고 주장한다. '경제적으로 무책임하다'는 꼬리표는 정치적 반대자의 신뢰를 떨어뜨리기 위한 폭탄처럼 사용된다.

이코노크러시에는 나름의 의식과 전통이 있다. 국가 통계청은 분기마다 지난 분기 동안 생산된 재화와 서비스의 화폐 가치를 측정하여 국내총생산(GDP) 추정치를 발표한다. GDP는 경제를 판단하는 중심적인 통계이다. 발표를 전후한 며칠 동안 온갖 미디어에서 생산성, 성장률, 교역량 변화, 정치적 사건과 시장에 대한 신뢰 등을 둘러싸고 경제 전문가들이 열띤 논쟁을 벌인다. 이런 방식으로 그들은 경제를 예측하고 미래를 진단한다.

모든 관심이 경제로 집중되면서 우리 삶의 다양한 영역들이 얼마나 경제에 도움이 되느냐는 잣대로 자신의 존재 가치를 드러낸다. 한 유명 아동자선단체는 국민들의 읽고 쓰는 능력을 키우면 2020년까지 GDP를 1.5% 증가시킬 수 있다면서 아버지들이 아이들에게 책을 읽어주는 걸 장려하는 캠페인을 정당화했다.[5] 2014년 경제협력개발기구(OECD)는 영국에서 정신건강문제로 인한 노동 생산성 저하, 급여 지급 및 의료비 지출 등으로 매년 700억 파운드(GDP의 약 4.5%) 정도의 비용

이 든다고 강조했다.[6] 군주제의 존재조차 종종 경제에 미치는 유익한 효과 측면에서 정당화된다.[7]

예술진흥원은 오늘날 '예술 경제'에 대해 언급하고 예술이 경제에 미치는 가치를 강조하는 정기 보고서를 발행한다. 최근 보고서는 업계의 매출이 증가하고 있으며, 문화·예술에 1파운드를 소비하면 경제 부문에서 추가적인 1.06파운드가 발생한다고 강조했다.[8] 또한 영국 국립도서관은 자신들이 받는 공적 자금 1파운드당 4.4파운드의 부가가치가 창출된다는 주장을 통해 모금활동을 정당화시킬 필요성을 느끼고 있다.[9] 셰익스피어의 가치를 경제에 적용한 사람이 (우리가 아는 한) 아직 없다는 사실이 놀라울 뿐이다.

이코노크러시는 경제적 성공에 힘입어 확산되고 있다. 이 사회는 정치인, 경제인, 그리고 일반 대중들이 오랜 시간에 걸쳐 체득한 경제를 보는 특정 시각을 토대로 만들어졌다. 이 사회에서 경제적 토론과 의사결정은 정치적 혹은 사회적 과정을 거치기보다는 기술적인 과정을 통해 이루어진다. 우리는 점점 더 경제를 현실 사회에서 분리된 것으로, 나아가 많은 경우 민주적 토론의 영역 밖에 있는 것으로 여긴다. 이 사회의 철학은 경제를 가장 잘 아는 전문가에게 판단을 맡기는 것이다.

이코노크러시의 철학

이 세계에서 교과 학문으로서의 경제학은 특별한 위상을 지니고 있으며 우리 이야기는 이를 중심으로 진행될 것이다. 대학에서 일하는 경제학 교수들은 이코노크러시의 핵심 역할을 할 전문가의 육성을 담당하고 있다. 대학의 경제학 교육은 경제가 어떻게 작동하는지 설명하고, 건강한 경제에 관한 집단적 견해를 형성하며, 경제를 향상시키고, 기업과 정당 및 국가 전체의 경제적 능력에 대해 판단을 내리는 전문가를 배출한다. 이런 역할을 수행하기 위한 학문으로서 경제학의 역할은 점점 더 커지고 있다.

다양한 정치 이슈에 대해 발언하는 경제학자도 물론 있지만, 대부분의 경우는 경제 논리가 사회적 목표나 정치적 의사결정 방식, 이슈 등을 결정한다. 물론 거의 모든 경제학자가 동의하는 다수의 정치적 이슈들이 있다.[10] 우리의 주장은 '경제학'이라는 협소한 개념이 사회를 지배하면서 집단 지성이 힘을 발휘하기 힘들어진다는 것이다. 또한 많은 정치적 논의가 전문가들의 답변을 요하는 순수 '경제학적인' 질문으로 바뀌어버리기 때문에 정치 문화의 토대가 허약해진다는 점도 지적할 수 있다.

일반적으로 경제학자들은 자신들의 사회적 역할을, 직접적인 정치 참여보다는 정책에 대해 중립적이고 과학적으로 조언하는 것으로 인식한다. 이러한 통념이 널리 받아들여진다는 점이 이코노크러시의 중요한 특징이다. 이 장에서 우리는 경제학의 기술적 언어와 도구가 어떻게 정치적 판단을 왜곡하고 정치의 목표를 교묘하게 수정하며, 나아가 대중과 기타 중요한 이해 관계자를 정책 결정 과정에서 어떻게 배제시키는지 보여줄 것이다.[11] 또한 경제학적 사고가 우리 사회를 얼마나 새롭고 전례에 없던 방식으로 변모시켜왔는지도 주목해야 한다.

기술적 계산이 정치적 판단을 덮어버리는 중요한 사례 중 하나가 비용편익분석(CBA)인데, 이 방식은 사회의 다른 영역에서 정책의 결과물로 더해지거나 유실된 금액을 추정한 다음 편익에서 비용을 뺀 효과를 화폐단위로 계산하는 방식으로 정책을 평가한다. 편익이 비용보다 높으면 금전적 가치는 플러스가 되므로 정책은 사회적 순이익이 된다. 반면 비용이 편익보다 높으면 정책은 순손실로 평가된다. 비용편익분석은 새로운 인프라 프로젝트로 인한 환경파괴에서부터 NHS*를 위한 신약 구입에 이르기까지 다양한 문제 해결에 활용된다.[12]

우리가 비용편익분석을 강조하는 이유는 그것이 이코노크러시의 중요한 두 가지 특징을 잘 보여주기 때문이다. 첫째, 그것은 종종 발생하는 복잡한 사회 문제를 숫자로 환원하여 정책 입안자가 쉽고 소화하기 편한 방법으로 문제를 대할 수 있도록 한다. 정부가 비용편익분석을 활용한다는 의미는 경제가 (정밀하게 계측될 정도로) 전문가의 관리를 받고 있으며, 모든 것은 사회의 가치를 반영하는 금전적 가치로 표현될 수 있음을 뜻한다. 둘째, 비용편익분석은 단순한 계산으로 결정되기 때문에 정치적 판단이 필요하지 않다. 정책의 편익이 비용을 상회할 경우 정책을 집행하면 된다. 테크노크라트들이 중립적으로 경제 정책을 수행할 수 있으며, 혼란스러운 정치 토론의 필요성을 제거할 수 있다는 뜻이다.

경제학자들은 비용편익분석이 특정 정책의 장단점을 엄밀하게 고려하기 위한 도구일 뿐이며 비경제적 측면을 포함하는 일도 많다고 주장한다. 하지만 이러한 광범위한 비용과 편익에 금전적 가치를 매기려면 본질적으로 정치적 선택이나 가치 판단, 가정 등이 항상 동반하기 마련이다. NHS를 위한 약품을 구입하기 위해서는 환자가 치료를 통해 얼마나 더 살 수 있는지를 금전적 가치로 환산할 필요가 있다. 비용편

• National Health Service. 영국의 국민보건서비스.

익분석을 기후 변화에 적용할 때는 미래의 환경 재해 가능성을 계량화해야 한다. 우리는 제3장에서 이런 접근법이 가진 몇몇 문제들을 검토하겠지만, 이런 계산을 할 수 있는 중립적이고 과학적인 방법은 거의 없다고 해도 무방하다. 그러나 비용편익분석 과정의 일부는 의회와 대중들은 볼 수 없는 블랙박스에 숨겨져 있으며, 전문가에 의해서 전반적인 고려나 책임성을 느낄 새도 없이 결정된다.

비용편익분석은 경제학 이론의 내부 논리가 어떻게 정치를 바꾸고 그 영향력을 유지하는지에 대한 두드러진 하나의 사례일 뿐이다. 정치이슈가 경제 이슈로 바뀜에 따라 경제학 분야의 영향력은 더욱 커져 모든 사람에게 영향이 미치도록 사회를 변화시킨다. 이런 사례는 경제학이 완전히 새로운 시장을 창출하는 데 일조한 금융 분야에서 찾을 수 있다. 그 역사적 사례 중 하나가 1973년 시카고 옵션 거래소(CBOE)의 창설이다.

1970년대 이전까지 옵션은 자산가격 변동을 예측하는 일종의 '내기' 취급을 받았고, 사실상 도박이라는 이유로 특정 자산에 대해서는 금지되었다. 경제학자들은 경제의 효율성을 개선하고 사회를 더 낫게 만들 수 있다면서 규제 제거의 지적 근거를 제공했다. 시카고 옵션 거래소가 세워지면서 옵션 거래량은 큰 폭으로 늘었고, '2000년 6월 현재 옵션을 포함한 전 세계 파생상품의 총 명목계약금액은 108조 달러로, 이는 지구상 모든 사람이 18,000달러씩 거래하는 꼴이다.'[13]

경제학은 시카고 옵션 거래소를 설립하고 합리화하는 데 결정적인 역할을 했을 뿐 아니라 그곳에서 이루지는 거래 행위의 운영 논리를 제공했다. 시간이 지남에 따라 많은 옵션 가격은 금융자산에 값을 매기기 위해 몇몇 경제학자(이들은 나중에 노벨 경제학상을 받았다)가 개발한

'블랙-숄즈'(Black-Scholes) 방정식을 통해 결정되었다. 초기에 이 모형은 자산가격 예측에서 신뢰를 얻지 못했지만 널리 보급되었고, 경제학자와 법률가들이 방정식의 정밀도를 높이기 위해 규제 구조에 변화를 주면서 시장은 모형의 예측과 일치하기 시작했다. 블랙-숄즈 모형은 엄밀히 말하자면 너무 많은 사람들이 사용하고 있다는 이유로 중요해졌다.[14]

경제의 틀을 갖추는 과정에서 경제학의 영향력은 금융 분야에만 그치지 않는다. 정책 결정 시 경제학적 도구의 활용이 증가함에 따라 가능한 목표가 제한되고 경제적 목적에만 집중하게 됨으로써 정부의 필요성은 축소된다. 이런 현상은 2000년대 초반 많은 서구 국가에서 있었던 이동통신 회사의 주파수 경매에서 분명하게 나타났다. 경매를 통해 정치적 목표를 달성하기 위하여 각국 정부는 서로간의 전략적 행동 방식을 연구하는, 이른바 '게임이론'으로 알려진 분야를 전공한 경제학자들을 고용했다. 반면 기업들은 자신들에게 유리한 경매 설계를 로비하기 위해 경제학자를 고용했다.[15]

결과적으로 경매는 판매에 따른 정부 수입의 극대화처럼 경제학 이론에 의해 쉽게 모형화할 수 있는 목표에 집중했으며, 이 좁은 렌즈 바깥의 고려사항은 무시되었다. 미국의 경우 중소기업에 주파수를 판매하거나 더 넓은 농촌지역까지 이동통신 서비스 지역을 넓히는 것 같은 다른 정치적 목표는 중도에 사라졌다.[16] 영국에서는 입찰사의 장기적인 재정 건전성이 고려되지 않았고, 입찰자 중 일부는 낙찰가를 지불하기 위해 자산을 매각해야 하는 등 어려움을 겪었다.[17] 수익 극대화에 초점이 맞춰지면서 상황의 다른 측면, 가령 경매 이론의 매우 복잡한 성격 뒤에 가려진 논란의 소지가 있는 정치적 결정은 무시되었다.

이런 결정은 별개의 미미한 것으로 보일 수 있지만, 누적되면 정치 과정을 바꾸는 것으로 이어진다. 우리는 단지 몇 가지 예를 제시했지만 정부가 경제학자들에게 점점 더 지배되고 있기 때문에 경제학 논리에 의해 정치적 결정이 내려지는 사례는 늘어가고 있다. 매년 1만 명 이상의 경제학과 학생들이 영국의 대학을 졸업한다. 경제학과 졸업생들은 사회의 가장 중요한 정치 기관을 장악하고, 정부의 가장 중요한 정책과 법률을 설계하고, 매일 위에서 적시한 방식으로 경제의 틀을 짜고 가다듬는다. 영국의 행정조직 안에는 정부경제서비스(Government Economic Service, GES)라는 연구 네트워크가 갖추어져 있는데, 21세기 들어와서 규모가 3배나 커진 이 기구에서 일하는 경제학자는 1,600여 명에 이른다. 행정조직 내의 다른 사회 관련 연구기관에서 일하는 학자들과 비교할 때 거의 두 배에 달하는 경제학자들이 정부에 고용되어 있다.

경제학은 정책 입안자들이 서로 소통할 수 있는 공통 언어를 제공한다. 정부 보고서는 '효율성', '외부효과', '기회비용' 같은 전문 경제 용어로 포장되어 있다. 싱크탱크 및 연구기관의 전문가 커뮤니티는 계속 성장하고 있으며, 이들은 경제 논리에 기초한 정책 분석과 자문을 통해 정치에 영향력을 행사하려고 시도한다. 예를 들어 영국재정연구소(Institute for Fiscal Studies, IFS)는 정기적으로 정부의 조세 및 지출 정책에 대한 평가서를 제공하면서 정부 정책의 합리적 설계와 변경을 지원한다.[18] 이들 기관의 분석 작업은 보통 (정치 논쟁보다) 객관적이고 과학적인 증거를 통해 이루어지는데, 특히 재정연구소의 분석은 객관적이라는 명성이 자자하다. 이런 평판 덕분에 재정연구소는 큰 힘을 갖게 되었으며, 정치권과 언론으로부터 정부정책 평가의 권위를 인정받

을 뿐 아니라 정치인들의 존경을 받으면서 '영국 정치의 심판자'로 불려왔다.[19]

현대 사회가 점차 이코노크러시로 변화하는 상징적인 사례는 세계 곳곳에서 볼 수 있는 독립적인 중앙은행(CBs)의 부상에서 찾을 수 있을 듯하다. 중앙은행은 대출과 저축 금리를 결정하고 통화량을 조절하는 방식으로 통화 정책을 관리한다. 이 두 가지 방식 모두 개인과 사회에 막대한 영향을 줄 수 있다. 1997년 영국의 집권 노동당은 통화정책을 영국은행 소속 9명의 경제학자들로 구성된 통화정책위원회에 넘기기로 결정했는데, 이는 선거 공약에서도 언급하지 않았던 전격적인 조치였다.[20] 또한 중앙은행은 상업 금융기관을 감독하고 재무 안전성을 확보하기 위한 규제를 담당하고 있다. 이런 중요한 사회적 기능은 경제 전문가에게 위탁되어 있으며 이를 위해 영국은행은 200여 명의 경제학자를 고용하고 있다.[21]

세계 다른 지역에서도 비슷한 발전이 있었다. 독립적인 중앙은행은 미국, 일본, 호주에 존재하고 있으며 유럽에서는 유럽중앙은행의 형태로 견실하게 자리 잡았는데 이는 특정 유로존 국가들의 민주적 열망과는 별로 관계가 없다. 2011년 이탈리아에서 믿을 수 없는 일*이 일어나 테크노크라트 연합을 이끌던 경제학자 마리오 몬티가 이탈리아 채권국들의 압력으로 선거 없이 총리에 취임했다.[22] 몬티는 그때까지 정부에서 일한 경험이 없었다. 그는 이탈리아의 주요 정당 출신을 배제한 채 내각을 구성했고, 총선에 앞서 18개월 정도 집권하면서 이탈리아 경제의 근본적인 개혁을 시도했다.[23] 총선이 실시되자 몬티는 결국

* 실비오 베를루스코니 총리의 사임.

4위에 머물고 말았다.

그리스에서도 2011년 비슷한 일이 발생하여 경제학자이자 유럽 중앙은행 부총재였던 루카스 파파데모스가 선거 없이 총리에 취임했다.[24] 바로 직전 파파데모스는 '곤경에 처한 작은 유로존 국가를 위한 임시 총리 구함. 그리스어에 능통한 국제 배경을 가진 경제학자여야 함. 정치 경험은 필요하지 않음'이라는 내용의《파이낸셜 타임스》기사에서 총리 지명을 받은 바 있었다.[25] 마치 농담 같았지만 기사는 새로운 현상을 완벽하게 요약한 것이었다.

경제학의 부상은 국제통화기금(IMF), 세계무역기구(WTO), 세계은행과 앞서 언급했던 OECD 같은 국제기구에서도 볼 수 있다. 이 기관들은 모두 경제적 레종 데트르(raison d'être)●를 가지고 있으며 경제 전문가들에게 크게 의존하고 경제학의 언어로 사업을 운영한다. 예를 들어, IMF는 채무 위기에 몰린 국가들에게 최종 대부자의 역할을 한다. 구제금융을 받은 국가는 그 대가로 공공지출, 조세정책, 노동시장, 무역정책 및 통화정책 등에서 다양한 개혁을 이행해야하는데, 이 모든 조치들이 경제학 이론에 따라 경제학자들이 설계한 것이다. 2005년 IMF에서 일하는 전문직 직원의 3분의 2와 새로 채용된 전문가의 4분의 3이 경제학자였다.[26] IMF 직원을 대상으로 한 설문조사 결과, 응답자의 약 75%가 회사의 조직 문화를 '기술적'이고 '경제학적'이라고 응답했다.[27]

마찬가지로 WTO는 무역을 저해하는 관세나 규제를 제거하기 위한 목적으로 무역 라운드를 촉진한다. 모든 경제학자들이 자유무역에

● '존재 이유'라는 프랑스어.

동의하고 있다는 의미에서 WTO의 임무는 경제 이론과 가장 밀접하게 관련되어 있다. 이코노크러시가 세계적인 현상으로 부상하고 있음을 이들 기관들이 총체적으로 보여주고 있다. 그들은 경제가 스스로 논리를 가진 별도의 삶의 영역이라고 가정한다. 그들은 경제를 위해 바람직하다고 경제학자들 사이에서 널리 받아들여지는 정책(물론 이런 합의는 시간이 지나면서 바뀌기도 한다)을 제정하도록 해당 국가들을 지원하고 때로는 압박하기도 하는데, 그들은 기술적인 면에서 경제학적 전문성에 대한 큰 믿음을 가지고 있다.

이코노크러시를 정의하는 특징은, 경제 전문가들이 사회의 경제 지식에 관해 공인받은 대변인으로서 정치적 목표와 달성 수단을 이끌어내는 힘을 부여받았다는 점이다. 그런데 경제학은 어떻게 우리 사회에서 그런 위상을 차지하게 되었을까? '경제'는 태곳적부터 우리 옆에 존재하고 있지 않았나? 우리는 20세기 후반 이코노크러시의 역사에 기대어 비로소 경제학의 부상을 목도하고 있다.

이코노크러시의 뿌리

이코노크러시는 경제성장을 측정하고 분석하고 관리하기 위해 무수히 많은 경제학 연구기관들이 헌신했던, 20세기의 사건과 이념들 속에서 그 뿌리를 찾을 수 있다.[28] 그 당시 경제학은 이해될 필요가 있으며 따라서 전문가의 감독을 받아야 하는, 경제의 개념화 작업의 산물이었다. 이코노크러시는 경제를 개선하는 것이 우리의 삶 전체를 낫게 만든다는 것을 전제로, 우리 사회가 경제를 우리 삶의 다른 영역과 분리하여 그 자체로 개선하려고 노력한 순간 탄생했다.

많은 경제학자들은 경제가 최소한 인간 사회 그 자체만큼이나 오랫동안 중요했다고 주장한다. 그러나 비즈니스, 금융, 무역과 같은 구체적인 활동과 자체 내부 논리를 가진 특정 시스템으로서의 '경제' 관념 사이에는 중요한 차이가 있다. 전자는 우리가 사회를 이루어 살기 시작한 이래 인간 삶의 한 부분이었던 반면 후자는 비교적 최근에 발명된 추상적인 개념이다.

현재와 같이 경제를 생산과 유통, 소비가 일어나는 인간 삶의 특정 영역으로 이해하는 것은 완전히 근대적인 현상이다. 지난날 경제(고대 그리스어 oikonomia는 '가계 관리'를 뜻한다)는 가계의 자급자족에 초점이 맞춰져 있었다. 19세기 초반 작가 제인 오스틴은 자신의 작품에 등장하는 캐릭터 중 한 명을 하인을 부릴 능력이 없는 가난한 '이코노미스트'(economist)로 묘사했다.[29]

1900년부터 제2차 세계대전 종전 때까지 영국에서 '경제'라는 단어는 선거에서 승리한 정당의 선거 공약에서 단 두 차례만, 그것도 절약이라는 의미로 사용되었다. 1950년 보수당 공약에 처음 등장할 때까지 경제라는 단어가 현대적 의미로 사용된 적은 단 한 차례도 없었다. 2015년 보수당 선거 공약에서는 '경제'라는 단어가 59차례나 언급됐다(표 1.1 참조).[30]

역사에서 드러나는 요점은 이코노크러시가 첨단 정보수집 능력을 갖추고 야심찬 방식으로 세계를 적극 경영하려는 욕망을 갖춘 현대의 중앙집중식 국가를 필요로 한다는 점이다.[31] 19세기 국가는 오늘날 경제 계획을 가능하도록 만든 통계 수집의 능력이 없었다.[32] 이후 점차 중앙집중화된 국가와 현대 기술이 결합되면서 훨씬 더 광범위하고 체계적인 데이터 수집이 가능해졌다.

표 1.1 영국 총선에서 승리한 정당의 선거 공약 중 (현대적 의미의) '경제'가 언급된 횟수

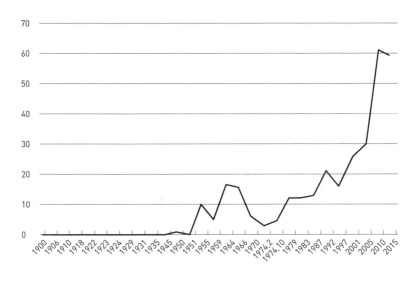

경제학의 발전 또한 이런 변화를 가능하게 만든 근본 요소였다. 1929년 경제학자 존 메이어드 케인스는 '경제 사회'나 '경제 전체 시스템' 같은 용어를 사용하면서, 최초로 경제를 개인의 결합된 활동보다 더 많은 것을 담고 있는 추상적 실체로 언급했다.[33] 1936년 네덜란드 정부의 요청에 따라 얀 틴베르헌은 기업과 노동자, 정부의 활동을 표현하기 위해 수학을 사용한 첫 번째 경제 모형을 만들었으며, 이를 통해 다양한 대공황 대응책들이 미칠 영향을 예측할 수 있었다. 나중에 그는 국제연맹의 위임을 받아 71개 변수와 48개 방정식을 동원하여 미국 경제의 모형을 상세히 설명했다.[34] 이런 모형 덕분에 경제학자들은

경제를 구성하고 있다고 믿는 핵심적인 특징이나 관계들을 정의하는 것이 가능해졌다.[35]

제2차 세계대전은 빠르게 발전하는 경제학 기술을 선보일 수 있는 기회를 경제학자들에게 제공했다. 전쟁은 전례 없는 자원 동원을 필요로 했고, 경제학자들은 군수물자의 운송 경로와 중량 최적화에서부터 제조 계획에 이르기까지 광범위한 업무에 투입되었다. 경제학은 전시에 매우 중요한 결정을 내릴 수 있는 과학적, 수학적 근거를 제공했다. 전쟁은 또한 훗날 이코노크러시가 등장하기 위해 반드시 필요한 국가 통제 및 정보 수집 시스템의 발전을 가져왔다.[36] 또한 국민소득을 계산하고 GDP를 측정하는 방법이 탄생했다.

전쟁은 경제학의 지위를 상승시켰고 정부 내에서 경제학이 핵심적인 역할을 맡도록 했다. 또한 경제학의 중심지가 영국에서 미국으로 이전되었는데, 이후 미국은 줄곧 경제학 분야의 지배적인 위치를 유지해오고 있다. 경제학은 매우 광범위하게 활용되었고, 많은 경제학자들이 당면 문제를 해결하는 적합한 도구 역할을 했기 때문에, 경제학자 폴 새뮤얼슨은 제2차 세계대전을 '경제학자들의 전쟁'이라고 불렀다.[37]

제2차 세계대전 후 경제학적 사고는 영국이나 다른 국가의 정부 구조나 목표에 점차 더 많은 영향을 끼쳤다. 후발국 정부는 완전고용과 '케인스식 수요관리'에 집중했는데, 경기가 나빠지면 자극을 주고, 호황을 누릴 때는 브레이크를 거는 식으로 재정정책(정부에서 세입과 세출을 조절)을 사용했다. 1946년 미국 백악관 내에 대통령 경제자문회의가 설립된 것은 경제학의 부상을 상징적으로 드러낸 사건이었다. 영국에서는 1964년에 정부경제서비스가 정부조직에 전문적인 경제학 지식을 제공하기 위해 설립되었다.

영국 재무부는 전쟁 직후 경제 예측에 대한 질적 평가를 준비하기 시작했다. 초기에는 이런 예측이 공식 모형으로부터 도출된 것이 아니라 재무부 소속 경제학자의 판단과 직관에 따른 것이었다. 1961년 방정식이 직관을 대체하면서 재무부의 예측은 정량화되었다.[38] 이런 변화는 모형을 설정하는 기술적인 과정에서 미래에 대한 판단과 가정을 가림으로써 경제정책을 이전보다 더 엄격하고 과학적으로 결정하는 것처럼 보이게 만들었다.

1945년 이후 세계화 및 국제경제의 지배구조는 점점 더 각 나라의 국민경제를 관리하고 서로 연결하는 것을 기반으로 삼았다. 1945년부터 1973년까지 주요 선진국의 환율을 관리했던 브레튼우즈 체제는 케인스와 해리 덱스터 화이트 같은 저명한 경제학자들에 의해 설계되었다.[39] IMF와 세계은행 같은 주요 국제금융기관들은 1944년에 생겼고 OECD는 1961년, WTO는 1995년에야 설립되었지만 그에 앞서 제2차 세계대전 직후에 서명된 관세 및 무역에 관한 일반협정이 존재했다. 전후에 유엔은 세계적으로 경제성과의 표준화 및 확산에 중요한 역할을 했다. 그 결과 각국은 GDP, 실업률, 인플레이션 등을 비교하기 시작했으며, 이런 수치들은 개발과 발전의 중심 지표가 되었다.[40]

미디어의 경제 뉴스 보도 형태도 점점 변화했다. 1930년대 미국과 영국의 신문에서 '경제'라는 단어가 처음 등장한 것은 통일되고 일관된 국민경제 구조를 설명하는 기사 속에서였다. 시간이 지남에 따라 이 경제구조는 스스로 움직이는 능력을 획득했고, 자신의 욕구를 발전시켰다.《타임》은 경제가 '맹렬하게 작동하고 있었기 때문에 추가 부담이… 가격 밸브를 날려버릴 것이다'라고 언급했다(1944년).[41]《이코노미스트》는 경제는 '움직일 수 있는 공간'을 필요로 한다고 주장했다

(1952년).[42] 영국에서는 영국은행의 통화정책위원회, 경쟁위원회와 감사원(National Audit Office)* 등 다양한 기관들이 경제의 여러 부분을 측정하고 관리 및 예측하기 위해 설립되었다. 1970년대 말까지 영국 내에서 99개의 기관이 경제 예측 업무를 진행했다고 추정되고 있다.[43]

이코노크러시는 시간이 지나면서 진화하고 있지만, 여전히 핵심 기능으로 남아 있는 특징들이 많다. 이것은 이른바 '넛지 팀'으로 알려진, '행동조사팀'(Behavioural Insights Team)**이라는 인상적인(혹은 충격적인) 새로운 조직에 의해 입증되고 있다.[44] 비교적 최신 학문 분야인 행동경제학에서 영향을 받은 이 조직의 임무는 사람들이 '자신을 위해 더 나은 선택을 할 수 있도록' 어떤 결정이나 말을 '슬쩍 찔러주는' 식으로 사람들의 심리를 활용하는 것이다.[45] 이 팀이 자랑하는 성과 중 하나가 예비군 지원율을 두 배로 높인 것이다.[46] 경제 전문가의 역할은 단순히 시민의 의사 결정에 영향을 줄 수 있는 정책을 설계하는 것 이상으로 확대되고 있다.

넛지 팀은 이코노크러시가 단순히 GDP나 특정 정책, 제도 등으로 정의되는 것은 아니라는 것을 보여준다. 최근 많은 정치인 사이에서 GDP는 더 이상 경제적 성공의 핵심 척도가 아니라는 생각이 번지고 있다.[47] 하지만 우리가 목표로 삼는 정책이나 방안이 동일한 제도적 구조 내에 머물러 있는 한, 이코노크러시의 핵심적 특성은 지속될 것이다. 이코노크러시는 경제학 지식으로 무장한 변덕스러운 야수지만, 항상 무엇보다도 지식을 중요시하며 정치적 문제를 순수한 '경제적' 문제로 바꾸어버리는 전문가들과 연관되어 있다.

* 영국의회 소속으로 중앙정부로부터 독립되어 있다.
** 2010년 신설된 영국 내각사무처 산하 조직.

불과 70년 만에 우리는 경제가 주변적이라는 사고에서 벗어났으며, 경제를 관측하고 개선하려는 국내외 기구들, 경제를 중심으로 전개되는 다양한 정치 영역들을 갖추게 되었다. 또한 경제를 사회적, 문화적, 정치적 삶의 영역과는 다른 독립된 영역으로 생각하기 시작했다.[48] 현대국가는 통치를 위한 과학적이고 객관적인 방법을 원했고, 전면적인 기획이었든 정책 설계였든 아니면 '슬쩍 찔러주기'였든 그것을 제공한 이들은 다름 아닌 경제 전문가들이었다. 하지만 이는 결국 시민권을 빼앗기고 박탈당했다는 이유에서 파우스트의 계약, 즉 악마와의 거래로 드러났다.

시민의 부재

이코노크러시에서는 부재하기 때문에 더욱 두드러진 존재가 있는데, 그것은 바로 시민이다. 엘리트와 전문가들처럼 지식을 통해 특별한 주장을 펼칠 수 있다면, 그들은 의사결정권을 가진 삶을 살아갈 수 있다. 하지만 지식을 가지지 못한 사람들의 목소리는 공식 자격증이 없다는 이유로, 또는 기술 언어와 아이디어에 관여할 수 없다는 이유로 평가 절하되고 권력에서 배제된다. 경제 이슈는 소수의 사람만이 참여할 수 있는 언어로 논의되기 때문에 경제에 관한 토론과 의사 결정에 시민이 낄 여지는 거의 없다. 현실이 이렇기 때문에 이코노크러시는 우리의 가장 위대한 정치적 전통인 자유민주주의와 양립할 수 없다.

자유민주주의는 영국 의회민주주의 및 세계의 많은 정부를 떠받치는 지적 초석이다. 자유민주주의와 시민의 역할에 대한 다양한 견해들이 있지만, 부인할 수 없는 핵심적인 특징들은 존재한다. 자유민주주의는 개인의 권리를 보호하면서 사회가 집단적인 의사 결정을 내리도록 방법을 제공하고, 유권자는 정부를 구성하는 다양한 대표자들을 선출한다. 또한 자유민주주의에는 집단의 침해로부터 개인의 자유를 보호하는 강력하고 폭넓은 사적 영역이 존재한다.

자유민주주의의 주요 특징은 시민을 대표하는 정치인들에게 공공의 삶에 대한 개입과 집단적 의사결정을 위임한다는 것이다. 시민은 정당에 가입하거나, 선거운동과 시위에 참여하고 투표하는 것으로 자신이 원하는 바를 선택할 수 있다. 선택은 자유민주주의의 핵심 개념이며, 지도자들은 이를 세계 다른 나라에 전파한다. 예를 들어 데이비드 캐머런은 '민주주의는 진정한 선택을 수반한다는 점이 중요하다'고 중국을 향해 말했다.[49]

이코노크러시는 두 가지 측면에서 자유민주주의와 양립할 수 없다고 본다. 첫째, 우리가 이미 살펴본 바와 같이 이코노크러시에서 정치적 결정은 전문가가 답해야 하는 기술적인 문제로 재정의되어 공공 영역에서 빠져나간다. 둘째, 경제 언어와 경제 논리가 정치 사회적인 생활 영역을 점점 더 지배함에 따라 대다수 시민은 한 번도 배우지 않은 언어로 쓰인 정보에 근거해서 민주적 선택을 해야 하는 투쟁에 직면해 있다. 선택을 위해서는 어떤 옵션이 있는지 이해하는 게 중요하지만, 전문 경제학 용어를 이해하기 힘들어 선택이 어려워질 때가 종종 생긴다. 우리는 환자가 이해할 수 없는 말을 쓰면서 특이한 치료법을 제공하는 의사에게 편안함을 느끼지 못할 것이다. 실제로 NHS는 이런 일이 일어나지 않도록 자주 통역사를 고용한다.[50]

반면 엘리트들은 다행스럽게도 소수에게만 허용된 언어로 진행되는 경제적 의사 결정 토론에 참여할 수 있다. 이점은 2015년 1월 우리가 여론조사기관 유고브와 함께 영국 성인남성 1,548명을 대상으로 경제지식에 관한 객관식 설문조사를 실시한 결과 확인되었다.[51] 우리가 아는 한 영국 최초로 실시한 이 조사는 시민들이 경제 정책과 경제학 관련 주제의 상관관계에 대해 어떻게 생각하는지 새로운 통찰을 제공했다. 시민 공개 토론에서 경제학 용어가 널리 사용되고 있음을 감안할 때, 이런 질문을 던진 사람이 거의 없다는 점은 흥미롭다. 우리는 이 결과가 단지 하나의 설문 조사만을 대표한다고 생각하지만, 우려하는 분들을 위해서 공개토론에 나설 용의가 있다.

설문조사는 정치적 선택이 경제적 측면에서 점차 확대되고 있음에도 불구하고 경제학 용어에 대한 이해는 빈약하다는 것을 보여주고 있다. 우리가 언급했듯이, GDP는 경제의 건전성을 판단하는 핵심 척도이다. 그러나 설문조사 응답자의 39%만이 GDP가 의미하는 바를 제대로 이해하고 있었고 25%는 '모르겠다'에 표시했다. 아동 문해력 향상에서부터 정신건강 문제 감소에 이르기까지, 정치적 목표가 GDP에 긍정적인 영향을 미친다는 게 점차 입증되고 있지만, 동시에 GDP가 실제로 무엇을 의미하는지 알고 있는 시민은 많지 않다. 세세한 부분까지 GDP를 연구하는 조직은 사람들에게 대체 현실 속에서나 존재한다. 하지만 경제학자와 정치인, 언론은 GDP 변화로 경제 건전성과 정부의 능력을 알 수 있다면서 모든 사람들이 믿음의 징표처럼 이를 받아들일 것을 기대한다.

조사 결과는 사람들의 경제지식 결여가 이해력이 부족해서라기보다는, 비전문가들과 소통하려 하지 않고 자기들끼리만 이야기하는 엘리트들의 태도에서 기인한 것임을 시사한다. 뉴스에 자주 등장한 경제학 개념일수록 더 많은 사람이 정확하게 응답할 수 있었다는 사실은 미디어가 다루는 또 다른 주요 경제통계인 정부재정적자를 봐도 알 수 있다.

적자는 정부 지출과 정부 수입의 차이에 따라 정부가 매년 빌려야 하는 금액이다. 지출이 수입보다 많으면 정부는 적자이며, 수입이 지출보다 많으면 잉여가 발생한다. 큰 적자가 지속된다는 것은 매년 대출을 해야 한다는 뜻이므로 국가 부채는 시간이 지날수록 크게 증가할 것이다. 2015년 총선을 앞두고 영국의 주요 3대 정당은 모두 재정 지출 축소를 통해 적자를 줄이겠다고 약속했지만, 감축 대상과 시기를 둘러싸고 견해가 나뉘었다. 이 문제는 선거운동 및 보수당-자유민주당 연립내각의 성공 여부를 결정하는 핵심 쟁점이었다. 에드 밀리밴드 전 노동당 대표가 2014년 전당대회 연설에서 재정적자에 대한 언급을 생략하자 언론과 당내 경쟁자들은 격렬하게 반응했다. 재정적자 논쟁은 경제학을 이해하는 유권자를 유인할 수 있는 매우 유용한 소재였다. 총선 결과 보고서는 노동당이 패배한 가장 중요한 이유로 경제 문제에 대한 신뢰감을 주지 못한 점을 꼽으면서, 특히 재정적자 논쟁이 결정적이었음을 지적했다.[52]

우리가 실시한 조사에서 객관적 설문에 답한 성인 43%는 정부 재정적자가 무엇을 의미하는지 정확하게 알지 못했다. 응답자의 57%는 재정적자의 의미를 알고 있었고, 최소한 어느 정도씩은 이 논쟁에 대해 의견을 가지고 있었다. 하긴 지난 5년간 언론과 정치인들이 떠들어 댄 것을 감안한다면 이 수치를 거의 100%에 가깝게 올려 잡는다고 해도 무리가 아닐 것이다. 대중이 재정적자를 얼마나 이해하고 있는지에 대한 연구는 이밖에도 많은데, 다른 심층 설문조사 결과에는 사람들이 재정적자가 실제로 무엇을 의미하는지 잘 알지 못하더라는 사실이 드러나 있다. 유고브가 수행한 다른 설문조사에서는 응답자의 31%만이 재정적자의 정확한 의미를 알고 있고, 51%는 정부 부채와 재정적자를 혼동하고 있다.[53] 정책연구소(Centre for Policy Studies)• 보고서에 따르면 보수당 집권 3년차인 2012년에 정부의 적자 감축 정책이 가지는 함의, 즉 정부의 총부채가 늘었다는 것을 이해하는 사람은 10%에 불과했다. 또한 2010년 선거에서 보수당에 투표한 사람 중 61%는 실제로는 정부가 부채를 늘릴 계획을 세우고 있음에도 부채 삭감을 계획하는 것으로 알고 있었다.[54]

기초적인 경제학 용어를 아는 것은 필요하지만 그것만 가지고 정치적 선택을 할 수 있는 것은 아니며, 경제에 대한 전반적인 이해가 결여되어 있으면 의미 있는 정치 참여는 점점 더 어려워진다. 이런 상황을 역전시키지 않는다면 우리의 집단적 선택은 점점 더 공허해질 것이다.

유고브 설문조사 결과는 경제학을 접해서 다행이라고 응답한 약 35%의 사람들과 그렇지 않은 사람들로 확실히 나뉜다. 매주 한 차례 이상 경제학을 대화의 화제로 삼는다고 응답한 약 35%의 사람들은 그 이유로 경제학 지식의 중요성을 강조하고, 가족이나 친구들이 그 주제에 관심이 있거나 개인적으로 관심을 가지게 되었다고 응답했다.

경제학에 대한 이런 쉬운 접근 태도는 경제학을 화제에 올리지 않는 다수의 사람들과는 완전히 대조적이다. 응답자의 47%는 경제학을 입에 올린 게 한 달에 한 번 이내라고 응답했으며, 12%는 한 달에 두세 번쯤이라고 응답했다. 여성이나 사회경제적 배경이 약한 사람들은 관심이 더 없었다. 이런 관심 결여를 설명하는 가장 일반적인 이유는 '나

• 시장주의를 옹호하는 친 보수당 성향의 싱크탱크.

는 경제학에 관심이 없다', '경제학은 너무 어렵다', '경제학은 내 일이 아니며 따라서 논의할 필요가 없다' 등이다.

이코노크러시 내부에는 바리케이트를 치고 서로를 불신의 눈으로 쳐다보는 두 개의 진영이 있다. 경제학의 언어를 사용하는 사람들이 안쪽을 차지하고 있다. 그들은 일반 대중이 경제학에 대해 무관심하거나 모른다는 사실을 알고 있지만 그 원인을 돌이켜보지는 않는다. 경제학을 언급하지 않는 사람들은 바깥쪽에 자리하고 있다. 이들은 정치 엘리트들이 자신들이 사는 현실 세계와는 다른 세계에서 살고 있다는 증거를 경제학의 지배를 통해 목도하고 있다. 우리가 보기에 이들은 이 사회를 지배하는 경제학적 논리가 자신들과는 별 상관이 없을 뿐더러 자신들의 관심사를 반영하지도 못한다고 직관적으로 느끼고 있다. 이코노크러시에서 경제학은 전문가들의 영역이며, 그 결과로 말미암아 살아 있는 민주적 토론은 억눌려 있다.

대중의 무관심은 경제적 의사 결정이 더욱 기술적으로 되거나 왜곡되고, 정치적 선택이 대중의 감독이나 책임 없이 이루어지면서 더 많은 민주적 대안의 가능성을 해치는 악순환을 초래한다. 앞에서 보았듯이 중앙은행은 대부분 정치에서 분리되어 경제학자들에게 인계되었다. 그러나 2008년 경제 침체에 대한 영국은행의 일차적인 대응인 양적 완화(QE)는 되돌릴 수 없는 정치적 결과를 가져왔다. 양적 완화는 흔히 '돈 찍어내기'라고 불리는데, 이는 지나치게 단순화시킨 표현이긴 하지만 핵심을 정확히 포착하고 있다. 영국은행은 형체도 없는 전자화폐를 발행하고 이 돈을 금융시장에 뿌려 장기 국채와 기타 금융 자산을 구매함으로써 경제를 자극하려고 노력했다. 영국은행은 스스로 이것을 '돈 쏟아붓기'라고 부르며 국민 대부분이 정책의 수혜를 입었다고 주장했다.

이 말이 사실이든 아니든 양적 완화의 결과는 정책 중립성과는 거리가 멀다. 또한 양적 완화 없이는 많은 사람들의 처지가 더 나빠졌을 것이라는 사실이, 다른 정책들은 더 나은 결과를 가져오지 못했으리라는 것을 의미하지는 않는다. 영국은행의 결정에 의해 가구소득 상위 5% 부자들은 일반적으로 가난한 자들보다 더 많은 자산을 소유하고 있다는 이유로, 자산 구입을 위해 돈을 찍어낸 은행으로부터 최대한의 혜택을 누렸다.[55] 따라서 우리는, 정부가 세금 감면을 승인한 것이라면 아마도 정치 토론의 중심 화두가 되었을 만한 탈정치화된 경제정책의 한 사례를 가진 것이다.

중앙은행의 업무는 정치적인 것이 많지만 우리의 설문조사 결과에 따르면 정치적 업무가 심의 과정 없이 일상생활과 분리되어 수행될 때 대중은 이를 인식하지 못한다. 반면 중앙은행의 조치가 명확한 방식으로 사람들에게 영향을 미칠 경우 대중은 그 조치에 동참할 가능성이 높다. 가령 영국 국민의 84%는 금리가 대출 비용에 바로 영향을 미치기 때문에 중앙은행이 기준금리를 정한다는 사실을 정확히 인지하고 있지만, 양적 완화에 대해 정확하게 이해하는 사람은 30%, 정부가 양적 완화를 선택한 공식 근거를 알고 있는 사람은 37%에 불과했다. 40%의 사람들은 두 가지 질문에 모두 모른다고 응답했다.

양적 완화 정책의 근거와 집행 여부를 둘러싼 토론의 부재는 이에 대한 대안이 공개되지도 논의되지도 않았다는 사실을 의미한다. 유사한 목적을 달성하기 위한 수단으로는 돈을 만들어 공공 지출 기금에 지원하는 방법이 있다. 또한 수요를 자극하기 위해 가구에 일회성으로 현금을 지급하는 방법도 있다.[56] 우리의 목적은 특정 방법을 우선적으로 고려하자는 것이 아니다. 시민이 자신과 사회에 직접 영향을 미치는 정치적 결정이 이루어지는 과정을 전혀 알 수 없을 뿐더러, 통제할 힘도 없다는 사실을 보여주고 싶을 뿐이다.

시민은 경제학에 대해 대체로 무관심하고 불신하기 때문에 그들이 경제에 관한 정치적 발언을 평가하고 정부의 책임을 묻는 것은 사실상 불가능하다. 정부의 경제정책 성공 여부를 따지는 주요 지표인 GDP가 이를 완벽하게 보여준다. 2014년 정부는 유럽연합 결정에 따라 마약 거래와 매춘을 GDP 산출 항목에 포함하도록 의무화했다. 이를 통해 영국의 연간 GDP는 100억 파운드(GDP의 0.7%) 증가했다.[57] 2014년 성장률은 2.6%에 달했고 언론은 이를 '2007년 이후 가장 높은 성장률'이라고 보도했지만, 산출 항목을 바꾸지 않았다면 도표는 상당히 달라졌을 것이다.[58] 산출 항목 변경을 통해 영국은 국가의 사기 진작 뿐만 아니라 변경에 동참하지 않은 프랑스를 세계경제 리그 테이블(World Economic League Table)•에서 제치는 성과를 거두었다.[59] 이런 내용을 산출 항목에 포함한 스페인 역시 2013년에 262억 유로(GDP의 2.5%)라는 GDP 증가를 기록했다.[60]

GDP를 늘리기 위한 정부의 지속적인 관심은 일종의 추세이며 대중의 우려는 고려 사항이 아니다. 영국 국민들은 경제의 목표가 무엇인지 물어본 적이 없다. 말하자면 경제의 목표는, 사회현실의 많은 부분을 포착하지 못할 수도 있고 많은 사람이 진정으로 이해하지도 못하는 숫자를 단순히 늘리는 것이다. 이런 상황을 회피하면 대안이 없다는 인상을 준다. 경제의 성공 여부를 가늠하는 절대적인 단일 잣대의

• 영국 경제경영연구센터(CEBR)가 발표하는 경제 순위표.

존재는 필연적으로 경제에 관한 집단 인식을 형성하게 만들며, 강력하고 안정적인 성장을 보장하는 기술적 합의를 만들어가기 위해 중요한 정치 토론을 줄여버린다.

경제의 성공 여부에 대한 판단은 기술적인 문제보다는 정치적인 문제이며, 무엇을 어떻게 측정하느냐를 결정하는 데에 그 사회가 중시하는 공동체적 가치가 반영되거나 영향을 끼친다. 예를 들어 영국은 사회에서 발생하는 방대한 양의 돌봄 노동을 GDP에 포함시키지 않는다. 결과적으로 수백만 명(주로 여성)의 일상 활동이 비생산적인 것으로 간주되어 경제 용어에서 사라진다.[61] 일하는 가족과 개인이 자녀를 양육하고 환자와 노인을 돌보는 것은 사회 경제 시스템이 작동하는데 중요한 부분이 아니라는 암묵적인 동의가 있는 셈이다. 무엇을 측정할지 선택하는 것이 무해한 선택은 아니다. 그 선택은 공동체의 일원으로서의 우리의 후속 논쟁을 규정한다.

경제를 둘러싼 지식과 책임의 부족으로 인해 정치인과 경제학자의 선택을 평가하는 것이나 공개된 경제 토론에서 거론된 담론이 경험적 증거에 부합하는지 판단하는 것은 매우 어렵다. 공공 혹은 민간의 부채 수준은 견디기 힘들 정도인가? 부채 수준을 낮추는 가장 좋은 방법은 무엇일까? 금융위기 이후 은행은 어떻게 바뀌어야 하나? 모든 채무는 불량인가, 또는 기반 시설을 위한 자금 차입은 바람직한가? 이것들은 지난 수년간 우리 사회가 직면한 주요 질문 중 일부에 지나지 않는다. 이런 질문에 대한 우리의 답을 구하는 것이 제대로 된 민주적 토론의 주제가 되어야 한다.

우리는 곤경에 처해 있다. 우선 경제를 체계적으로 이해하기 어렵다는 사실이 우리의 일과 삶 사이에 뚫기 힘든 혼란의 벽을 만든다. 또

한편 우리 삶은 많은 면에서 광범위한 경제 시스템에 포박된 채 의존하고 있다. 우리의 경제 이해를 방해하고 경제 논쟁 참여를 가로막는 장벽이 그 결과물로부터 우리를 보호하지는 못한다.

경제학의 문을 열고 민주주의를 되살리는 운동

이코노크러시의 심장부에서 시민권이 평가 절하되고 있는 현실이 최근 유럽과 미국에서 대중영합적인 정치운동이 급부상하는 배경에 영향을 미쳤다. 이들 정치운동은 이코노크러시의 현 상황에 대한 직설적인 반응으로 보이는 노골적인 반 테크노크라트 수사학을 발전시켰다. 예를 들어 도널드 트럼프와 테드 크루즈는 스스로 반 엘리트 주의자를 자처하며 미국 중앙은행(연방준비제도)의 독립을 막겠다고 했다. 이들 그룹의 상당수는 강력한 반 자유무역 수사학을 개발했다. 제레미 코빈과 버니 샌더스에서 영국 독립당과 국민전선에 이르기까지 모든 유형의 대중영합적인 정치운동이, 우리가 묘사했던 세계를 움직이는 핵심 질서에 반대하며 각기 다른 정치적 주장을 내놓았다.

지금까지 이코노크러시를 향한 가장 큰 도전은 2016년 6월 24일 금요일, 영국 유권자의 52%가 영국의 유럽연합(EU) 탈퇴를 바란다는 사실이 판명되었을 때 일어났다. 앞선 논란 과정에서 세계의 거의 모든 경제·금융 기관들이 브렉시트가 가져올 파장을 경고했던 터라 결과는 충격적이었다. 1,700만 명이 넘는 사람들이 경제학자들의 조언을 무시하고 자신의 경제적 이익에 반대표를 던졌거나, 경제학자들의 예측을 믿을 수 없다고 결정했다.

처음부터 EU 잔류운동 진영은 브렉시트가 불러올 경제의 악영향을 경고하는 등 경제 중심적인 탈퇴 반대운동을 벌였다.[62] 잔류파 지도부는 수많은 총선과 스코틀랜드 독립 주민투표의 사례를 들면서 경제 논쟁에서 이기는 것이 국민투표 승리에도 결정적인 역할을 할 것임을 시사했다. 그러나 그들은 잔류파의 보루인 경제 전문가들에 대한 탈퇴운동 진영의 불신임 전략이 얼마나 효과를 발휘할지는 계산에 넣지 못했다. 브렉시트 경제 전망은 '공포 프로젝트'로 취급되었고, 보수당 정치인 마이클 고브는 잔류파 지지자들을 나치를 위해 일한 과학자들에 비유하면서 국가는 '충분한 전문가들을 보유했다'고 비꼬았다.[63] 이 전략은 경제 토론과 사람들의 의사결정은 별개라는 점을 보여주었다는 차원에서 이코노크러시 비판에 효과적임이 입증되었다.

경제학계는 EU 탈퇴 여부에 대한 국민투표 결과에 커다란 상실감을 느꼈으며, 깊은 고민에 빠졌다. 영국 재정연구소 연구원 폴 존슨은 경제학자들이 '정치인, 언론인, 기업인들에게 기본적인 경제 개념을 전달하지 못하고, 대중을 염두에 두지 않는다'고 탄식했다.[64] 이는 긍정적인 변화이며, 우리는 일반 대중과 다시 만나려는 움직임이 경제학의 개혁으로 이어지기를 희망한다. 그러나 존슨처럼 영향력 있는 경제학자의 발언이 아직까지는 '사실을 드러내는' 데 그칠 뿐, 사람들에게 비판적으로 대처하고 자신의 생각을 정할 도구를 제공하는 데까지 나아가지 못한 점은 유감스럽다.

경제학이 국민투표 과정에서 무력했음에도 불구하고, 경제 문제가 주요한 논쟁거리였음은 분명하다. 사회적 계급과 거주지가 유권자들의 투표 성향을 결정했으며, 소득이 낮고 가난한 지역일수록 탈퇴 찬성표가 많이 나왔다.[65] 눈에 띄는 점은 자신의 의견을 밝히기 위해 경제학의 언어를 사용하는 사람은 거의 없었다는 점이다. 사람들이 자신의 경제 상황을 제어하지 못하고 경제적 불만을 환기시킬 만한 언어나 공간을 갖지 못할 때, 그들은 자연스럽게 정치적 주권 논쟁에 이끌릴 수밖에 없을 것이다. 이주민 문제 역시 경제학의 추상적 모형화나 통계보다는 사람들이 살아가면서 겪은 경제적 경험에 더 크게 좌우되는 듯하다. 국민투표 결과는 이 장에서 지금까지 우리가 주장한 바를 명확하게 보여주고 있다. 다시 말하자면 우리는 경제학의 언어를 가지고 있다고 느끼는 소수와 그렇지 않은 다수로 분열된 국가에서 살고 있다.

그러나 대중영합적인 정치는 그 자체로 이코노크러시의 문제를 결코 해결할 수 없으며, 현실 세계의 통제력을 상실한 엘리트와 전문가들을 비판하는 수사학에 불과하다. 대중영합적인 정치인들은 스스로 '민중의 목소리'를 대변한다고 하지만, 시민은 경제 문제가 닥칠 때 여전히 정보에 입각한 결정을 내리거나 시민권을 적극적으로 행사하기 위해 투쟁할 것이다. 대신 권력은 사람들을 대표한다고 주장하는 또 다른 그룹으로 옮겨갈 것이다.[66] 민주주의를 제대로 되찾으려면 우리는 더 깊은, 더욱 구조적인 문제를 다루어야 한다.

우리는 전문가가 현대사회에서 중요한 역할을 한다고 믿는다. 우리는 더 이상 고립된 소규모 공동체가 아닌 서로 연결된 글로벌 공동체에 살고 있으며, 우리가 중요하게 여기는 것들의 상당수가 반드시 직관적이거나 쉽게 관찰할 수 있는 것은 아니다. 기후변화에 대한 생각이 대표적이다. 왜 이 책 저자들을 포함한 대부분의 사람들이 인간에 의한 기후변화를 믿고 있을까? 중요한 연구를 수행하고, 데이터를 분석하고, 자신들이 이해하는 바를 대중에게 전달하는 과학자들을 우리가 신뢰하기 때문이다. 무너질까 두려워하지 않고 다리를 건너거나 의사가 처방한 약을 믿고 복용하는 것처럼, 우리 사회의 매우 다양한 영역이 전문성에 대한 신뢰를 바탕으로 유지되고 있다.

문제는 우리가 전문가를 원하는가의 여부가 아니라 어떤 전문가가 필요한가 하는 것이다. 우리는 경제 전문가들이 복잡한 경제를 다루기에는 자신의 지식에 한계가 있음을 받아들이고, 경제 문제는 집단적이고 민주적인 토론의 적절한 주제라는 것을 인정하는 세상을 꿈꾼다. 전문가의 역할은 자신을 위해 선택하는 것이 아니라 자신의 선택을 시민에게 알리는 것이다. 그렇기 위해서는 대중이 이해하는 언어로 말하고, 대중과 소통하려고 노력해야 하며, 여론이 동의하는 경제의 우선사항을 처리하기 위한 폭넓은 지식과 기술이 필요하다.

이런 종류의 전문가가 경제학 대중화의 길을 열어줄 것이며, 많은 대중이 대열을 이뤄 경제 토론에 참여하고 경제 정책 결정자들의 책임을 물을 수 있을 것이다. 이런 세상에서는 자신의 요구를 협상하기 위해 정치에 참여하거나, 대안을 놓고 정보에 입각한 선택을 하기 위한 지식을 갖추는 등, 시민이 자신의 경제적 요구와 선호를 명확하게 표현할 수 있을 것이다. 이것은 나아가 시민과 전문가의 관계를 바꾸고, 전문가로 하여금 더 광범위한 대중에게 설명할 책임을 지울 것이다.

이미 살펴봤지만, 이코노크러시는 우리가 그렸던 세상과 결코 같을 수 없다. 이런 실패작이 전문가의 태만이나 악의의 결과물은 아니다. 경제 전문가들은 나름대로 세계를 이해하고 그 안에서 역할을 다한다는 차원에서 전문성에 최선을 다할 뿐이다. 이 책에서 우리는 근대 경제학의 긴급한 개혁 필요성을 주장한다. 우리는 어떻게 경제학이 경제에 대한 특정하고 협소한 사고방식의 지배를 받게 되었는지 볼 것이다. 우리는 학문으로서 경제학의 역사를 살펴보고, 경제학이 정치학, 철학, 윤리학 등과 밀접하게 관련된 폭넓고 다양한 주제에서 벗어나 어떻게 단절되고 폐쇄적인 지식 체계로 넘어갔는지 살펴볼 것이다. 이런 사고방식으로만 훈련받은 경제 전문가는 복잡하고 다변하는 현대 경제를 제대로 이해할 만한 지식이나 기술을 습득하지 못한다는 게 우리의 결론이다.

예술사나 고생물학에서 이런 유사한 상황은 학계의 조그마한 빈틈 정도로 간주되겠지만, 경제학에서는 다르다. 경제학은 모든 이들에게 영향을 미치며 때로는 그 영향이 고통스럽기도 하다. 이 책에서 우리는 경제학자와 그들의 이론 체계가 금융 위기에서 환경 파괴에 이르는 사회의 중요한 문제들을 해결하는 데 별 도움이 되지 못했음을 보여줄 것이다. 경제 전문가는 사회에서 매우 영향력 있는 역할을 수행했지만, 그들의 전문성을 뒷받침하는 경제학 지식은 종종 충분하지 못했다. 경제학이 위기에 처했다면, 사회 또한 위기에 처했다는 뜻이다.

이 책과 저자들은 하나의 운동으로서 현재 상황에 도전하고 있다. 경제학을 배우는 학생들이 늘고 있으며, 리싱킹 경제학, 포스트-크래시 경제학회, 케임브리지 경제다원주의 학회 등의 대학생 학회가 만들어지고 있다. 영국 전역의 대학에 14개 그룹이 있으며, 그들은 경제학 교육을 개혁해야 한다는 국제 운동의 일원으로 활동하고 있다. 우리는 지속 가능하고 풍요롭고 공정한 사회를 건설하고, 민주주의를 확립하려면 현 상황에 도전해야 한다고 믿는다. 지난 3년 동안 우리는 개인적으로, 또한 운동의 일부로서 먼 길을 걸어왔다. 우리는 변화를 위한 우리의 목소리에 자신감을 가지게 되었으며, 경제학이 사회에서 얼마나 중요한지 더욱 깊게 이해하게 되었고, 세계 곳곳에서 우리와 생각을 공유하는 학생, 학자, 시민과 연대하고 있다.

이 책은 우리의 운동 정신에 의거하여, 경제학이 왜 중요하며 새로운 경제학을 만드는데 어떻게 참여할 수 있는지를 일반인들에게 명확히 설명하기 위한 시도이다. 열린 경제학을 위해서는 학생운동이 사회운동으로 발전해야 한다는 인식이 확산되고 있다. 우리는 경제학자와 시민의 동맹을 만들고 싶다. 따라서 우리는 이제부터 영국 대학의 경제학과를 배경으로 우리의 두 번째 이야기를 시작해볼까 한다. 대학 교육이 경제학이라는 학과목에 대한 중요한 통찰력을 줄 수 있다는 점에서 우리는 경제학과 학생들이 받고 있는 교육에 초점을 맞출 것이다. 차세대 경제학자를 길러내는 것은 교육 시스템이다. 이코노크러시를 재생산하는 것도 이들 대학들이다.

주

1 David Cameron, 'Transforming the British economy: Coalition strategy for economic growth', Shipley에서의 연설, 2010. 다음을 참조하라. http://www.britishpoliticalspeech.org/speech-archive.htm?speech=351

2 Chris Giles, 'Team McDonnell: meet Labour's seven economic advisers', *Financial Times*, 2015. 9. 28. 다음을 참조하라. http://www.ft.com/cms/s/0/96534d2e-65c1-11e5-a28b-50226830d644.html#axzz46LyM6emQ

3 *Media Coverage of the 2015 Campaign (report 4)*, report, Loughborough University Communication Research Centre, 2015.

4 영국의 주요 펀드 매니저 중 한 명이 에드 밀리밴드 노동당 대표의 에너지 가격 동결 공약을 비판하면서 한 말로, 《데일리 메일》 기사에서 인용했다. 유럽중앙은행의 돈 풀기가 인플레이션을 불어올 수 있다고 경고한 닐 우드포드의 《파이낸셜 타임스》 2015년 1월 14일자 기고문에도 같은 내용이 있다. 다음을 참조하라. https://woodfordfunds.com/good-politics-bad-economics/

5 Save the Children's 'Read on. Get on' campaign, *Read on Get on: How reading can help children escape poverty*, report, Save the Children, 2014, 17p.

6 *Mental Health and Work: United Kingdom*, report, OECD Publishing, 2014.

7 Heather Power, 'How valuable is the Queen to our economy?', *Business Life*, 2012. 5. 31. 다음을 참조하라. http://businesslife.ba.com/Ideas/Features/howvaluable-is-the-Queen-to-our-economy.html

8 *Contribution of the Arts and Culture Industry to the National Economy*, report for Arts Council England, Centre for Economics and Business Research, 2015.

9 *Measuring Our Value*, report, British Library, 2013.

10 그레고리 맨큐의 베스트셀러 경제 교과서에는 대다수의 경제학자들이 동의하는 14개 이슈가 수록되어 있다. 참고자료: Gregory Mankiw, 『Principles of Economics(맨큐의 경제학)』, Fort Worth, TX: Dryden Press, 1998, 35p.

11 우리는 특히 이점에 관하여 다니엘 허쉬만과 엘리자베스 팝 버먼에게 빚을 지고 있다. 이 문제에 대해 자세히 알고 싶으면 다음을 참고할 것. Daniel Hirschman and Elizabeth

Berman, 'Do economists make policies? On the political effects of economics', *Socio-Economic Review* 12(4) (2014): 779 –811p.

12 *How Economics is Used in Government Decision Making*, report, New Economics Foundation, 2013, Jonathan Aldred, *The Skeptical Economist: Revealing the Ethics Inside Economics*, London: Earthscan, 2009, 146p.

13 Donald MacKenzie and Yuval Millo, 'Constructing a market– performing theory: the historical sociology of a financial derivatives exchange', *American Journal of Sociology* 109(1) (2003): 107 –145p.

14 위의 책.

15 Edward Nik–Khan, 'A tale of two auctions', *Journal of Institutional Economics* 4(1) (2008): 73 –77p.

16 위의 책.

17 Roger Backhouse, *The Puzzle of Modern Economics: Science or Ideology?* Cambridge: Cambridge University Press, 2011, 33p.

18 IFS에 대해 자세히 알고 싶으면 홈페이지를 참고할 것. http://www.ifs.org.uk/about/

19 Simon Akam, 'The British umpire: How the IFS became the most influential voice in the economic debate', *The Guardian*, 2016. 3. 15. 다음을 참조하라. Available at: http://www.theguardian.com/business/2016/mar/15/britishumpire–how–institute–fiscal–studies–became–most–influential–voice–in–ukeconomic–debate

20 참고자료: http://labourmanifesto.com/1997/1997–labour–manifesto.shtml. 이들 경제학자 중 5명은 영국은행 소속이고, 4명은 재무장관이 임명한다.

21 자세한 내용은 http://www.bankofengland.co.uk/research/Pages/economists/default.aspx

22 Guy Dinmore and Guilia Segreti, 'Italy races to install Monti government', *Financial Times*, 2011. 11. 13. 다음을 참조하라. https://next.ft.com/content/f8106b1a–0e21–11e1–91e5–00144feabdc0 Guy Dinmore, Rachel Sanderson and Peter Spiegel, 'Straighttalking Monti boosts Italy's hopes', *Financial Times*, 2011. 11. 10. 다음을 참조하라. https://next.ft.com/content/48461414–0bb5–11e1–9a61–00144feabdc0

23 Duncan McDonnell, 'The rise of governments led by technocrats in Europe illustrates the failure of mainstream political parties', London School of

Economic's European Politics and Policy blog, 2013. 6. 11. 다음을 참조하라.
http://blogs.lse.ac.uk/europpblog/2013/06/11/therise-of-governments-led-by-technocrats-in-europe-illustrates-the-failureof-mainstream-political-parties/
Guy Dinmore, 'Monti gets approval for labour reforms', *Financial Times*, 2012.
6. 27. 다음을 참조하라. https://next.ft.com/content/8d2cf956-c070-11e1-9372-00144feabdc0

24 Kerin Hope, 'Papademos named new Greek PM', *Financial Times*, 2011. 11.
10. 다음을 참조하라. https://next.ft.com/content/8fb2b3c8-0afe-11e1-ae56-00144feabdc0

25 Kerin Hope, 'Wanted ─a prime minister', *Financial Times*, 2011. 11. 7. 다음을 참
조하라. https://next.ft.com/content/0cfb4bf6-08ca-11e1-9fe8-00144feabdc0

26 Jeffrey M. Chwieroth, *Capital Ideas: The IMF and the Rise of Financial
Liberalization*, Princeton, NJ: Princeton University Press, 2010, 36p.

27 위의 책.

28 경제학이 중요한 학문으로 등장한 역사적 과정을 살펴보려면 다음 두 책을 참고하면 된
다. Michael A. Bernstein, *A Perilous Progress: Economists and Public Purpose in
Twentieth-Century America*, Princeton, NJ: Princeton University Press, 2001, 그
리고 Marion Fourcade, *Economists and Societies: Discipline and Profession in
the United States, Britain, and France, 1890s to 1990s*, Princeton, NJ: Princeton
University Press, 2009.

29 Keith Hart and Chris Hann, 'Introduction: Learning from Polanyi 1', Chris Hann
and Keith Hart (eds), *Market and Society: The Great Transformation Today*,
Cambridge: Cambridge University Press, 2011, 1.

30 영국 주요 3개 정당의 역대 선거공약에 대해서는 다음을 참고하면 된다. http://www.
conservativemanifesto.com/1918/1918-conservative-manifesto.shtml, http://
labourmanifesto.com, http://www.libdemmanifesto.com

31 James C. Scott, *Seeing Like a State: How Certain Schemes to Improve the Human
Condition Have Failed*, New Haven, CT: Yale University Press, 1999.

32 Mick Moran, *The Regulatory State: High Modernism and Hyper-Innovation*,
Oxford: Oxford University Press, 2003.

33 Timothy Mitchell, 'Fixing the economy', *Cultural Studies* 12(1) (1998): 82─101p.

34 Robert Evans, *Macroeconomic Forecasting: A Sociological Perspective*, London: Routledge, 1999, 14p.

35 Mitchell, 'Fixing the economy', 86-87p.

36 다음을 참고할 것. Mark Guglielmo, 'The contribution of economists to military intelligence during World War II', *Journal of Economic History* 68(1) (2008): 109-150p, 그리고 Michael Bernstein, 'American economics and the national security state, 1941-953', *Radical History Review* 63 (1995): 9-26p.

37 Paul Samuelson, 'Unemployment ahead: a warning to the Washington expert', *The New Republic*, 1944. 9. 11:297-299p.

38 Evans, *Macroeconomic Forecasting*, 13p.

39 Raymond F. Mikesell, *The Bretton Woods Debates: A Memoir*, Princeton, NJ: International Finance Section, Dept. of Economics, Princeton University, 1994.

40 Marilyn Waring, *If Women Counted: A New Feminist Economics*, San Francisco: Harper & Row, 1988, 그리고 Mitchell, 'Fixing the economy'.

41 Quoted from Mike Emmison, '"The Economy": Its Emergence in Media Discourse', Howard Davis and Paul Walton (eds), *Language, Image, Media*, Oxford: Blackwell, 1983, 148p.

42 앞의 책, 150p.

43 Evans, *Macroeconomic Forecasting*, 14p.

44 이 조직은 정부기관으로 출범했으나 현재는 영국 정부와 Nesta(영국 국립 과학기술예술재단) 및 직원들이 공동 운영하는 이른바 사회적 목적 회사로 불린다.

45 Behavioural Insights Team, 'Who We Are: The Behavioural Insights Team'. 다음을 참조하라. http://www.behaviouralinsights.co.uk/about-us/

46 Tamsin Rutter, 'The rise of nudge -the unit helping politicians to fathom human behaviour', *The Guardian*, 2015. 7. 23. 자세한 내용은 다음을 참조할 것. http://www.theguardian.com/public-leaders-network/2015/jul/23/risenudge-unit-politicians-human-behaviour

47 가장 주목할 만한 것은 데이비드 캐머런의 2010년 발언이지만, 이런 계획은 무산된 듯하다. Allegra Stratton, 'David Cameron aims to make happiness the new GDP', *The Guardian*, 2010. 11. 14. 다음을 참조하라. http://www.theguardian.com/politics/2010/nov/14/davidcameron-wellbeing-inquiry

48 Mitchell, 'Fixing the economy', 82 – 101p.

49 Carlos Barria, 'PM Cameron says Britain should stand up for Hong Kong rights', *Reuters*, 2014. 10. 15. 다음을 참조하라. http://in.reuters.com/article/hongkong-china-britain-idINKCN0I41WF20141015

50 Matthew Holehouse, 'NHS spends £23m a year on translators', *The Telegraph*, 2012. 2. 6. 다음을 참조하라. http://www.telegraph.co.uk/news/health/news/9063200/NHS-spends-23m-a-year-on-translators.html

51 자세한 내용은 다음을 참고할 것. https://d25d2506sfb94s.cloudfront.net/cumulus_uploads/document/1h0dojy3oj/PostCrashEconomicsSocietyResults_150128_economics_W.pdf

52 노동당이 금융 위기 전년도에 적자를 기록하는 것은 잘못이었다고 인식했다는 점이 특히 중요하다. Margaret Beckett, *Learning the Lessons from Defeat: Taskforce Report*, Labour Party, 2015.

53 자세한 결과는 다음을 참고할 것. https://d25d2506sfb94s.cloudfront.net/cumulus_uploads/document/2rm33oydgm/SOS_Results_150115_Website.pdf

54 Ryan Bourne and Tim Knox, *A Distorted Debate: The Need for Clarity on Debt, Deficit and Coalition Aims*, report, Centre for Policy Studies, 2012.

55 *The Distributional Effects of Asset Purchases*, report, Bank of England, Quarterly Bulletin Q3, 2012.

56 주목할 점은 이와 유사한 정책을 제레미 코빈 노동당 대표로부터 자유주의 경제학자인 밀튼 프리드먼에 이르기까지 다양한 정치적 성향의 사람들이 지지하고 있다는 점이다. 자세한 내용은 다음을 참고할 것. http://www.telegraph.co.uk/finance/economics/11869701/Jeremy-Corbyns-QE-for-the-people-is-exactly-whatthe-world-may-soon-need.html, http://www.ft.com/cms/s/0/9bcf0eea-6f98-11e2-b906-00144feab49a.html#axzz46V5sxFR8

57 Sarah O'Connor, 'Drugs and prostitution add £10bn to UK economy – FT.Com', 2014. 5. 29. 다음을 참조하라. http://www.ft.com/cms/s/2/65704ba0-e730-11e3-88be-00144feabdc0.html#axzz46k4tODTg

58 BBC, 'UK economy records fastest growth since 2007', 2015. 1. 27. 다음을 참조하라. http://www.bbc.co.uk/news/business-30999206

59 Stephanie Linning, 'Who said crime doesn't pay? Counting prostitution and drugs in the GDP figure has seen the UK's economy overtake France as fifth largest in the world', *Mail Online*, 2014. 12. 27. 다음을 참조하라. http://www.dailymail.co.uk/news/article-2888416/Whosaid-crime-doesn-t-pay-Counting-prostitution-drugs-GDP-figure-seen-UK-s-economy-overtake-France-fifth-largest-world.html

60 Ian Mount, 'Spain gets a questionable GDP boost, thanks to drugs and prostitution', *Fortune*, 2014. 10. 8. 자세한 내용은 다음을 참조할 것. http://fortune.com/2014/10/08/spain-gdp-drugs-prostitution/

61 학계에서는 이 부분을 사회적 재생산으로 지칭한다. 인간이 자신과 타인을 유지하고 노동력을 재생하는 과정인 사회적 재생산에는 음식, 물, 거처와 의복 같은 생활 필수 요소의 일상적인 세대간 전이 뿐만 아니라 계급, 종교, 성역할과 문화 등 문화 사회적인 재생산까지 포함된다.

62 Chris Giles, 'Treasury's Brexit analysis: what it says − and what it doesn't', *Financial Times*, 2016. 4. 18. 다음을 참조하라. https://next.ft.com/content/c15cd060-0550-11e6-96e5-f85cb08b0730, *United Kingdom Selected Issues*, report, International Monetary Fund, 2016. 6. 1.

63 Henry Mance, 'Britain has had enough of experts, says Gove', *Financial Times*, 2016. 6. 3. 다음을 참조하라. http://www.ft.com/cms/s/0/3be49734-29cb-11e6-83e4-abc22d5d108c.html#axzz4JZbdCmwx

64 Paul Johnson, 'We economists must face the plain truth that the referendum showed our failings', *The Times*, 2016. 6. 28. 다음을 참조하라. http://www.thetimes.co.uk/article/paul-johnson-s5pnw9rn0

65 Ron Johnston, Kelvyn Jones and David Manley, 'Predicting the Brexit vote: getting the geography right (more or less)', LSE British Politics and Policy blog, 2016. 7. 2. 다음을 참조하라. http://blogs.lse.ac.uk/politicsandpolicy/the-brexit-vote-getting-the-geography-more-or-less-right/, *Brexit vote explained: poverty, low skills and lack of opportunities*, report, Joseph Rowntree Foundation, 2016. 8. 31. 관련 링크: https://www.jrf.org.uk/brexit-vote-explainedpoverty-low-skills-and-lack-opportunities

66 《파이낸셜 타임스》의 마틴 울프 수석 경제논설위원은 경제·기술 분야 엘리트들과 일반 대중의 괴리가 너무 커졌다며 위험성을 경고했다. Martin Wolf, 'Bring our elites closer

to the people', *Financial Times*, 2016. 2. 2. 다음을 참조하라. http://www.ft.com/cms/s/0/94176826-c8fc-11e5-be0b-b7ece4e953a0.html#axzz46Sy5Kodx

제2장

교리가 된 경제학*

경제학자들과 정치철학자들의 아이디어는 그것이 옳고 그름에 상관없이, 사람들이 생각하는 것보다 더 강력한 영향력을 지닌다. 사실 이 세상은 바로 이들에 의해 움직인다고 할 수 있다.

존 메이너드 케인스[1]

내가 경제학 교과서를 쓸 수 있다면, 국가의 법은 누가 쓰든 아무 상관이 없다.

폴 새뮤얼슨[2]

70~80년의 시간이 흐르면서 '경제'라는 개념은 아예 없던 존재에서 세상의 중심으로 자리를 옮겼다. 혜성처럼 등장한 경제학은 엄청난 영향력을 얻었다. 이제 근대 경제학은 경제의 작동방식을 설명하는 일반적인 주장들을 통해, 정치와 사회생활 등 광범위한 영역에서 사고와 의사 결정의 논리가 되었다. 제1장에서 개괄한 바와 같이, 이런 상황에

- 원제 'Economics as indoctrination'은 경제학이 맹목적으로 가르치는 신념 체계가 되어버렸다는 뜻이다.

서 경제 전문가는 특별한 권위를 부여받는다. 경제학은 복잡한 기술적 언어이며, 경제학의 언어를 말할 수 있는 사람들은 다른 사람들이 할 수 없는 방식으로 정치와 정책에 참여할 수 있다. 경제 전문가들은 사회의 가장 중요한 몇몇 기관에서 핵심적인 지위를 차지하고 있다. 그런데 누군가를 경제학 전문가로 만드는 것은 무엇이며, 나아가서 그들에게 이런 권위를 부여하는 것은 무엇인가?

모든 직업이 그렇듯, 정규 교육과 훈련, 그리고 가장 중요하게는 자격증이 보유자의 전문성을 입증한다. 경제학 교과서에는 경제학자로서 갖추어야하는 지식과 기술, 역할 등에 관한 학계의 지배적인 견해가 잘 담겨 있다. 가장 영향력 있는 20세기 경제학자 중 한 명인 폴 새뮤얼슨이 '내가 경제학 교과서를 쓸 수 있다면, 국가의 법은 누가 쓰든 아무 상관이 없다'라고 한 말은 상징적이다. 경제 전문가들은 경제 논리를 정식화하고, 경제적 성공을 핵심 가치로 삼는 사회에서 어떤 삶의 방식이 정치 경제적으로 바람직한지 제안할 수 있는 힘이 있다. 경제학 교과서를 정하는 이들은 커다란 권한과 책임이 있으며, 새뮤얼슨도 바로 이점을 인식했다. 이 장에서 우리가 주장하는 바는 현재의 경제학 교육이 그 책임을 방기하고 있다는 것이다.

'그들이 말하지 않던가요? 경제학 교육은 경제에 관한 교육이 아니라고.'

indoctrinate [동사] (개인이나 집단이) 믿음 따위를 무비판적으로 받아들이도록 가르치다[3]

맨체스터 대학 경제학과 학생 매브 코언은 대학에서 경제학을 공부하고 싶었던 순간을 기억한다.

'나는 경제학을 이해한 이들이 권력을 이해했다는 것을 깨닫기 시작했다.' 매브는 잉글랜드 북동부 지역의 광산 마을 출신으로, 그녀에게 경제학의 영향력은 놓치기 힘든 유혹이었다. 그녀는 마을의 다른 사람들처럼 더럼 주 광부 축제 같은 지역 행사를 보고 '한때 번성했던 산업의 중심지'였던 고향의 역사에 대한 향수를 간직하면서 자랐다. 집단적인 알코올 중독과 피할 수 없는 현실들이 차례로 지나간 뒤, 잉글랜드 북동부 지역은 영국에서 가장 가난한 지역 중 한 곳이 되었다.

20대 때의 세계 여행을 통해 그녀는 자신이 간직한 가장 흥미로운 질문들의 해답을 경제학 속에서 찾을 수 있겠다는 생각을 굳혔다. '어떻게 "경제적" 결정 하나가 그런 결정에 아무런 의견도 갖고 있지 않은 많은 사람들의 삶에 그토록 큰 영향을 미칠 수 있는지 깊은 인상을 받았다'고 그녀는 회상한다. 매브만 그런 것은 아니다. 경제학 교육 개혁 운동에 참가한 많은 학생들이 비슷한 이유에서 경제학 공부를 결심한 것은 분명하다. 한 학생은 '오늘날 권력의 최상층부에서 쓰는 언어를 배우고 싶다'고 말했다. 다른 학생은 자신이 사회의 전체적인 작동 방식을 얼마나 알고 싶어 하는지에 관해 설명했다. 이코노크러시가 대세가 됨에 따라, 우리 시대의 위대한 사회적 의제에 동참하거나 영향을 미치고 싶은 젊은이라면 경제학의 언어로 말할 수 있어야 한다는 사실이 점차 명백해졌다.

이런 열망은 곧 사그라진다. 경제학 과정을 막 시작한 학생들이라면 눈앞에 펼쳐지는 게 전혀 다른 현실이라고 생각할 수도 있다. 매브와 경제학과의 많은 동료 학생들이 표현하듯, 사회를 알고 싶다는 열정은 현실 경제와는 상관없는 일련의 추상적인 개념이나 아이디어들과 맞닥뜨리면서 억제될 수밖에 없다. 왜 이렇게 현실과 분리시켜 경제학을 배우는지 학생들은 궁금해 하지만, 시험에 합격하기 바란다면 이 평행 우주에서 사는 법 또한 배워야 한다.

어떤 알 수 없는 근본 원리로 섬세하게 구축된 이 세계는 학생의 거주 공간일 뿐 아니라, 학생들이 다른 방식으로 사고하지 못하도록 막는 장벽 같은 역할을 한다. 지루하고 모호한 일련의 가설들이 학생들의 마음을 후비고 나면, 이 가설에 기초해 논리적인 상부 구조를 세우기 위한 다음 단계가 이어진다. 이 과정은 흔히 독립적으로 행해지기 때문에 학생들이 살고 있는 현실 세계의 흔적은 제외된다. 의심 많은 학생들은, 모든 이론은 추정을 전제로 한다면서 수렁에 빠져들거나(이런 학생이 점점 늘어난다), 박사 학위를 받으면 추정이 줄어들 것이라며 위안을 삼는다(이런 학생은 별로 없지만).

이 경제학의 세계에는, 경제학자들이 경제적 의사 결정자를 일컫는 용어인 '행위자'(agents)들이 살고 있다고 여겨진다. 행위자는 '최적화'(optimisation)를 통해 완벽한 의사결정을 내리며, 학생들이 종일 씨름할 만한 수학 문제를 순식간에 계산해낸다. 전체 경제는 이런 최적화 규칙에 따라 상호 작용하는 개별 행위자들로 구성되며, '균형'(equilibrium)으로 불리는 안정된 상태를 만들어낸다. 이런 개별 행위자들의 상호작용이라는 근본적인 관점에 따르지 않는다면 어떤 경제학 이론도 이 우주에서 환영받기 힘들다.

세계를 이해하고 만들어가고자 하는 학생들이 이 대체 현실로 옮겨가는 것은 충격적이다. 공부를 하면서 우리는 다음 학기나 다음 년도에는 현실 세계에 적용할 수도 있는 이론적 틀을 배우는 중이라고 믿었다. 우리의 기다림이 헛된 것일 수 있다는 깨달음을 얻기까지는 채 1

년 반도 걸리지 않았다. 이것이 우리가 포스트-크래시 경제학회를 설립하고, 커리큘럼 개혁 운동을 시작하도록 자극을 주었다. 경제에 대한 이런 특정하고 협소한 사고방식을 세계 대부분의 대학에서 똑같이 가르치고 있다는 사실을 그때에는 미처 몰랐다.

　이 장에서는 영국의 대학 경제학 교육을 검토하고, 다음 세대 경제 전문가들이 얼마나 체계적으로 잘못된 교육을 받고 있는지 살펴볼 것이다. 우리의 연구와 우리가 경험했던 경제학 교육으로 미루어 볼 때, 특정 경제학의 독점이나 경제학 주제를 다루는 교수법('교육학') 등을 사전적으로 정의하자면 신념에 대한 맹목적인 가르침에 불과하다고 분명하게 말할 수 있다. 이런 주장을 입증하기 위해 우리는 두 가지를 제시할 것이다. 첫째, 경제학과 학생들은 특정 유형의 경제학만을 접하며, 둘째, 이런 경제학을 무비판적으로 받아들이도록 배운다. 우리는 러셀 그룹●에 속한 7개 대학의 교과 과정을 심층 분석한 결과를 바탕으로 우리의 주장을 개진할 것이다.[4] 우리는 총 174개에 이르는 교과목의 수강 안내서와 시험 문제를 분석했다.[5] 우리가 아는 한, 교과 과정을 이렇게 상세하게 검토한 전례는 없다.

　이렇게 맹목적으로 경제학을 가르치는 데 따른 결과는 무엇일까? 기초 과정에서부터 학생들은 무시되고 있으며, 부적절한 교육을 받고 있다는 점이다. 다음 세대의 경제 전문가로서 건강하고 탄력 있는 사회를 만들기 위한 지식과 기술을 갖추는 데도 실패하고 있다. 경제학과 졸업생들은 경제학에 대한 편협하고 고착화된 이해, 영국 경제의 작동 방식과 오늘날 우리 세계를 형성해온 지난 세기의 주요 경제적

● 　영국의 연구 중심 명문대학 모임. 케임브리지, 옥스퍼드 등 24개 대학이 회원으로 등록되어 있다.

사건들에 대한 아주 미미한 경험적 지식만을 갖춘 채 대학을 떠난다. 내일의 전문가들은 마치 경제학을 공부하는 다른 방식은 없다는 듯이 단 하나의 관점만을 배우고 있다. 경제학 교과 과정 안에서 비판적이고 독립적인 생각은 권장되지 않으며, 역사학이나 윤리학, 정치학 등은 정규 과정에 포함되어 있지 않다.

게다가 경제학이 한 가지 관점으로만 지배당할 때 나타나는 더욱 근본적인 결과가 있다. 지금부터 우리는 경제학을 지배하는 관점들의 핵심 특징을 개괄하고 이것이 이코노크러시와 어떻게 관련되는지 살펴볼 것이다.

이코노크러시의 재생산

오늘날 대학에서 주로 가르치는 경제학을 보통 '신고전학파 경제학'(neoclassical economics)으로 부르는데, 이 용어는 지난 세기 동안 그 의미가 바뀌었다. 20세기 초반까지 신고전학파 경제학은 항상 최선의 결과를 가져오는 자체 안정화 시스템으로서의 시장 경제 모형을 지칭하는 것이었지만, 오늘날에는 좀 더 넓고 유연하게 쓰인다.

여타 학문과 마찬가지로 신고전학파 경제학은 연구 대상(경제)에 대한 어떤 가정, 이를테면 경제를 어떻게 정의하며 무엇에 집중할 것인지, 인간은 그 안에서 어떻게 행동하며 연구를 수행하기에 적합한 연구 방법은 무엇인지 등을 수반한다. 신고전학파 경제학 지지자들이 반드시 그렇다고 단정하는 것은 아니지만, 이런 가정을 통해 그들은 사고방식이나 가치관, 판단 기준 등을 형성한다. 신고전학파 경제학 안에는 다양하고 상반된 이론들이 있지만 세 가지 핵심적인 이론적 '갈

표 2.1 신고전학파 경제학의 세 가지 갈래[6]

1. 개인주의

신고전학파 이론은 개별 행위자의 행동에 초점을 두며, '행위자'는 일종의 경제적 의사 결정자로 정의된다. 여기에는 구매를 결정하는 소비자로서의 행위자는 물론, 기업의 생산 결정이나 심지어 정부의 정치적 결정을 개인의 판단으로 모형화하는 것까지 포함한다. 신고전학파 경제학은 세계를 보는 '원자론적' 관점을 지니고 있으며, 개인의 의사 결정을 통해 경제 전반에 대한 이해를 구축하려고 노력한다.

2. 최적화

이들 행위자는 행동을 통해 명시적 목표를 극대화하려고 한다. '최적화'란 '상황이나 자원을 최대한 가장 효과적으로 활용하는 것'이다. 소비자는 그들이 가진 돈으로 가장 원하는 상품을 구매하고자 하며, 기업은 가용 자원과 기술력을 활용하여 최고의 이윤을 얻기를 바란다. 행위자의 목표는 다양하고 잘못된 의사 결정으로 고통 받을 수도 있지만, 신고전학파 경제학에서 행위자는 거의 항상 목표를 최적화한다.

3. 균형

개별 행위자의 결정은 밸런스를 유지해야 하는데, 이런 상황을 '균형'이라고 부른다. 행위자는 생산, 구매, 판매 및 투자 결정을 내리며, 자신의 결정이 적절할 경우 어떤 행위자도 자신의 행동을 바꾸려고 하지 않을 것이다. 행위자는 스스로 판단에 따라 가장 적합한 결과를 얻을 때까지 자신의 행동을 조절하기 때문에 누구든지 안정균형을 위해 자신의 행동을 바꿀 이유는 없다.

래'를 공유하고 있는데, 그것을 요약하면 〈표 2.1〉과 같다.

　신고전학파 경제학의 경제관은 두 가지 중요한 특징이 있으며, 이는 세 가지 갈래와 긴밀하게 연결되어 있다. 첫째, 그것은 세계를 보는 기계적인 관점에 기초한다. 경제는 적절하게 행동하고 예측 가능한 수학적 규칙에 따라 상호 작용하는 개별 행위자들로 구성되어 있다. 이런 행동이 반드시 이상적인 것은 아니지만, 안정과 균형이라고 불리는 상황을 만들어내곤 한다. 경제는 단기적 변화나 변동성을 겪을 수 있지만 결국 안정 상태로 돌아온다는 의미에서 진자와 다르지 않다. 경제학자들은 행위자가 최적의 행동을 결정하는 데에 경제 변화가 어떤 영향을 미치는지, 그래서 그들은 어떻게 다른 경제 결론을 도출하여 궁극적인 균형을 이루는지 연구한다.

최적화와 균형이라는 알기 쉽고 예측 가능한 힘에 근거하여 경제를 조망한다는 말은 경제 전문가들이 정책이 경제에 미치는 영향을 예측하기 위해 상황을 수학적으로 설계할 수 있다고 믿는 것을 의미한다. 이코노크러시에는 실업과 인플레이션, 또는 세금과 투자 같은 변수들 사이의 기계적인 관계가 고정되어 있다는 것을 전제로 이런 생각이 반영되어 있다. 물론 신고전학파 경제학이 모두 옳다는 말은 아니며, 어떤 예측이든 가능성과 잠재적인 오류를 포함하고 있다. 하지만 정책 입안자가 특정한 정치 목표를 달성하기 원할 때 경제학자들은 목표 달성을 위한 정책을 과학적으로 설계할 수 있다고 주장한다는 점이 중요하다. 우리는 제1장에서 주요 정책을 입안하거나 관련 기관에 고용되어 일하는 경제학자들의 사례를 살펴보았다.

둘째, 신고전학파 경제학이 그리는 그림 속에서 경제는 개별 행위자의 행동을 통해 자연스럽게 드러나는 독립적이고 추상적인 시스템으로 묘사된다. 신고전학파 경제학은 현대 경제의 탄생 과정에 대해 관심이 없으며, (재산권 등 법률 체계뿐 아니라 이를 둘러싼 사회적 규범 같은) 제도와 통치 시스템은 단지 기능적인 요소로 취급할 뿐이다. 행위자는 '최적'의 결정을 내릴 뿐이며, 행위자가 왜 그렇게 행동하는지, 혹은 경제적 목표가 바람직한지 등에 대해서는 궁금해 할 필요가 없다. 이러한 결과는 경제를 보는 고립적이고 기술적인 관점으로 귀착된다.

경제학자들은 '실증 경제학'(positive economics)과 '규범 경제학'(normative economics)을 이런 관점에 따라 구분한다. 경제학자들은 대부분의 경제학이 실증적이라고 주장하는데, 그 말 속에는 세상을 단지 설명하는 것만으로는 부족하다는 뜻이 내포되어 있다. 베스트셀러 『괴짜경제학』의 저자 스티븐 레빗과 스티븐 더브너가 이러한 견해를 잘 정리했는데, 그들의 말을 인용하자면 '경제학적 접근법은 세상을 우리가 바라는 모습으로 설명하기 위한 수단이 아니다. … 있는 그대로의 세상을 설명하기 위한 방법이다'.[7] 이런 논리를 바탕으로 경제 전문가들은 정치인들이 민주적 절차를 통해 설정한 목표를 수용하고, 그들이 교육 받은 범위 안에서 목표 달성을 위해 최선의 방법을 찾을 수 있다.

그러나 경제학자들은 정책 모형과 처방의 특정 목표를 취하는 방식으로 정치적 결정을 내리는 경우가 많다. 제1장에서 보았듯이, 이동통신 주파수 경매를 설계한 경제학자들은 정부의 수익 극대화에 주력한 반면 더 넓은 농촌지역까지 이동통신 서비스 지역을 넓히는 것 같은 정책 목표는 간과했다. 비슷한 사례를 더 찾을 수 있는데, 예를 들자면 경제학자들이 일반적으로 '복지'라고 부르는 경제적 웰빙의 양적 측면을 강조하면 웰빙의 다른 요소는 상대적으로 소홀하게 취급된다. 이론상 경제 행위자는 무엇이든 '최적화'할 수 있지만, 현실에서 경제학자가 사용하는 수학 공식으로는 인권, 고용보장, 정신보건 같은 손에 잡히는 문제보다는 소득이나 소비 같은 웰빙의 물질적 원천에 포커스를 맞출 수밖에 없다는 뜻이다. 이들 모두가 사람들에게 분명한 가치를 지니지만, 신고전학파 경제학에서는 전자를 한쪽으로 치워놓는다. 무엇에 초점을 맞출 것인가의 선택은 정치적인 것이 사실상 중요하다는 암시적 판단을 통해서 드러난다.

지금까지 정의한 신고전학파 경제학은 대학 커리큘럼에 포함된 개별 과목들에서 가르치는 대부분의 모형에 적용된다. 경제학은 이런 관점을 갖추는 것이라고 가르치는 경제학자들에게 경제학은 완벽한 학문 체계이며, 그들 머릿속에는 당면한 문제를 이해하기 위해 신고전학파 경제학이 활용되거나 활용되어야 한다는 생각으로 가득 차 있다. 대학의 경제학 교육은 내일의 경제학자들에게 우리가 하는 경제 의사 결정의 많은 부분을 전문가들에게 위임해야 하며, 대중들이 경제 토론과 의사 결정에 참여하는 것이 반드시 필요하거나 바람직한 것은 아니라고 믿도록 만들고 있다.

다음 챕터에서 우리는 경제에 관한 이런 사고방식이 다음 세대 경제 전문가들에게 어떻게 체계적으로 주입되는지 살펴볼 것이다. 신고전학파 경제학이 과학적 분석 도구로 광범위한 신뢰를 받고 있다는 점에서도 우리가 분석 대상으로 삼은 7개 대학의 경제학 교육 내용이 매우 획일적이라는 사실을 알 수 있다. 이코노크러시는 스스로 재생산되고 있다. 우리가 주장했듯, 이런 재생산이 지속되는 한 민주주의를 되찾기 위해 꼭 필요한 경제학자들과 사회의 새로운 관계 설정은 어려워질 것이다.

신고전학파 경제학의 독점

우리가 분석한 7개 대학의 경제학 과정은 내용과 구조상 현저한 유사성이 있었다.[8] 경제학 교육은 신고전학파 경제학을 형성하는 일련의 표준화된 핵심 주제를 주입하는 방식으로 졸업생을 양산한다. 전문가가 되기 위한 경제학과 학생들이라면 앞에서 언급했던, 신고전학파의 대체 현실로 옮겨가면서 느낀 감정을 반드시 한번쯤은 겪게 된다.

학생들이 필수 과목으로 배우는 신고전학파 도구들에는 거시경제학, 미시경제학(보통 거시, 미시로 약칭) 외에도 수학, 통계학과 계량 경제학(경제적 질문에 응답할 목적으로 개발된 통계학 분야) 등이 포함된다. 우리가 확인한 바로는 통상적인 수업 과정은 크게 둘로 나뉘는데, 핵심적인 미시 및 거시경제학을 2학년 때까지 집중 교육하는 방식과 3년 동안 나눠서 교육하는 방식 등이 있었다.● 하지만 우리의 커리큘럼 분석 결과에 따르면 대부분의 대학에서 진행된 미시 및 거시경제학 수업 내용은 거의 비슷했다.

우리의 주장처럼 경제를 바라보는 우리 사회의 시각이 알게 모르게 신고전학파 경제학의 영향을 받고 있기 때문에 신고전학파의 핵심 특징을 이해하는 것은 중요하다. 이제 우리가 분석 대상으로 선택한 대학에서 가르치고 있는 신고전학파 경제학의 핵심 교과목들에 대해 간략하게 살펴보려고 한다. 지금부터의 서술은 아무리 쉽게 풀어내더라도 기술적이고 추상적일 것이라는 점을 잘 알지만, 독자들이 조금만 인내심을 발휘한다면 경제 전문가들이 어떻게 생각하고 설명하는지 좀 더 이해할 수 있을 것이다.

◎ 미시경제학

미시경제학은 가계, 기업, 산업과 시장 등 작은 단위의 연구에 초점

● 영국의 대학은 3년제이다.

을 맞추고 있다. 모르는 사람들은 이를 기업의 사례 연구나 주식시장 방문, 사람들의 소비 성향 조사를 위한 인터뷰 등 실천적인 방식으로 오해할 수도 있을 것이다. 그러나 미시경제학의 보편적인 교수법은 추상적이고 수학적이다. 경제학자 로널드 코스는 '경제학자들이 말을 연구한다면 가서 살펴보는 대신 연구실에 앉아서 "내가 말이라면 어떻게 할까?" 자문할 것이다'라고 농담 삼아 말했다.[9] 학생들은 경제적 행위자의 결정을 보여주는 추상적인 수학 문제를 풀기 위해 초대받았지만, 수업시간 내내 물증이 주어지는 것도 아니고 학생들이 밖으로 나가 행위자를 직접 살펴볼 수도 없다.

우리가 커리큘럼 리뷰를 진행하는 모든 대학에서 미시경제학 교과과정은 개별 소비자(소비자 이론)와 기업(생산자 이론)을 중심으로 진행된다. 행위자는 앞에서 설명한 최적화 규칙, 이를테면 소비자는 경제 이론상의 '효용 극대화'를 추구하는데, 이는 자신의 소득이 감당할 수 있는 한 가장 만족스런 제품을 구매한다는 의미이다.

미시경제학의 가장 기초적인 세계, 그리고 학생들이 마주하는 세계는 모두가 합리적으로 행동하고 모든 정보가 공개되어 있으며 시장이 완벽하게 작동하여 '사회적으로 최적'(바람직하다는 뜻의 경제학자의 언어)의 결과를 만들어내고 원활하게 작동하는 세계이다.

이런 상황은 〈표 2.2〉의 수요-공급 곡선처럼 경제학이 선호하는 수학과 도표를 사용하여 나타낼 수 있다. 이 그래프를 특정 시장(예를 들어 구두 시장)으로 가정할 때, S 선은 얼마나 많은 구두를 제조할 것인지에 대한 생산자의 결정을 나타내고, D 선은 얼마나 구매할 것인가에 대한 소비자의 결정을 나타낸다. 두 선이 만나는 곳, 즉 소비자와 생산자의 결정이 밸런스를 이루는 지점이 가장 안정적인 최적의 균형 상태

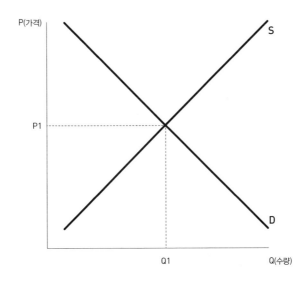

표 2.2 기본적인 수요-공급 곡선 (출처: 인터넷)

이며, 여기서 구두 판매량(Q1)과 구두 가격(P1)이 결정된다.

앞에서 묘사한 '이상적인' 경제 상태를 언급한 다음 미시경제학 수업은 경제를 사회적으로 최적의 상태에 도달할 수 없도록 만드는 것들에 대한 논의로 이어진다. 예를 들어, 소비자나 기업이 선택할 수 있는 정보를 충분하게 갖고 있지 않다면 객관적으로 최선이 아닌 결정을 내릴 수 있다. 경제학 수업시간에 일상적으로 등장하는 사례가 중고차시장인데, 결함 있는 자동차를 구매할 수 있다는 위험성은 시장을 파괴하거나 '시장 실패'를 이끌 수 있다. 이처럼 여러 형태의 시장 불완전성이 존재하며, 경제학자들은 이런 문제가 얼마나 많으며 정부정책을 통해 바로잡을 수 있는지의 여부를 연구한다.

미시경제학 교과 과정은 경제 논리가 정치에 어떻게 직접적인 영향을 미치는지 보여준다. 예를 들어, 존 슬로먼과 앨리슨 라이드는 경제학 입문 교과서에서 '효율성과 형평성이라는 두 가지 [사회적] 목표가 있다'고 주장했다.[10] 이들이 쓴 교과서는 '완벽한 시장 경제가 특정 조건 하에서 어떻게 "사회적 효율성"을 이끌어 내는가, [반면에] 현실 세계에서 시장은 어떻게 사회적 목표 달성에 실패하는가'를 보여주면서 시작한다. 그런 다음 '정부가 시장을 대신하여 재화와 용역을 직접 제공하려면 비용과 편익을 입증할 방법이 필요하다'고 썼는데, 이는 비용편익분석(CBA)을 통해 수행할 수 있다.[11]

모든 정부 정책과 프로그램, 프로젝트의 평가 틀을 제시하기 위해 재무부가 만든 책자 그린 북(Green Book)은 경제 교과서처럼 널리 읽힌다.[12] 이 책자는 정부가 시장에 개입하는 중요한 두 가지 이유로 '효율성'과 '형평성'을 강조한다. 그런 다음 이를 달성하기 위한 다양한 방법을 결정하기 위해 비용편익분석을 사용할 것을 구체적으로 제시한다.[13]

◎ **거시경제학**

거시경제학은 국가가 어떻게 장기적인 경제 성장을 유지하고, 단기적인 경제 파동(일반적으로 버블의 생성과 붕괴)을 제어하며, 실업과 인플레이션을 관리할 것인지 등 더 큰 문제를 다룬다. 그런데 거시경제학 수업이 학생들에게 이런 이슈에 관한 역사적이고 경험적인 이해를 제공하는 대신, 추상적 이론 중심으로 진행되는 것은 놀랍다. 거시경제학은 우리가 매일 뉴스에서 접하는 아이디어를 다루기 때문에 미시경제학보다 좀 더 편하게 접근할 수 있다. 그럼에도 불구하고 거시경제학과 미시경제학은 몇몇 측면에서 상당히 유사하다. 거시경제학에서 다루는 분야는 국가 경제의 장기 성장을 유지하기 위한 방법과 단기적인 경제 파동을 제어하기 위한 방법 등 크게 두 영역으로 나눌 수 있다.

장기 성장을 다루는 이론들은 창안자 로버트 솔로의 이름을 따 '솔로 경제성장 모형'(Solow Growth Model)으로 불리는 이론에 전적으로 의존하고 있다. 이들 이론은 (기술이나 천연자원과 같은) 별개의 요소들이 어떻게 경제 성장에 기여하는지 보여준다. 그들은 고든 브라운 같은 정치인들이 언급한 '내생적 성장 이론'(Endogenous Growth Theory. 이 이론 또한 솔로 성장 모형과 마찬가지로 7개 대학에서 모두 강의하고 있다) 같은 현대적 변종과 함께 영향력을 발휘했다.[14] 이 이론에 따르면 기술 수준을 높이고 기술을 향상시킴으로써 장기적인 성장을 지속시킬 수 있다. 현재 이 이론은 정부의 교육 및 기술 향상 정책의 근거가 되고 있으며, 제5장에서 살펴보겠지만 정부의 고등교육 정책에 중요한 방식으로 영향을 미치고 있다.

거시경제학에서 단기적인 경제 파동을 다룰 때는 크게 두 가지 접근 방식을 사용한다. 우선 입문자나 중급자들을 대상으로 사용할 수 있으며, 경제 전체를 나타내는 간단한 다이어그램 중 가장 유명한 IS-LM 모형이다.[15] 이것은 미시경제학의 수요 공급 곡선과 매우 유사한데, 재화와 서비스 시장(IS 곡선)과 화폐 시장(LM 곡선) 사이의 상호작용이 특정 시장에서 어떻게 작동하는지 보여준다(표 2.3 참조).

다음으로 좀 더 진화된 거시경제학 접근법으로는 경제를 전체적으로 대표한다고 여겨지는 '대표 행위자'로서 '최적화된 행위자'를 상정하는 것으로 이 또한 미시경제학과 비슷하다. 이 행위자는 영원히 존

표 2.3 IS-LM 모형 (출처: 인터넷)

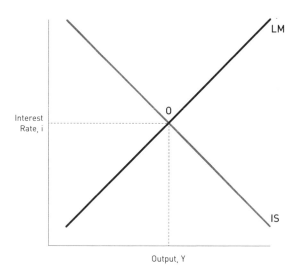

재하며 GDP, 가격 및 실업 등 시간 경과에 따른 다양한 경제 변수의 경로를 예측하면서 평생 최적의 생산과 소비를 결정한다. 이 세계에서 경기 침체는 일반적으로 '외인성 충격' 때문에 발생하는데, 갑작스런 방해물은 행위자의 결정과 나아가 경제에까지 영향을 미친다.

이코노크러시를 지탱하는 주요 기둥 중 하나인 중앙은행의 독립은 이제 세계적인 현상이며, 그 뿌리를 이러한 유형의 경제학에서 찾을 수 있다. 중앙은행의 독립은 앞서 요약한 '최적화된 행위자' 논리를 수학적으로 모형화한 '배로-고든 모형'(Barro-Gordon model) 덕분에 경제학자들 사이에서 거의 보편적으로 받아들여진다.[16] 정치인들이 중앙은행을 통제한다면 실업률을 낮추기 위해 인플레이션을 적정 수준 이상으로 끌어 올려 단기 이득을 취하려 할 것이며, 이는 장기적으로 모두의 손해로 귀착될 수 있다. 반면 중앙은행을 독립시킬 시에 이의 관리는 경제학자들이 수행하는 기술적인 역할 정도로 축소된다.

◎ 교과서 가르치기

교과서를 보면 대학들의 경제학 교육이 서로 얼마나 유사한지 알 수 있다. 다른 사회과학 분야에서는 해당 분야 학술 문헌을 비판적으로 검토하는 것이 교과 과정의 가장 중요한 부분이다. 이는 학생의 학문 토론과 연구 과제에 대한 이해도를 높이고, 연구 및 비평의 숙련도를 향상시켜 학생들이 교수들과의 토론에 독립적이고 비판적으로 참여할 수 있게 하는 등 많은 목적을 가지고 있다. 이와 반대로 경제학에서는 교과서가 주도적인 역할을 하며, 경제학 저널 읽기를 요구하는 과목은, 특히 핵심 과목일수록 거의 없다. 학생들은 독자적인 연구 같은 건 거의 할 필요가 없으며, 한 학생이 적절하게 언급한 것처럼 '교과서는 경전'이다. 학생들이 보는 책이라고는 신고전학파 경제학의 영역에 있는 속해 있는 것들이 대부분이다. 이런 연구 접근 방식 때문에 경제학은 폐쇄적이고 정체된 지식 체계라는 이미지를 굳히고 있다.

경제학 수업이 주로 교과서를 통해 이루어지기 때문에 교과서 시장은 매우 수익성이 높은데, 영국에서는 몇몇 유력 인사들이 시장을 독점하고 있다. 미시경제학 분야를 보면 할 베리언이 쓴 교과서가 7개 대학 중 5개 대학에서 사용되고 있었고, 휴 그레벨과 레이 리스가 쓴 교과서는 3개 대학에서 활용되었다. 거시경제학 분야도 상황은 비슷하다. 그레고리 맨큐의 교과서는 7개 대학 모두에서 3년에 걸친 거시경제학 핵심 과목 중 한 군데의 교과서로 채택되었다. 경제학과 2학년 과정은 일반적으로 학생들이 표준화된 모형을 습득하는 기간인데, 7개 대학 중 6개 대학이 맨큐나 스티븐 윌리엄슨의 교과서를 사용했다.

이들 교과서는 가능한 많은 국가에서 판매될 수 있도록 일반적인 사례를 기술하고, 대학들은 보통 강의 슬라이드와 객관식 질문이 포함된 교과서 세트를 구입한다. 교수들은 학생이 어디에서든 비슷하게 학습할 수 있도록 표준화된 교과 과정을 제공한다. 그들은 보통 교과서 내용을 철저하게 준수하면서, 교과서 출판사가 제공한 강의 슬라이드를 이용해 강의를 진행하기도 한다. 강의 내용에 관한 학문의 자유가 심각하게 제한되어 있기 때문에, 교수가 선택할 수 있는 것이라고는 강의 형식에 따라 제약을 받는 강의 스타일 정도 밖에 없다.

경제학이 교과서 제목으로 쓰였다는 것은 학문적 진전의 관점에서 중대한 시사점을 드러낸다. 경제학자가 알 수 있는 모든 지식이 교과서에 있으며, 경제학과 학생에게 교과서는 경제학 그 자체이다. 경제학 교과서는 경제학적 도구의 결정체이며, 교과서에 포함되지 않으면 근대경제학에 속하지 않는다는 뜻이다.

하늘에서 떨어진 이론

위웬 양은 정치학과 철학, 경제학을 전공했다. 철학 시간에 교수가 말했다. "여러분은 이 방의 가구들을 보고 있으며, 또 여러분 마음속에도 가구들이 있죠? 이제부터 그것들을 하나하나 *끄집어내* 새롭게 쌓아봅시다." 철학 수업 시간은 '안다는 것은 무엇인가?', '윤리의 근원은 무엇인가?', '정부를 가진다는 것과 국가에서 교육을 제공한다는 것은 어떤 의미인가?' 같은 질문들로 가득 찼다. 그녀가 세계와 그 안에서 사는 우리라는 근본적인 질문들에 둘러싸여 고군분투했던 철학 수업에 비하면, 경제학 수업에서는 전혀 질문거리가 없었다.

우리는 마치 아주 특별하게 준비된 방에 들어간 것처럼 그것을 받아들여야 했다. 물론 '방 배치가 정말 어색하군. 테이블은 여기 놓고, 가구 배치를 다시 해야 하는 거 아닌가'라고 생각할 수 있다. 하지만 교수는 '처음 들어왔을 때의 방 모습을 기억하죠? 우린 어떻게든 그 모습을 지켜야 해요'라고 말한다. [경제학에서는] 행동으로 옮기는 것과 생각하는 것의 의미가 전혀 다르기 때문에 누구라도 '이건 내가 행동하는 이유일 뿐 진짜 하려고 생각했던 건 아니야'라며 자기최면을 걸 수밖에 없을 것이다. 지금 생각해도 초조했던 느낌 밖에 기억나지 않는다. 그런데 돌이켜보면, '도대체 무엇이 중요했을까?'

교육의 보편적인 기능이자 모든 대학의 졸업생이 반드시 갖추게 되는 두 가지 자질이 있다면 비판적이고 독립적으로 사고하는 능력일 것이다. 위웬이 실망한 것은 이 두 가지가 완전히 부재했다는 점이다.

비판적 사고는 학문적 논쟁거리를 잘게 쪼개어 분석하고 장단점을 평가할 수 있는 능력과 관련된다. 여기에는 경험적 증거를 설명하는 이론과 경험적 증거의 수준, 논증의 내부 논리, 또는 이론을 떠받치는 가치와 가정 등을 잘 분별할 수 있는 능력이 포함된다. 독립적 사고는 여러 이론과 관점을 비판적으로 평가하고, 특정 상황에서 어떤 이론이 특정 목적에 가장 적합한지 합리적으로 판단할 수 있도록 한다. 권위나 '집단적 사고'에 휘둘리지 않고, 인기 없는 주장이라도 필요하다면 할 수 있는 용기는 독립적 사고로부터 기인한다. 비판적이고 독립적인 사고는 서로 다른 영역이지만, 한 쪽이 없으면 다른 쪽도 불가능하다는 점에서 연결되어 있다.

비판적이고 독립적인 사고는 학계뿐만 아니라 사회적, 정치적 활동에 참여하고 자신의 직업 분야에서 성공하기 위해 필수적인 자질이다. 하지만 대학의 경제학 교육 과정은 이런 자질을 전혀 필요로 하지 않는다. 우리는 7개 대학 경제학과에 개설되어 있는 모든 과목의 학기말 시험 문제를 입수하여 대학이 학생들에게 요구하는 것과 학생들이 성적을 잘 받으려면 무엇이 필요한지 살펴봤다.[17] 학기말 시험이 성적을 결정하는 비중에서 평균 81%나 차지했기 때문에 우리는 이를 중심으로 분석 작업을 진행했다(나머지는 중간고사와 수업 활동). 우리는 문제를 모형, 설명, 객관식 질문과 비판적 평가 등 네 범주로 나누었다. 이제부터는 경제학 교육에서 이들 각각이 어떤 역할을 하는지 살펴볼 것이다.

정도의 차이는 있지만 모든 학문은 추상화를 필요로 한다. 즉 구체적인 대상에서 개체와 발생 과정을 분리하고 공유된 특성에 따라 분류하는 과정을 통해서 좀 더 일반적인 이론이 만들어질 수 있다. 경제학의 추상화는 주로 모형화와 인간의 행동을 수학적으로 표현하는 방식으로 이루어진다. 모형은 경제학과 잘 어울리며 제1장에서 서술했듯이 경제학에 기술적인 신비감을 불어넣을 수 있다. 경제학자들은 세계의 핵심 부분들을 떼어내서 이야기할 목적으로 간단하고 무해한 장치를 판매하며, 이를 통해 실제 목적을 달성한다. 그러나 일반적으로 현실은 경제 모형보다 훨씬 더 호전적이다.

문제는 경제 교육에서 추상화가 이해 증진을 위한 도구라기보다는 그 자체가 목적처럼 보인다는 점이다. 한 학생은 '왜 모형을 만들고 무슨 목적으로 사용하는지 깨닫기도 전에 모형을 푸는 방법부터 배운다'고 말했다. 심지어는 다른 모형화 방식을 통하거나 더욱 질적인 접근을 통해서 경제학을 연구할 수 있다는 견해도 있다. 이는 마치 학생들이 현실 세계나 잠재적인 비판, 혹은 대안에 노출되지 못하도록 잘 감싸 안아서 신고전학파 경제학의 세계에 입문시켜야 한다는 말과도 같다. 모형의 세부 모습과 전후과정은 바뀔 수 있지만(모형은 전체 경제를 대표하는 것일 수도 있고 구두 시장 같은 개별 시장을 대표할 수도 있다), 앞에서 설명했던 세 가지 갈래로 지탱되는 일반적인 방법론은 변경되지 않는다. 대학을 졸업할 즈음에서야 학생들은 신고전학파 경제학이 모든 경제적 문제의 출발점으로 사용될 수는 없다는 생각이 떠오를 것이다.

'모형을 다루는 것'이 주는 효과가 있다면 학생들에게 그것을 풀도록 하고 그것이 얼마나 유용하며 응용 가능한지 등에 대해 아무런 말도 못하게 막는 것이다. 우리가 살펴본 바에 따르면 대부분 대학의 미시 및 거시경제학 교과 과정 55%와 시험 문제 48%가 모형을 다루는 내용으로 구성되어 있었다.[18] 즉 대학의 경제학 교과 과정은, 한 학생의 표현을 빌리자면 '완전하게 갖춰진 형태로 하늘에서 떨어진' 모형들을 배우는 것에 다름 아니다.

학생들은 경제 이슈를 옳고 그름이 분명한 순수한 기계적인 문제로 치환시켜버리는 일련의 도식과 수학적 모형에 둘러싸여 있다. 답해야 하는 질문은 대부분 추상적이며, 학생들이 실제 데이터를 모형에 적용하거나 특정 상황에서 모형을 응용해보도록 하는 일 따위는 거의 또는 전혀 찾아볼 수 없다. 〈표 2.4〉와 〈표 2.5〉는 각각 전형적인 미시 및 거시경제학 모형을 활용한 시험 문제이다. 두 경우 모두 학생에게 대표 행위자의 효용을 극대화하기 위한 수학적 해법과 모형의 조정이 결과에 어떤 영향을 미치는지를 묻고 있다. 언뜻 보면 '소득'과 '세금'이라는 단어에 혹해서 질문 속 상황을 현실로 착각할 수 있지만, 실제로는 순수한 가정일 뿐이며 현실은 어디에도 존재하지 않는다. 이들 시험 문제는 학생들이 배운 것을 얼마나 잘 응용하는지 시험하고자 하는 게 아니며, 단지 그들의 기술적 능력과 모형 안에서 사고하는 역량을 테스트하는데 사용될 뿐이다.

미시 및 거시경제학 이론이 기술적으로 비슷하다고 해서 두 이론의 상관관계가 항상 명확한 것은 아니다. 전형적인 시험 문제들은 각자 질문을 위한 별도의 모형을 가지고 있으며, 서로간의 상관관계를 논하지는 않는다. 그래서 학생들은 생산 현장의 노동자들처럼 이론, 학문, 또는 모형의 적용 가능성을 개발하는 대신 정해진 시간 안에 정해진 작업을 수행하는 것만을 배워야 한다.

대학의 미시 및 거시 경제학 수업에서는 학생들이 특정 상황에서 언제 모형을 사용해야 하는지 알려주지 않는다. 즉, 학생들은 생각하지 않고 수학 문제를 풀어야 한다. 이런 형태의 경제학 교육이 경제를 몇몇 변수와 가부 판단 만으로 명쾌하게 정의하고 분석할 수 있는 모형처럼 여기는 경제 전문가를 배출해 낸다. 경제의 모형화는 경제학자들이 경제의 작동 방식을 설명하기 위한 주장의 기초를 형성한다는 점에서 이코노크러시의 탄생을 설명하는 가정 중 하나로 꼽힌다.

반면에 설문 조사, 인터뷰, 사례 연구, 민족지(ethnography)● 및 문헌 분석 같은 질적 도구는 경제학 교육 과정에서 완전히 빠져 있다. 모

● 인간 사회와 문화의 다양한 현상을 현장 조사를 통해 기술하는 학문 분야로, 민족지(民族誌) 혹은 문화 기술지(文化記述誌)로 옮긴다.

표 2.4 거시경제학 모형을 다룬 전형적인 시험 문제

필요한 경우 그래프와 방정식을 사용하여 답안을 작성하시오.

11. 대표적 소비자가 생애 예산 제약 $(1+t)C_1 + \dfrac{C_2}{R} = W$를 조건으로 생애 효용 함수 $U(C_1, C_2) = u(C_1) + (1+t)\beta u(C_2)$를 극대화하는 2기간 경제를 생각해보자. 이때 $0 < \beta < 1$, W는 세후 생애 소득의 현재 가치, t는 부가가치세율, R=1+r, 이때 r은 실질 이자율임.

(a) [3점] C_1과 C_2에 관한 최적 조건이 아래 공식과 같다는 것을 설명하시오.

$$u'(C_1) = (1+t)\beta R u'(C_2)$$

(b) [3점] 효용 함수가 $u(C) = \log(C)$라고 가정할 때, (C_1)과 (C_2)의 최적 수준을 찾으시오.

(c) [3점] 소비자는 1기간과 2기간에 각각 소득 Y_1과 Y_2를 올리고, 정액세 T_1과 T_2를 납부한다. 정부가 전체 세수를 이용하여 1기간 동안 G 비용이 드는 프로젝트에 자금을 제공한다고 가정할 때, 정부의 시점간 예산 제약에 관해 서술하시오.

(d) [5점] 부가가치세가 없다($t=0$)라고 가정해보자. 이 모형을 사용하여 리카르도 동등성을 설명하시오.

(e) [6점] 부가가치세가 있다($t > 0$)라고 가정해보자. (d)에서 이끌어낸 결과가 여기서는 없을 수도 있음을 보여주고, 그 이유를 설명하시오.

출처: 런던정경대학 2학년 거시경제학 원론 시험에서 재인용

질문 7: (2+2+2점) 폰 노이만–모르겐슈테른 효용 함수 $U(w,a)=\dfrac{-100,000}{w}-a$(이때 w는 대리인의 부, a는 노력의 관찰 불가능한 비용)에 따르면, 위험 회피적 대리인은 과업 수행을 위해 독점적 지위의 주인에게 고용될 수 있다. 대리인은 과업에 성공할 경우 7,500 파운드의 수익을, "실패"해도 5,000 파운드의 수익을 얻는다. 성공과 실패의 확률은 대리인의 노력에 따라 달라진다. 대리인이 노력하지 않으면($a=a_L=0$) 실패 가능성은 100%이다. 대리인이 많은 노력을 기울이면($a=a_H=0$) 실패 확률은 $0 \langle p \langle 0.5$로 감소한다. 주인이 더 이상 대리인을 고용하지 않기로 결정하면 대리인은 유보 효용 $U_0=-20$을 받는다.

- 노력을 요하는 최적의 계약에서 프로젝트가 실패할 경우, 대리인에게는 얼마가 지급될까?
- 노력을 요하는 최적의 계약에서 프로젝트가 성공하고 $p=0.5$인 경우, 대리인에게는 얼마가 지급될까?
- 프로젝트에서 노력하면 0보다 큰 수익률을 얻을 수 있다는 조건을 만족하는 가장 높은 실패율 p는 무엇인가?

출처: 엑시터 대학 2학년 미시경제학II 시험에서 재인용

형화 작업을 위한 도구들은 독립적인 전문가가 운영하도록 설계되어 있지만, 질적 연구는 보통 분석 대상(소비자, 기업, 정부 기관, 시민 등)의 참여가 필요한 경우가 많다. 결과적으로 학생들은 현실의 사람들과 만나고 그들을 연구하는 과정 없이 경제를 배운다. 경제적 논의나 의사 결정을 하면서 비전문가의 역할과 지식을 평가절하 하는 경제 전문가들의 지적 태도는 이런 경제학 교육 과정에서 비롯한 것이다.

신고전학파 경제학 이론을 무비판적으로 암기시키고 반복시키는

경제학 교육은 서술형 문제의 점수 비중을 높이는 방식으로 유지되고 있다. 서술형 문제는 크게 두 종류로 나뉜다.

1. 정책, 제도, 주장이나 사건을 서술하도록 하는 방식. 예를 들면, '완전적립방식 사회보장제도란 무엇인가?' '버락 오바마 대통령의 경기 부양책은 어떻게 구성되어 있었나?'
2. 이론을 서술하도록 하는 방식. 예를 들면, '프리드먼 준칙이란 무엇인가?'

중요한 것은, 이들 문제가 학생들에게 비판적인 공부보다는 반복 학습을 요구한다는 점이다. 모형을 다룰 때와 마찬가지로 평가는 학생들의 몫이 아니다. 미시 및 거시경제학 핵심 과목 시험의 17%를 비롯해 전체 경제학 시험의 20%가 서술형 질문으로 이루어져 있다.

객관식 문제 또한 경제 문제에 한 가지 정답만 허용한다는 점에서 문제가 많다. GDP의 정의를 묻는 것 같은 몇몇 질문은 가능하겠지만, GDP를 측정하는 방법이나 GDP의 장단점, 또는 경제 발전 대책에 이런 유형의 문제는 적당하지 않다. 7개 대학 중에서 4개 대학은 미시 및 거시경제학 핵심 과목 시험에서 객관식 문제를 활용했다. 엑시터 대학의 미시 및 거시경제학 시험 문제 44%와 맨체스터 대학 시험 문제의 53%가 객관식이었다. 전체적으로 보면 미시 및 거시경제학 시험의 20%와 모든 경제학 과목의 8%가 객관식으로 출제되었다. 대다수 대학들은 '모형을 다루는' 좀 더 단순한 형태의 문제로 객관식을 활용했는데, 이런 방식이 앞에서 소개한 모형 문제보다 훨씬 많았다.

평가형 문제를 풀기 위해서는 대체로 학생들의 독자적인 견해가 뒷받침되어야 한다. 이런 유형의 문제는 학생들이 이론, 모형, 주장이나 사건을 택해 적절한 경험적 증거를 가지고 독립적으로 사고하고 비판적으로 공부할 수 있도록 이끈다. 앞서 언급한 서술형 문제를 평가형 문제로 바꾼다면 다음과 같을 것이다. 1)'오바마의 경기 부양책은 효과적이었나?' 2)'프리드먼 준칙은 정책 입안에 얼마나 도움이 될까?' 비판적 평가의 특징은 복수의 답이 가능하다는 것이며, 따라서 학생은 스스로 (일관된) 결론에 도달 할 수 있는 능력을 입증해야 한다.

우리는 대학의 미시 및 거시경제학의 핵심 과목 시험 중에서 비판적인 평가나 독자적인 견해를 묻는 문제는 겨우 8%에 불과하다는 사실을 발견했다. 이 낮은 수치는 케임브리지 대학이 없었다면 더욱 낮아졌을 것이다. 〈표 2.6〉에서 미시 및 거시경제학 핵심 과목들의 모든 시험 유형에 대한 전반적인 분석 결과를 볼 수 있다. 우리가 조사한 모든 시험에서, 무려 76%에 이르는 시험 문제가 비판적이거나 독자적인 사고를 전혀 필요로 하지 않았다.[19] 영국 최상위권 대학이자 세계에서 경제학을 공부할 수 있는 가장 유명한 곳 중의 하나로 꼽히는 런던정경대학(LSE)에서는 전체 경제학 시험의 83%와 미시 및 거시경제학 핵심 과목 시험의 97%가 여기 속했다. 〈표 2.7〉은 LSE가 개설한 전체 경제학 과목과 과목별 평가형 문제의 백분율을 나열한 것이다. 이것은 우리의 경제를 운영할 사람들이 비판적으로 경제를 사고하는 것에 대해 전혀 배우지 않았다는 사실을 의미한다. 한 차례의 자기 의견 제시 없이도 경제학 학위를 취득할 수 있다는 말은 과장이 아니다. 주목할 만한 경제학 사례 연구들을 보면 거의 대부분 윤리학적인 관점이 결여되어 있다. 경제학자들은 보통 윤리학을 철학 수업 시간의 주제 정도로 여기기 때문에, 학생들은 무엇이 바람직한지 판단하기 위해 문제를

표 2.6 교과 과정 및 대학별 시험 유형 분석

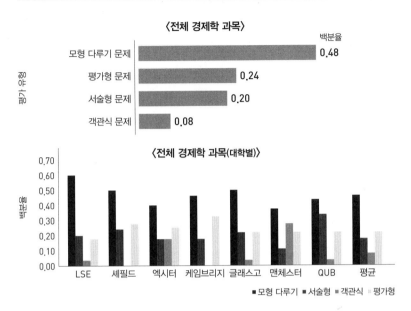

〈전체 경제학 과목〉

평가 유형

	백분율
모형 다루기 문제	0.48
평가형 문제	0.24
서술형 문제	0.20
객관식 문제	0.08

〈전체 경제학 과목(대학별)〉

■모형 다루기 ■서술형 ■객관식 ■평가형

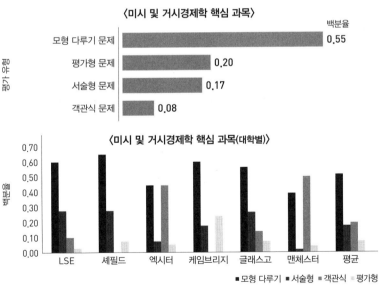

〈미시 및 거시경제학 핵심 과목〉

평가 유형

	백분율
모형 다루기 문제	0.55
평가형 문제	0.20
서술형 문제	0.17
객관식 문제	0.08

〈미시 및 거시경제학 핵심 과목(대학별)〉

■모형 다루기 ■서술형 ■객관식 ■평가형

표 2.7 런던정경대학(LSE)이 개설한 경제학 과목의 평가형 문제 비율

교과목	평가형 문제 비율(%)
경제사상사	91.6
개발경제학	34.7
경제정책분석	26.7
공공경제학	25
금융경제학	20
국제경제학	18.5
노동경제학	18
산업경제학	8.4
거시경제학 원론	8
정치경제학	6.8
경제학 B	5.8
행동경제학	4.4
고급경제분석	3.3
경제이론과 적용	0
미시경제학 원론 1	0
미시경제학 원론 2	0

깊게 파고들기보다는 표준화되어 해석의 여지가 별로 없는 이론을 배우는 쪽을 택한다. '좋은 사회에 대한 아이디어는 전반적으로 부재했다'고 한 학생은 전했다.

보통 이런 편협함은 학문 자체의 폐쇄성에서 기인하는 경우가 일반적인데, 경제 이론은 이런 문제를 기술적인 문제로 보이도록 함으로써 윤리적인 문제를 회피한다. 교과서는 일반적으로 학위 과정 내내

파레토 최적이나 사회후생함수, 비용편익분석 등 이론적, 과학적 판단 기준에 근거하여 무엇이 '최적'의 정책인지 묻는데, 이에 대해서는 제3장에서 자세히 다룰 예정이다. 다른 윤리적 이론을 따르지 않는 한 논쟁의 여지가 없으므로 학생들은 이런 방식이 정책을 결정하는 유일한 방법임을 믿어 의심치 않는다.

영화 〈모던 타임즈〉에서, 찰리 채플린은 같은 작업을 끊임없이 반복해야 하는 생산 라인 노동자 역을 연기했다. 채플린은 잠시 한 숨 돌리면서 자신의 처지를 불평하지만, 곧 대열에서 이탈한 자신을 발견하고 다른 노동자들을 따라잡기 위해 미친 듯이 일한다. 여러 면에서 오늘날 경제학과 학생들은 영화 속 채플린이 연기한 노동자와 비슷하게 행동하도록 유도되고 있다. 학생들은 문제 해결을 위해 로봇처럼 일해야 하는 모형 작업에 배치되지만, 이를 비판적으로 성찰하는 것이 장려되지는 않는다. 수업 요강은 학생들이 잠시 숨을 고르고 배운 것을 되돌아보도록 하는 대신 반복적인 반추와 순응주의만을 보상한다. 이것은 경제를 바라보는 신고전학파의 사고방식을 맹목적으로 주입하는 것 이상도 이하도 아니다.

소거된 현실

'지난 100년 동안의 《파이낸셜 타임스》와 《이코노미스트》를 읽을 수도 있었고, 추가 1점을 얻지도 않았을 것이다' 한 학생이 우리에게 말했다. 학생들을 종종 괴롭히는 경제학의 특징 중 하나는 현실 세계가 강의실에는 거의 존재하지 않는다는 점이다. 예를 들어 경제학 학위 과정에서 가장 많이 다뤄지는 모형 다루기 문제의 경우, 유로존 위기를 설명하는 특정 모형을 제시하고 학생들의 의견을 묻는 방식으로 현실 세계와의 접속을 시도하는 경우는 겨우 3%에 불과하다.

경제학 수업 시간에 현실의 사건이 소개된다면 보통은 경제학에서 일반화되고 널리 인용되는 '정형화된 사실'일 가능성이 크며, 강의 노트에서 정답이 발견된다고 해도 놀라운 일은 아니다. 정형화된 사실을 통해 학생들이 모형에 대한 비판적 관점을 갖도록 수업하는 것은 충분하지 않은데, 아무리 정형화된 사실이라도 생각보다 다양한 측면이 있을 뿐 아니라 어떤 모형과도 일치시킬 수 있기 때문이다. 이를테면 노동 시장에 관한 '정형화된 사실'의 한 예는 경기 침체기에 실업률이 상승한다는 것이다. 학생들은 현실 경제학에 대한 심층 지식을 쌓는 대신 추상적인 모형에 대부분의 시간을 할애하면서 세계에 대한 피상적인 이해만을 수집한다.

경제학과 졸업생이라면 알고 싶어 하지만, 학위 취득에는 별로 도움이 안 되는 것들은 다음과 같다.

- IMF, 세계은행과 같은 국제기관의 역할과 운영
- 대공황, 브레튼 우즈, 동아시아 금융 위기와 금본위제의 종말 등 20세기 경제사를 장식한 주요 사건들
- 애플이나 글렌코어 같은 다국적 기업의 운영 방식
- 세계 20대 기업의 이름
- GDP, 실질임금 동향, 지니 계수, 빈곤, 실업, 무역 수지, 인플레이션, 정부예산 적자 및 민간 부채와 같은 경제 지표로 측정한 영국 경제의 현재 및 미래 전망
- 통계를 측정하는 방법 및 통계의 강점과 약점

- 이주민이 경제에 미치는 영향, EU 회원국 효과, 유로존 잔류 택한 그리스의 미래와 같은 현재 경제 논쟁의 이면
- 2008년 금융 위기의 원인과 결과

현실 세계의 소거는 단 하나의 관점이 부상하는 것과 직접적인 연관이 있을 것이다. 이 관점을 상징적으로 표현하자면, 주어진 상황에서 '진짜' 이야기나 모형을 찾을 수 있다면 현실 세계에 대한 포괄적이고 다양한 지식을 모두 갖출 필요가 없으며, 전문가가 필요할 때 모형을 간단히 점검하면 된다고 믿는 것이다. 경제를 보는 관점에 대한 근본적인 논쟁이 없다는 말은 경제 모형을 간단하게 배울 수 있으며 상황에 따라 이를 반추하면 된다는 것을 의미한다.

이런 결과 학교에서 배운 것과 현실 사이에서 괴리감을 느끼는 학생 중에는 종종 가면증후군(impostor syndrome)●으로 고통 받는 이들이 있다. 금융 위기의 원인을 묻는 질문을 받았을 때 우리가 할 수 있는 일이라고는 학교에서 배운 대로 IS-LM 그래프를 그리는 것 밖에 없었고, 이 점이 우리와 많은 우리 동시대인들을 깊은 좌절감에 빠지게 했다. 포스트-크래시 경제학회(PCES)가 주관하였고 2008년 금융 위기를 주제로 한 강연회 자리에서 우리의 괴리감은 뚜렷해졌다. 강연 후 이 책의 공동저자 중 한 명이 사회학을 전공하는 또 다른 PCES 회원에게 강연이 유익했다고 말했다. 이 사회학과 학생은 이미 자신의 전공 수업 때 금융 위기에 관한 심도 깊은 강의를 진행했었다고 답했다. 사회학과 학생들이 경제학과 학생들보다 금융 위기에 관해 더 많이 알고 있

● 주변 사람들을 속이며 살고 있다고 느끼는 불안 증상.

다니 뭔가 잘못되었는데, 물론 사회학의 잘못이 아니다.

옥스퍼드 대학에서 최근 석사 과정을 시작한 한 학생도 비슷한 맥락의 말을 전했다.

> 내가 당장 중앙은행이나 경제 정책 입안자의 처지에 있었더라도, 경제 상황을 이해하고 결정을 내리기 위한 아무런 손도 쓸 수 없었을 것이다.

이코노크러시의 중심부에는 경제 전문가들이 존재한다. 그러나 그들의 세계 이해는 현실과 완전히 동떨어진 방식으로, 고정된 경제 모형의 테두리 안에서 진행되는 경우가 많다. 경제 모형을 신뢰하지 않는 사람들은 경제 전문가들에게 기본적인 배경 지식이 부족하다고 여기겠지만, 모형을 신뢰하는 이들은 현실이 경제를 이해하는 데 결정적으로 중요하다고 여기지 않을 것이다.

경제학의 실패

우리가 지금까지 제시한 증거는 차세대 경제학자, 정책 입안자, 은행가 및 기업인들이 경제학을 실천하는 단 한 가지 방법을 배우고 있다는 점을 분명히 보여주고 있다. 결과적으로 모든 세대의 경제학자들은 경제를 연구하는 합법적인 방법은 하나뿐이며, 기타 모든 것들은 다른 주제거나 나쁜 경제학이라고 믿는다. 신고전학파 경제학의 방법론적 접근법은 주어진 것으로 간주될 뿐 비판적 평가를 거의 받지 않는다.

학생들에게 신고전학파적인 사고방식만 가르친 결과, 경제 전문가는 자기 전문성의 한계에 대한 비판적인 시각을 지니지 못한다. 대부분의 학생이 경제를 보는 다른 시각이 있다는 말조차 못하며, 경제학을 논쟁과 불일치가 생겨날 수 있는 주제로 여기지 않는다. 한 학생은 곤혹스러워하며 이렇게 말했다. "나는 경제학을 항상 활발한 논쟁거리로 생각했다. 내가 대학에 입학하기 전까지는 그랬다." 학생들은 추상적인 경제 개념과 아이디어, 모형을 반복적으로 접하는데, 결국은 이것이 학생들의 머릿속에 쌓이면서 경제관을 형성한다. 결과적으로 차세대 경제학자들은 자기들의 전문 지식이 과학적으로 엄격하다는 믿음을 계속 이어나갈 것이다.

우리는 스스로 경제학과 학생들을 비난하거나 폄하하는 것처럼 보이고 싶지 않다. 경제학과 학생들은 지적이고 뛰어나며, 이점이 우리가 앞에서 비판한 교육(더 자세한 내용은 제5장 참조)을 받고 있음에도 불구하고 높은 수요를 유지하는 이유 중 하나이다. 이들이 경제학에 관한 비판적이고 폭넓은 지식을 지니고 졸업할 수 있다면 좀 더 괜찮아질 것이다. 하지만 현실을 무시할 수는 없다. 편협하고 무비판적이며 현실에서 분리된 교육은 학생들의 이해력을 제한하고, 특정 사고방식만 주입할 것이다. 경제학 교육의 한계는 경제학이 현대 사회에서 매우 중요해졌다는 점을 감안하면 매우 유해하며, 우리들은 이런 한계를 해결하기 위해 고군분투하고 있다.

처음 교육 과정 리뷰를 시작했을 때만해도 우리의 목표는 경제학 교수 방법을 이해하는 것이었지만, 결과적으로 우리는 현재 대학의 경제학 연구 및 교육 실태에 관한 많은 것을 밝혀냈다. 대부분의 경제학 교수들은 대학 경제학 교육에 문제가 있다는 점을 인정하면서도, 그게 결점이라기보다는 교과 과정의 특성이라고 주장할 것이다. 나아가 균일화된 경제학 교육은 경제학계의 경제 지식 발전과 이에 대한 합의가 만들어낸 결과물이라는 것이다. 경제학자들은 신고전학파 경제학의 독점 현상을 놓고 논쟁하는 대신, 학생들이 사용법을 배워야하는 복수의 타당성을 갖춘 경제학 도구가 있을 수 있다는 가능성을 거부하는 것으로 문제를 단순하게 부정할 수 있다.

이번 장의 서두에서 우리는 신고전학파 경제학과 이코노크러시 내부에 존재하는 경제에 대한 특정한 이해방식 사이의 연관성을 언급했다. 지금까지 우리는 경제학자들이 신고전학파의 관점에서 주제를 정의하며, 신고전학파 경제학이 전문가의 영향력을 동원하여 어떻게 경제에 관한 광범위한 사회적 동의를 만들어나가는지 볼 수 있었다. 경제를 보는 다른 관점을 배제하는 것은 우리 사회의 정치적 선택을 신고전학파의 틀 안에서만 의미가 있는 것으로 제한하는 것과 같다.

이 장의 목적은 상아탑 학문으로 안주하던 경제학을 공개 검증의 장으로 끌어내는 것이었다. 경제학이 정치 논쟁을 지배하고, 경제학자들만이 경제학을 이해한다고 사람들이 믿는다면, 신고전학파의 사고방식과 그 한계를 사람들이 알 수 있도록 하는 일은 더욱 중요해진다. 현재 상황에서 벌어질 수 있는 최악의 경우는 모든 세대의 경제학자들이 신고전학파 경제학만이 경제학을 연구하는 단 하나의 유일한 방법이라고 진정으로 믿는 것이다. 우리는 다음 장에서 이런 믿음이 얼마나 잘못된 것인지를 보여줄 것이다.

주

1 John, M. Keynes, *The General Theory of Employment, Interest and Money*(고용, 이자, 화폐의 일반이론), New York: Harcourt, Brace & World, 1936, 383 - 384p.

2 Paul A. Samuelson, 'Foreword', Phillip Saunders and William Walstad (eds), *The Principles of Economics Course: A Handbook for Instructors*, New York: McGraw-Hill Publishing, 1990, ix - x.

3 *Oxford Dictionaries*, 초판본 [online]. 다음을 참조하라.
http://www.oxforddictionaries.com/definition/english/indoctrinate

4 7개 대학은 케임브리지 대학, 글래스고 대학, 엑시터 대학, 런던정경대학(LSE), 맨체스터 대학, 벨파스트 퀸즈 대학(QUB)과 셰필드 대학이다.

5 커리큘럼 검토 방법을 자세히 알고 싶으면 '부록2'를 참고할 것.

6 Yanis Varoufakis and Christian Arnsperger, 'What is neoclassical economics?', *Post-Autistic Economics Review* 38 (2006. 7): 2 - 3p.

7 Stephen J. Dubner and Steven D. Levitt. *Superfreakonomics: Global Cooling, Patriotic Prostitutes and Why Suicide Bombers Should Buy Life Insurance*(슈퍼괴짜 경제학: 세상의 이면을 파헤치는 괴짜 천재의 실전경제학), London: Penguin, 2010, 16p.

8 벨파스트 퀸즈 대학이 유일한 예외였는데, 이 대학의 미시 및 거시경제학 필수 교과 과정은 여타 대학들과 달랐다. 벨파스트 퀸즈 대학의 교과 과정은 전 과목을 모두 중시하기보다는 성장 이론이나 게임 이론 같은 특별한 주제에 더 집중하는 쪽이었다. 마지막 학년 때 다른 대학과 유사한 고급 미시 및 거시경제학 코스가 제공되었지만, 필수 과목은 아니었다. 고급 미시경제학 코스 또한 매우 다원론적이었다. 하지만 이와 상관없이 전반적으로 시험 문제 유형은 다른 대학들과 매우 비슷했다.

9 Ronald Coase, ISNIE 1999 개회사. 다음을 참조하라. https://coase.org/coasespeech.htm

10 John Sloman and Alison Wride, *Economics*, Harlow: Pearson, 7쇄, 2009, 10.

11 Sloman and Wride, *Economics*, 304p.

12 HM Treasury. *The Green Book: Appraisal and Evaluation in Central Government*, Treasury Guidance, 2011. 7.

13 효율성은 파레토 최적이라고도 불리는데, 경제학자들이 사용하는 이 단어의 매우 구체적인 정의에 대해서는 제3장에서 자세하게 논의할 것이다.

14 Nick Crafts, '"Post-neoclassical Endogenous Growth Theory": what are its policy implications?', *Oxford Review of Economic Policy* 12(2) (1996): 30–47p.

15 'IS'는 투자-저축을 의미하고, 'LM'은 '유동성 선호-화폐 공급량'을 의미한다.

16 Robert Barro and David Gordon, 'Rules, discretion and reputation in a model of monetary policy', *Journal of Monetary Economics* 12(1) (1983): 101–121p.

17 우리는 174개 과목의 강의 일정표를 입수했지만, 이중 156개 과목에서만 시험을 봤다. 일부 과목은 수업활동에 참가하는 것으로 성적을 평가했다. 하지만 시험을 보는 과목과 그렇지 않은 과목에서 학생들에게 요구하는 바가 크게 다르다고 믿기는 어렵다.

18 벨파스트 퀸즈 대학의 교과 과정에서는 8번 주석에서 소개했듯이 미시 및 거시경제학 핵심 통계들이 사용되지 않았다.

19 우리가 매긴 낮은 평가조차 부풀려진 것일 수 있다. 독자적인 견해를 묻는 것처럼 보이는 문제도 실은 강의 노트 속에 정답이 들어있는 경우가 있었다. 하지만 우리가 이런 사실을 전부 알 수는 없으며, 평가형 문제가 맞는지 확실하지 않을 경우에는 그냥 믿어주기로 했다. 자세한 내용은 부록2의 방법론을 참조하면 된다.

제3장
신고전학파 경제학을 넘어서

논쟁적인 학문 경제학

다원주의(pluralism) [명사] *둘 이상의 국가, 그룹, 신념, 권위의 원천 등이 공존하는 조건 또는 체계.*[1]

경제학 교육은 학생들이 세상을 대하는 방식을 결정한다. 경제학의 영향력은 여기서 비롯하는데, 경제학을 공부한 사람들이 중요한 권위를 갖는 경우가 많기 때문이다. 경제학은 통일된 이론 체계를 가지고 있으며, 수학이나 통계학과의 관련성 덕분에 과학으로 간주되기 쉽다. 하지만 이는 사실이 아니다. 이 장에서 우리는 다양한 경제학파가 존재하며(다원주의), 각각의 학파마다 현실을 분석하는 각기 다른 방법을 제공한다는 점을 보여줄 것이다.

우선 경제학의 다원주의를 위한 두 가지 이론적 논거를 만드는 것부터 시작하자. 첫째, 다원주의는 학생들에게 경제를 바라보는 복수의 사고방식이 존재한다는 점을 깨닫게 만드는 경제학 교육의 필수 요소이다. 다원주의적 관점은 학생들에게 폭넓은 분석 기술뿐 아니라 독립적이고 비판적인 사고 능력을 개발시키기 때문에 교육적 가치가 있으며 더욱 잘 반영되어야 한다. 둘째, 일반적인 학문적 관행과 기준들이 경제학을 단일 관점으로 가르치려는 시도들에 의해 훼손되고 있으며, 이를 수정하기 위해서도 다원주의가 필요하다. 경제학의 현 상태는 교육적으로도 지적으로도 올바르지 않다.

그 다음은 다원주의를 위한 실질적인 논거를 만드는 것이다. 신고전학파 경제학은 강점이 있지만 단점과 맹점 또한 존재하며, 신고전학파 경제학으로만 훈련받은 전문가들은 세계가 직면한 가장 중요한 도전 과제를 해결할 수 없다. 우리는 거시경제의 안정성, 환경과 기후 변화, 불평등 등 세 가지 사례 연구를 통해 이점을 보여줄 것이다. 현대 사회를 제대로 이해하기 위해서는 경제학의 다원주의가 중요하다.

마지막으로 살펴볼 것은 신고전학파 경제학의 정치적 의미이다. 제1장에서 설명했듯 과거에는 정치에 영향을 미치지 못하던 경제학이 어떻게 정치에 영향력을 행사할 수 있었는지 이해하는 것이 중요하다. 다양한 정치 논쟁을 거쳐 복잡한 정치 의제를 민주적인 방식으로 결정하는 정치 체제를 구축하기 위해서는 경제학의 다원주의가 필요하다는 것이 우리의 주장이다. 종합해보면 이런 주장들이 대학에서 배우는 학문으로서의 경제학의 시급한 개혁을 위한 명백한 논거를 이룬다.

경제학의 다원주의를 위한 이론적 문제[2]

당신이 어떤 것을 알 수 있는지 없는지는 당신이 활용하는 이론에 달려 있다. 무엇을 알 수 있는지 결정하는 것은 이론이다.

알버트 아인슈타인[3]

제2장에서 보았듯이 오늘날 경제학과 학생들은 단 한 종류의 경제학만 있는 것처럼 교육받고 있다. 하지만 실제로 경제학은 대부분의 학생들(그리고 교수들)이 배웠던 내용보다 훨씬 광범위하다. 〈표 3.1〉은 우리가 보기에 학생들이 배워야 하는 아홉 가지의 서로 다른 논리 구조를 가진 경제학파를 제시한 것이다.[4] 각각의 학파는 경제를 보는 근본적으로 서로 다른 사고방식을 제공한다. 또한 인간의 행동과 사회의 역할 및 이들의 상호작용에 대해 서로 다르게 가정한다. 무엇이 중요한가에 대한 가치판단에서도 초점과 우선순위가 다른데, 이는 각 학파의 문제의식이 서로 다르다는 것을 의미한다. 이들은 다양한 도구와 접근법을 가지고 경제 문제에 대한 서로 다른 해법을 도출해낸다. 이처럼 다양한 경제학파가 존재하며, 모두 똑같지는 않지만 가치 있는 통찰력을 가지고 있다.

우리가 각 대학의 커리큘럼을 살펴본 결과, 경제학 교육 과정에서 신고전학파를 뺀 다른 학파의 부재는 거의 보편적인 현상이었다. 우리가 검토한 172개 과목 중에서 17개 과목과 2개 핵심 과목에서 비 신고전학파적 관점에 대한 언급이 있었지만, 케임브리지 대학에서는 단 한 과목도 포함되지 않았다. 다른 학파를 언급한 과목들은 대부분 필수 과목이 아니어서 주변부로 밀려나거나 학생들의 선택을 잘 받지 못한다. 예를 들어 비 신고전학파적 관점을 언급한 17개 과목 중 5개 과목은 경제사상사였다. 학생들이 잘 선택하지 않는 이유는 수업이 에세이 중심으로 진행되며, 대개 수업을 듣기에는 너무 늦은 마지막 학기에야 개설되기 때문이다. 에세이 쓰는 능력은 수 년 동안 수학 풀이만 연습해온 경제학과 학생들이라면 일반적으로 어려움을 겪을 수밖에 없으며, 학위 취득을 앞둔 가장 중요한 학기에 이런 수업을 듣고 싶지 않는 것은 어쩌면 당연하다. 경제사상사 과목이 없었더라면 2곳 이상 대학의 교과 요강에서 대안적 관점에 대한 언급이 빠졌을 것이다.

대학의 경제학 교과 과정은 두 가지 방법으로 학생들을 이들 과목에서 떼어놓는다. 첫 번째 방법은 경제사상사를 비롯한 비판적이고 질적인 과목들을 비 필수과목으로 지정하고 필수과목은 신고전학파 과목들로 거의 채우는 것이다. 두 번째 방법은 학생들에게 '진정한 경제학자'를 바란다면 수학적 과목에 집중해야 한다고 말하는 것이다.[5]

이런 현상은 강의를 듣는 학생 인원수에서도 나타난다. 2013~2014 학년도 런던정경대학(LSE)에서 비 필수 과목인 경제사상사를 신청한 학생은 57명이었던 반면 필수 과목인 2학년 거시경제학 과목에는 581 명이, 경제학 개론에는 866명이 신청했다. 우리의 표본이 실상 영국의 표준적인 대학 경제학 과정을 대표한다고는 볼 수 없는 게 우리가 조사한 7개 대학 중 5개 대학이 경제사상사 과목을 개설하고 있었지만 전체 러셀 그룹 23개 대학 중에서는 12개 대학에서만 경제사상사 과목을 개설했다.[6] 결과적으로 많은 학생들이 경제사상사를 공부할 기회조차 가질 수 없게 되는데, 이 과목은 학생들이 경제 이론에 대해 비판적으로 성찰할 수 있게 만드는 극히 소수의 과목 중 하나이다.

대안 경제학에 대한 영국 대학의 이런 구획화는 경제학과 졸업생들에게 경제학을 공부하는 또 다른 방법이 있다는 사실 자체를 결코 노출시키지 않겠다는 것을 의미한다. 학생들에게 다양한 경제학파를 소개하고 경제학 내부 논쟁을 명쾌하게 설명하는 다원주의 경제학 교육은 다음 세대 경제 전문가들이 맹목적인 교육만 받고 배출되지 않도록 하기 위해서도 필요하다.

다원주의 경제학은 학생들이 경제학을 사고하는 방법을 재구성한다. 그것은 경제학을 보편적으로 확립된 하나의 방식으로 적용하는 것에서 벗어나 다른 관점을 통해서도 다양하고 설득력 있는 해법을 얻을 수 있다는 것을 깨닫는 데서부터 시작된다. 제2장을 되돌아보자면, LSE의 경제사상사 과목은 학생들에게 다양한 시각을 소개하는 유일한 과정이었기 때문에 다른 과목들에 비해서 평가형 시험의 비중이 높았다고 볼 수 있다.

경제학의 다원주의는 어려운 것이 아니다. 정치학, 철학, 사회학, 심지어는 일부 경제학 과정들까지 학생들에게 주제 분석을 위한 다양한 접근법을 가르친다. 학생들은 적절한 경험적 증거를 도출하고, 복수의 관점을 통해 문제를 비판적으로 논증하는 등 특정 견해에 관해 논쟁할 수 있는 능력을 시험한다. 그러므로 다원주의를 '뭐든 허용된다'는 상대주의와 혼동해서는 안된다. 비판적인 학생들은 논리적이고 경험적인 조사 과정을 거치지 않은 아이디어는 받아들이지 않을 것이다. 경제학의 다원주의는 사회의 가장 시급한 문제들에 대한 혁신적인 해법을 제시할 수 있는 비판적 사상가들의 세대를 만들어낼 것이다. 이것이 대학 학부과정 경제학의 다원주의를 위한 교육적 측면의 주장이다.

경제학의 현재 상태를 받아들이지 않으려는 강력한 지적 주장 역시 존재한다. 우리가 경제에 관한 다른 사고방식을 배우기를 요청할 때, 우리는 종종 의대생들이 대체 의학을 배우거나 엔지니어들이 교량 건설에 관한 대안 이론을 배우는 것은 바람직하지 않다는 말을 듣는다.[7] 신고전학파 경제학의 관점에서만 경제학을 정의하는 것은 단순하게 정당화할 수 없는 신고전학파 경제학의 지적 권위에 대해 널리 퍼져 있는 믿음을 드러내는 것에 불과하다.

과학적 관점에서 보면 경제학자들이 자연과학자들과 같은 방식으

	'과거의' 신고전학파	'오늘날' 신고전학파	포스트 케인스학파	고전학파	마르크스학파
인간은 이러하다	좁은 이기심을 최적화함	다양한 목표를 최적화 할 수 있음	경험칙을 활용	자신의 이기심에 따라 행동	미리 결정된 본성을 지니지 않음
인간은 이 안에서 행동한다	외부와 단절된 상태	시장과의 연관 관계	거시경제적 연관 관계	계급적 연관 관계	계급과 역사적 연관 관계
경제는 이러하다	안정적	마찰과 충격이 없는 상태에서 안정적	본래 불안정함	대부분 스스로 안정화됨	불안정하고 착취적임
경제분석은 이러하다	합리성과 한정된 자원으로부터 시작	개인의 최적화로부터 구축	기사를 쓰듯 현실적이어야	정치에 기초해서	권력 관계를 파악해야
교육의 내용	모형과 폭넓은 사회적 지식을 모두 가르침	주로 모형을 가르침	현실적 가정이 포함된 모형을 가르침	폭넓은 사회적 지식의 기초교육	폭넓은 사회적 지식의 기초교육
소득불평등 분석	더 부유한 사람들의 생산성 증가	시장 마찰에 의해 발생	금융과 자본의 커진 힘	자본가의 커진 힘	자본가의 커진 힘
금융위기에 대한 견해	가능하지 않음	금융 시장의 외부 충격과 마찰로 야기	금융 시장에 의해 발생함	분명하지 않음	이윤율 저하에 의해 발생함

로 통제된 실험을 수행할 수 없다는 점은 분명하다. 물리적 세계와는
달리, 사회는 변화할 수 있고 한 환경에서 얻은 경험적인 증거가 반드
시 다른 환경에 적용되는 것은 아니다. 결과적으로 어떤 경제 이론이

	오스트리아학파	제도학파	진화경제학	페미니스트	생태경제학
인간은 이러하다	자신의 주관적 지식과 선호에 따라 행동함	변덕스러운 행동을 보임	'현명하지만' 최적의 행동을 하지는 않음	성 정체성에 따른 행동을 나타냄	분명하지 않음
인간은 이 안에서 행동한다	시장과의 연관 관계	규칙과 사회적 규범을 이루는 제도적 환경	진화하는 복잡한 체계	사회적 연관 관계	사회적 및 환경적인 연관 관계
경제는 이러하다	불안정하지만 건강하다는 신호임	법률과 사회 구조에 의존함	안정적이면서도 불안정한 복합체	분명하지 않음	주변 환경에 내재되어 있음
경제분석은 이러하다	개인의 행동에 기초하여	인간과 제도의 관계에 초점을 맞춰서	복잡성과 상호의존성을 파악해야	단순한 '경제' 이상의 것을 파악해야	환경적 제약을 파악해야
교육의 내용	수학 없이 경제학 교육	역사적 연관 관계 속에서 기초 교육	분명하지 않음	폭넓은 사회적 지식의 기초교육	환경적 지식의 기초교육
소득불평등 분석	정부 개입이 원인	조세 및 규제 구조의 변화	분명하지 않음	고도의 성 차별	분명하지 않음
금융위기에 대한 견해	중앙은행에 의해 발생함	기업의 집중 및 부실한 금융 규제의 결과	복합적이고 상호의존적인 현상에 기인함	금융의 남성 지배와 충격의 성별 계층화	분명하지 않음

출처: 장하준, *Economics: A User's Guide*(장하준의 경제학 강의), London: Penguin, 2014, 166-169p에서 재구성

나 이론 집단도 완전한 지배력을 확보할 수 있을 만큼 실증적으로 견고해 보이지 않는다. 따라서 경제학이 '국가는 어떻게 부유해지는가?', '경기 침체의 원인은 무엇인가?', '금융 시장은 어떻게 작용하는가?' 같

은 주요 경제 문제에 대해 명확한 답변을 내놓지 못한다고 해서 놀랍지는 않다.[8] 신고전학파 경제학이 이런 질문들에 대해 설득력 있는 답을 내놓지도 못하면서 답을 찾기 위해 다른 도구를 사용하는 경제적 관점을 배제하는 것은 정당화될 수 없다. 예를 들어 포스트 케인스학파는 금융 위기의 원인으로 개인 부채를 강조하고, 오스트리아학파는 중앙은행의 역할을 강조한다. 오늘날 경제학과 학생들은 이런 관점들을 전혀 접하지 못했으며, 신고전학파 모형과 비교할 때 이 관점들이 왜 잘못된 것인지에 대해서도 설명을 들은 바가 없다.

이런 문제에 대해 명확하게 답변하기 어렵다는 것이 현대 사회가 복잡하다는 사실을 보여준다. 다시 말해 한 가지 관점에서만 접근하면 중요한 통찰을 놓칠 수 있다. 예를 들어 페미니스트 경제학은, 우리 모두가 소비하는 상품과 서비스를 생산하는 노동자들을 먹이고, 쉬게 하고, 기르는 데 있어 가정에서 주로 여성들에 의해 이루어지는 일을 중요시한다. 신고전학파 경제학은 역사적으로 이러한 통찰에 이르지 못했다. 그 이유는 아마도 신고전학파 모형에서 행위자는 시장을 통해 상품을 교환하는데, 시장은 가정 내에 없을뿐더러, 경제학이 지금껏 남성들에 의해 거의 독점적으로 지배되어 왔기 때문일 것이다.[9] 페미니스트 경제학자들은 사람들이 집에서 어떻게 시간을 쓰는지 측정하고 신고전학파 경제학자들이 생각하지 못하는 방식으로 경제 활동을 추적할 수 있는 생활시간조사를 제안했다.[10] 신고전학파 경제학이 쉽게 놓칠 수 있는 다른 많은 통찰들이 〈표 2.7〉의 교과목들에서, 특히 마지막 두 줄의 과목에서 분명히 드러나야 한다.

사회 시스템과 마찬가지로 지식은 복잡하고 다면적이며, 다원주의가 결여되면 특정 관점이 묵살되면서 잠재적 진보를 가로막는다. 한

학파가 일정 시간 동안 지배력을 공고히 하더라도 학문의 중요한 발전은 종종 사람들이 기꺼이 위험을 감수하는 주변부에서 일어나는 경우가 많다. 이런 현상은 경제학에서만 나타나는 게 아니다. 유명한 물리학자 막스 플랑크는 (지금은 널리 받아들여지는) 양자 물리학을 처음 발견했을 때 동료들이 그것을 받아들이기 꺼려하자 '과학은 장례식을 한 번 할 때마다 그만큼씩 진보한다'라는 유명한 말을 남겼다.

경제학에서도 비슷한 사례가 있는데, 비 신고전학파 경제학자들은 오래 전부터 화폐는 중앙은행에서 찍어낸다기보다 민간은행의 대출 과정에서 만들어진다(이른바 '내생화폐이론')라고 지적해 왔다.[11] 신고전학파 경제학은 현재 주요 경제 기관들이 기본적인 것으로 여기는 이런 통찰력을 겨우 따라잡아가고 있다.[12]

그러므로 신고전학파 경제학이 경제가 어떻게 작동하는지(혹은 작동하지 않는지) 포괄적으로 이해하고 있다고 주장하기 힘든 경우는 얼마든지 있다. 특정한 아이디어가 동시에 학문적 지지를 받고 있다고 하더라도 학생들은 사실과 이론은 변할 수 있으며 다른 관점 또한 존재한다는 것을 반드시 알아야 한다. 이는 현재 다른 사회과학 분야에서 특정 이론이 지배적이라고 여겨질 때 취하는 접근법이다.

더구나 사회과학에 대한 이해는 과학적 기준뿐 아니라, 직접 표현하지는 않더라도 가치 판단 및 정치적 견해와 긴밀하게 연결되어 있다. 기존의 경제학은 성장, 효율성 및 개인의 효용을 분석의 초점으로 삼으면서, 이것이 경제의 성과를 판단하는 적절한 기준임을 은근히 드러냈다. 안정성이나 지속 가능성, 혁신 등 대안으로 떠올릴 만한 기준들은 설혹 수업 시간에 언급되는 경우가 있더라도 대개 경제 모형에서 명시적인 목표로 떠오르지 않았다. 경제학과 교수들이 학생들에게 특정한 견해를 심어 주는 것은 아니지만, 학생들 스스로 모형이 동의하지 않는 목표들을 향해 가고 있을 경우 그것은 교수들이 제시한 아이디어의 영향을 받았을 가능성이 높다.

상이한 가치관과 관점에서 수행되는 역할의 한 예로 신고전학파 경제학과 마르크스주의 경제학을 비교해보자. 신고전학파 경제학 이론 중에 '물가안정실업률(Non-Accelerating Inflation Rate of Unemployment)'●, 혹은 NAIRU로 불리는, 경제학자라면 누구나 다 아는 이론이 있다.[13] 이 이론에 따르면 실업률이 NAIRU보다 낮다면 노동자들은 자신의 노동을 대체하기 쉽지 않기 때문에 임금 인상을 요구할 것이다. 기업은 높아진 임금 상승 부담으로 상품 가격을 인상하며, 이는 가격 상승을 보완하기 위한 추가 임금 인상 요구로 이어지고, 결국 인플레이션을 가속화시키는 악순환이 발생한다. 인플레이션이 안정되려면 실업률이 NAIRU보다 낮아져서는 안 된다.

마르크스 또한 실업자를 산업 '예비군'으로 부르기는 했지만 비슷한 기본 개념을 사용했다는 점에서 흥미로운데, 그는 자본주의 체제가 노동자들을 통제하기 위한 수단으로 일정 수준의 실업률을 유지한다고 설명했다.[14] 서로 다른 언어를 사용하고 매우 다른 결론에 도달했지만, 둘의 접근법은 동일한 통찰에 이르렀다. 이렇듯 학생들이 다양한 관점을 공부한다면 다른 기준으로도 동일한 통찰에 이를 수 있다는 점을 깨달을 뿐 아니라, 특정 정책이나 시스템이 바람직하다는 자신의 편견을 바로잡는 데도 도움이 될 것이다.

지금까지 우리는 교육적, 지성적, 그리고 철학적인 이유에서 다원

● 물가 변동에 영향을 주지 않을 만큼의 자연 실업률.

주의를 이야기했다. 경제학 교육이 단일한 관점의 맹목적인 가르침만 계속하는 한, 경제학이 맡을 수 있는 역할은 축소될 것이다. 또한 자신 감만 넘쳐나고 비판적인 식견은 부족한 경제 전문가만 양산할 것이다. 지금부터 세계가 직면한 가장 중요한 도전 과제의 상당 부분을 해결하는 데 신고전학파의 관점이 얼마나 부적절한지 설명하겠다.

신고전학파 경제학의 한계

제2장에서 설명했듯, 신고전학파 경제학은 경제를 보통의 기계적인 논리에 따르면서도 과학적 기준을 사용하여 관리할 수 있는 별개의 시스템으로 간주한다. 결과적으로 신고전학파 경제학은 제도와 목표가 분명하게 정해져 있고, 경제가 다른 분야와 분리되어 있는 조건에서 가장 성공적으로 적용되기도 한다. 경제 이론이 주목할 만한 성공을 거둔 사례 중 하나로 아이들의 학교 배정이나 장기 기증자와 환자를 연결시키는 알고리즘의 설계를 들 수 있다.[15]

따라서 우리가 신고전학파 경제학의 무용론을 주장하는 것은 아니다. 다만 신고전학파 경제학이 지배적이기 때문에 그것이 가진 결함에 주목하고자 할 뿐이다. 세상에 존재하는 그랜드 비전이 대개 그렇듯이, 신고전학파 경제학에도 중대한 문제를 다루는 경제학자의 능력을 심각하게 제한하는 단점과 사각 지대가 있다. 우리는 거시경제적 안정과 환경, 불평등의 사례를 통해 이를 설명할 것이다. 다른 경제적 관점이 문제에 대한 이해를 어떻게 개선시키는지 논의하기 전에, 각각의 사례를 통해 신고전학파적 접근법의 주된 한계를 설명하겠다.

◎ **거시경제학**

2008년의 금융 위기는 전세계적으로 충격적이었으며 역사의 흐름을 바꾸었다. 하지만 신고전학파 거시경제학자들은 위기가 닥치는 것을 사실상 보지 못했고, 그들의 이론 또한 위기의 전개 상황을 이해하는 데 부적절한 것으로 판명되었다. 거시경제학자들은 소비자 물가 상승률, GDP 및 실업률이 경제적 안정성을 측정하는 적절한 방법이며, 이 잣대를 활용하여 금융 부분에서 부글대던 주택 버블 및 불안정성을 가라앉힐 수 있다고 확신했다. 아마도 금리와 인플레이션의 상충 관계[16]가 거시경제학적 문제를 공식적인 경제학 교육을 받은 사람이라면 풀 수 있으며 기술적인 해법이 있는 문제로 여기도록 만들었을 것이다.

결과적으로 볼 때 거시경제학자들은 금융 위기 이전까지 극도로 오만했다. 미국 연방준비제도이사회 의장 벤 버냉키는 경제학자들이 낮은 인플레이션과 고성장의 '대 안정기'(Great Moderation)●를 가져왔다고 찬사를 보냈고,[17] 노벨 경제학상 수상자 로버트 루카스는 거시경제학의 '디플레이션 방지를 위한 주요 문제가 해결되었다'고 선언했으며,[18] 위기가 시작되었을 때 당시 IMF 수석 이코노미스트였던 올리비에 블랑샤르는 '거시경제학의 상황은 좋다'고 공표했다.[19] 이 자아도취적인 '집단적 사고'가 가능했던 이유는 신고전학파적 사고방식이 저명한 기관의 전문가들을 지배하고 있었기 때문이다.

금융 위기의 메커니즘에 대해서는 이미 다른 저자들이 깊이 있고 뛰어난 분석을 했기 때문에 또 다른 심층적인 해설을 덧붙이지는 않겠다.[20] 2008년 주식 시장 붕괴와 연쇄 파산, 모기지 채무 불이행 등으로

● 대 호황기 혹은 대 완화기라고도 부른다.

인해 1930년대 이후 세계 최악의 금융 위기가 촉발되었다는 것만 언급하겠다. 비록 은행이나 정치인, 개인들이 이 일에 대해 책임을 져야 한다는 점은 분명하지만, 우리는 근본적으로 금융 위기가 경제 사상의 실패를 대변하고 있다고 믿는다.

엉뚱한 곳에 경제의 경계선을 그려놓은 탓에, 권력을 쥔 경제학자들은 경제의 다른 측면(주택 시장, 금융 부문,[21] 정부 및 중앙은행 정책)들이 어떻게 결합되어 있었으며 문제가 터졌을 때 어떻게 나머지 부문에까지 커다란 영향을 미치는 거품을 만들어내는지 예측하지 못했다. 중앙은행을 관리하고, 금융 상품의 가격을 '과학적'으로 결정하고,[22] 거시경제적 예측을 하는 데 사용되는 경제 모형의 헛된 정확성은 현실 세계의 불안정성이 명백해짐에 따라 신기루였음이 판명되었다.

신고전학파 거시경제학 모형들은 그런 사건의 가능성을 예측하지 못했을 뿐 아니라 사후 설명도 할 수 없었다. 거시경제학 모형들은 복잡하지만 궁극적으로는 안정된 상태를 향하는 예측가능한 관계로서의 신고전학파적 경제 관점에 기초하고 있다. 따라서 거시경제학은 앞 장에서 살펴보았듯 위기를 시스템 외부에서 기인한 '외생적 충격'의 한 유형으로 간주한다. 이는 무엇이 충격을 유발하며 어떻게 예방할 수 있는지 이해할 여지가 거의 없다는 뜻이다. 앤디 홀데인 영국은행 수석 이코노미스트는 위기가 닥친 후 다음과 같이 말했다. '경제 모형들은 극단적인 거시경제적 현상을 설명하는 데 실패했다. (중략) 그게 사회를 위해 가장 중요한 것임에도'.[23]

의도했든 의도하지 못했든, 경제학은 의무를 이행하지 못했다. 직업적 실패에서 비롯한 경제 전문가들의 좌절감은 여왕이 런던정경대학(LSE)의 경제학자들에게 왜 아무도 그런 일을 예측하지 못했느냐고 물었을 때 분명해졌다. 경제학자 팀 베슬리와 피터 헤네시가 영국 아카데미를 대표하여 여왕에게 답신을 썼는데, '많은 유능한 사람들의 집단적 상상력 실패로 … 사회 시스템 전체가 위험에 빠질 수 있다는 점을 깨달았다'는 결론에서 경제학자들에게 사과 받는 것이 얼마나 어려운지를 알 수 있다.[24] 비슷한 실패 사례는 로버트 솔로와 폴 크루그먼 같은 저명한 경제학자들에게서도 발견할 수 있다.[25]

거시경제학자들이 다른 경제학파의 이론에 대한 지식이 있었더라면 위기에 더 잘 대처했을지도 모른다. 다른 학파의 이론 중 하나는 금융위기 훨씬 이전에 발표한 하이먼 민스키의 금융 불안정성 가설(Financial Instability Hypothesis, FIH)인데, '안정성이 안정을 해친다'는 그의 가설에 따르면 경제적으로 평온한 시대는 그 자체로 자멸의 씨앗을 배태하고 있다.[26] 경제가 안정되고 성장하면 투자자와 기업, 소비자들은 자신의 투자가 결실을 맺고 있다고 판단한다. 그래서 그들은 다음에 더 많은 시간을 들여 더 위험한 투자에 나서며, 이런 경향은 시간이 지날수록 과감해진다. 투자자가 대출을 위한 자산 가격 상승에 의존하게 되면 파산하는 순간 엄청난 파급 효과가 발생한다.

민스키는 포스트 케인스학파의 경제적 관점을 고수했고 2008년 금융위기가 발생하기 전까지 그의 금융 불안정성 가설은 신고전학파 경제학자들에게 크게 주목받지 못했지만, 금융위기가 그의 가설과 꼭 맞아떨어지는 바람에 그의 아이디어는 언론에서 인기를 끌었고 폴 크루그먼 같은 경제학자들 사이에서도 어느 정도 인정을 받았다.[27] 강조하자면, 경제적으로 안정된 시기에는 자아도취적으로 보였던 민스키의 아이디어를 투자자들뿐만 아니라 정치인, 규제 당국, 심지어 학자들도 수용해야 한다고 생각했다. 민스키의 방식을 따른 경제학자들이 그랬듯이, 경제학자들이 금융 불안정성 가설에 대해 더 자세하게 알았어야 했다고 깨달았더라면 그들은 좀 더 겸손했을 것이고 '붐 앤 버스트(boom and bust)●의 종말'을 거론하던 한가한 주장들은 더 많은 의심을 받았을 것이다.²⁸

일반적으로 포스트 케인스학파 경제학자들은 금융 시스템의 중요성과 자본주의의 전반적인 불안정성을 강조하면서 위기가 '내생적으로', 다시 말해 시스템 자체에서 발생한다고 믿는다. 포스트 케인스학파라는 이름에서 알 수 있듯이, 그들은 전체 경제를 모형화한 최초의 경제학자 중 한 명인 메이너드 케인스의 전통을 따르고 있다. 케인스는 금융 시장의 붐 앤 버스트를 초래하는 투자자들의 '동물적 본능'에 대해 소개한 바 있는데, 민스키 같은 경제학자들은 이런 아이디어를 개발하고 발전시킨 반면 신고전학파 경제학자들은 금융 부문을 크게 무시했다.

불행하게도 위기가 기억에서 사라지는 것과 동시에 경제학은 전문가로서의 권위를 재빨리 회복했다. 더 놀라운 반응 중 하나는 금융 위기를 예측하지 못한 경제학자를 변호하기 위해 효율적 시장 가설(Efficient Markets Hypothesis, EMH)로 불리는 이론이 동원되었다는 점이다. 이 가설에 따르면 금융 시장은 모든 개인, 정부 또는 제도가 할 수 있는 것보다 훨씬 빠른 속도로 새로운 정보를 처리하기 때문에 대부분의 사람들이 금융 시장의 변화를 예측하기란 매우 힘들다. 마찬가지로 경제학자들이라고해서 이런 갑작스러운 변화를 다른 사람들보다 더 잘 이해할 수는 없기 때문에 그들에게 시장 붕괴를 예측하는 것까

●　자산가격이나 경기가 급속한 상승과 하락을 반복하는 경제 현상.

지 기대할 수는 없다는 것이다. 이에 대해 경제학자 스티븐 킨셀라는 금융 시장 작동 방식의 이해라는 책임을 면해주는 이론이 있다는 점에서는 편리하겠지만, 경제학자들이 위기의 시작을 깨닫지 못한다는 것은 의사가 환자의 출혈을 알아채지 못하는 것만큼이나 잘못이라고 완곡하게 지적했다. 경제학자들이라면 위기를 완벽하게 예측할 수는 없더라도 경고 사인 정도는 인지할 수 있어야 한다.

또 다른 접근법으로는 거시경제학자가 위기를 예측하지 못했다는 사실을 간단히 부인해버리는 방식이 있는데, 우리가 볼 때 이는 역사를 다시 쓰려는 기괴한 시도처럼 보인다. 예를 들어 노벨상 수상자 토마스 서전트는 '이번 금융 위기가 현대의 거시경제학자들을 당황하게 만들었다고 말하는 것은 옳지 않다'고 주장했다.[29] 그러나 서전트는 2008년 논문에서 위기를 예측하지 못했고, '소비자들은 또 다른 공황의 가능성을 과대평가한다'는 자신의 이론을 언급하면서 투자자들이 대공황의 기억 때문에 최대한 위험을 감수하지 않았다고 말했다.[30] 경제학자들이 뒤늦게 깨닫고 나서 이런 식으로 변명을 하게 허용해서는 안 된다.

사회가 직면한 모든 거시경제적 문제를 경제학자들의 탓으로만 돌리는 것은 불공평하다. 하지만 대학의 경제학 과정이 이들 문제에 대한 해답을 찾는 것에 실패한다면 우리는 현재의 정책과 논쟁의 권위에 대해 의심을 품을 수밖에 없다. 엔지니어가 설계한 다리가 자주 무너진다면 우리는 더 이상 그를 고용하지 않을 것이다. 마찬가지로 거시경제학자가 그들이 연구한 시스템을 완전히 이해하지 못한다는 것이 입증되고 있는데도 그들이 다른 경제적 견해나 폭넓은 민주적 책임성으로부터의 개입 없이 그것을 관리할 수 있도록 믿고 맡길 수는 없다.

◎ 환경

환경은 아마도 우리 세대를 대표하는 이슈일 것이다. 기후변화 같은 실존적 위협부터 자원의 고갈, 오염과 폐기물의 증가에 이르기까지 사람이 만든 환경 변화는 인류의 지속 가능성에 근본적인 위협이 될 수 있다.[31] 환경 파괴의 책임은 거시경제 관리의 실패와 같은 방식으로 경제 전문가에게 돌릴 수 없고, 돌려서도 안 된다. 그럼에도 불구하고 우리가 처한 환경 문제의 도전적 과제들이 근본적으로 현재의 경제 시스템과 관련되어 있기 때문에 경제학자들은 이 문제에 관심을 기울이고 해결책을 제시할 의무가 있다. 그러나 신고전학파 경제학은 환경과 경제 시스템을 하나로 아울러 생각할 수 없다는 것이 입증되었다.

환경 문제는 신고전학파 경제학의 근본적인 난제로 떠올랐다. 구성 요소를 계량화할 수 없는 복잡한 시스템인 환경은 단순하고 기계적인 경제 모형으로 분석하기에는 적합하지 않다. 특히 신고전학파 경제 분석이 경제의 주요 측면으로 가격과 생산에 초점을 맞추고 있다는 사실은 폭넓은 생태계의 역할을 무시한다는 것을 의미한다. 이코노크러시에서는 GDP나 인플레이션 통계 같은 자료를 만들 때 환경을 고려하지 않거나, 경제 정책이 환경에 미치는 영향을 무시하고 경제를 정의하는 식으로 환경 문제를 한쪽으로 밀쳐놓는다.

환경 문제는 사실상 기본적인 경제 분석 대상에서 빠져 있다. 안타깝게도 경제학과가 설치되어 있는 23개 러셀 그룹 대학 가운데 9개 대학만이 환경 경제학 과목을 개설하고 있다. 이는 이들 대학이 환경 이슈를 주요 관심사로 여기지 않거나 다른 과목에서 다루는 표준적인 경제 도구만 사용하고도 환경 문제를 잘 처리할 수 있다고 믿는다는 것을 시사한다. 대다수 학생들은 경제와 환경이 어떤 연관 관계를 가지고 있는지 체계적이고 심층적인 이해를 얻으려는 시도조차 하지 못한 채 졸업할 것이다. 미래의 정책 입안자와 기업인, 공무원들이 환경 문제가 제기하는 도전을 깨닫기 위해서도 환경 문제는 경제학 교육에서 훨씬 더 중심적인 위치를 차지해야 한다.

환경 문제를 명시적으로 다룰 때조차 신고전학파의 사고방식은 우리가 환경 이슈의 중요한 측면을 이해하는 것을 방해한다. 환경 경제학은 신고전학파 경제학의 분석틀 내에서 환경 문제를 다루는데, 이는 시장이 환경을 중시하지 않는다는 기본 인식을 바탕으로 한 정책이 이루어지고 있다는 말이다. 환경 경제학은 환경의 가치를 파악하고, 세금이나 보조금, 규제 혹은 기타 보호 계획 등을 통해 투자할 가치가 있는 자원의 수준을 결정하기 위한 기술적 도구에 불과하다.

시장은 다음의 두 측면에서 환경을 주요하게 여기지 않는다. 우선 우리는 천연 자원이나 오존층, 열대우림, 산호초 같은 생태계로부터 경제적 이익을 공짜로, 그것도 과잉으로 제공받는다. 환경이 저평가되는 또 다른 이유는, 누군가는 환경 파괴의 비용을 지불하지만 개별 행위자 차원에서는 이를 고려하지 않아도 되기 때문이다. 이런 비용을 우리는 누수 효과, 또는 외부 효과라고 부른다. 오염은 부정적인 누수 효과의 한 사례다. 공장은 인근 강을 오염시켜 강 하류의 농작물을 오염시키며 나아가 시민의 건강을 해친다. 공장은 이런 비용을 고려하지 않는다. 비용을 지불해야 한다면 생산량이 줄어들 것이기 때문에, 결국 누수 효과는 사회적 관점에서 볼 때 과잉생산을 초래한다.

이에 개입하는 모든 정책 방안들은 환경에 화폐 가치를 매기고 있으며, 비용 편익 분석은 환경의 다양한 편익 및 관련 개입 비용을 평가하는 데 핵심적인 역할을 한다. 경제 기구들은 DICE(기후와 경제의 동태적 통합 모형)나 FUND(기후 변화 통합 평가 모형)[32]와 같은 특별 제작된 모형들을 사용하여 기후변화로 인한 기온 상승이 세계 경제에 얼마나 큰 금전적 피해를 끼칠 것인지 예측한다. 이런 접근법의 한계는 환경과 기후변화 같은 광범위하고 복합적인 대상에 금전적 가치를 부여하려는 관행에서 비롯된다.[33] 가장 일반적으로 사용되는 이론 도구는 '현시 선호 이론(theory of revealed preference)'인데, 이 이론에 따르면 사람들의 경제적 결정을 관찰하여 환경에 화폐 가치를 부여한다. 자연 명소를 여행하는 데 드는 비용이 그 명소의 가치를 높이는 데 사용될 수 있다는 것이다. 이 이론의 더 기괴한 점은 위험 직군과 비위험 직군의 임금 차이를 얘기할 때, 노동자가 더 높은 사망 확률 직군에 대한 선호를 '드러내고 있다'면서 기후변화로 인한 사망 위기에 가치를 부여하는 방식으로 얘기할 수도 있다는 점이다.[34]

현시 선호 이론은 가난한 나라의 삶이 부유한 나라의 삶보다 덜 가치 있다든지, 사소한 개인행동에서 생사가 걸린 정치 문제를 추론하는 식으로 이상하고 불합리한 결론을 도출할 수 있다.[35] 이 이론은 현재 살아 있는 사람들의 행동에 의존하기 때문에 먼 미래에 나타날 환경 피해의 영향을 다룰 때 특히 문제가 된다. 미래 세대의 이해 관계는 그들이 아직 태어나지 않았다는 이유만으로 고려 대상이 될 수 없는 것이다.

좀 더 일반적으로, 기후 변화 논쟁의 핵심인 미래는 환경 경제학에게 주요 도전 과제를 던져주고 있다.[36] 경제학은 비용-편익 프레임으로 환경에 접근하는데, 이는 환경을 둘러싼 논란의 여지가 있는 윤리적 제안을 비용-편익 측정 방법에 대한 기술적 문제로 바꿔버린다. 한 가지 중요한 사례가 '할인율'인데, 경제학자들은 미래의 환경 피해 비용을 줄이거나 '할인'하기 위해 이 방법을 사용한다.

이게 얼마나 비현실적인지 간단하게 설명할 수 있다. 경제학자가 1,000파운드의 피해를 불러올 수 있는 무엇인가가 있다고 믿고 있으며, 우리는 비용 편익 분석에 따라 이 피해를 줄이기 위해서 최대 1,000파운드를 지불해야 한다고 가정해보자. 가령 기후변화로 인해 매년 1,000파운드의 피해가 발생한다고 상상해보라. 이런 시나리오는 쉽게 구상할 수 있다(실제 수치는 훨씬 높다). 기후 패턴의 변화는 지구의 더 많은 부분이 건조해지고 불모지가 늘어나서 더 이상 농산물을 생산할 수 없게 됨을 의미한다. 2017년에 1,000파운드 상당의 피해가 발생하고, 2018년도에도 1,000파운드의 피해가 발생하며, 반복적인 비용 발생은 계속될 것이다. 매년 1,000파운드씩 추가하면 무한대로 접근한다는 점에서 이는 기후 변화를 막기 위해 모든 것을 희생해야함을 뜻한다. 무한대는 아니더라도, 1,000파운드 대신 기후 변화의 실제 비용(예를 들면 매년 수십억 혹은 수백억 파운드 이상)을 대입해보면 매우 빨리 엄청 높은 수치에 도달할 수 있다.

하지만 이런 비용을 할인한다는 것은 피해액 1,000파운드의 가치가 미래에는 점점 더 낮아진다는 것을 의미한다. 예를 들어 경제학자가 3%의 할인율을 선택하면 1,000파운드의 피해가 다음해에는 970파운드로, 그 다음해에는 941파운드로, 피해액의 가치가 매년 감소한다. 이 가치는 계속 하락하여 200년 안에 불과 2.26파운드까지 떨어질 것이다! 경제학자들이 제시하는 이론적 근거는 사람들이 현재를 미래보다 더 중요하게 여기며, 따라서 미래의 환경 피해를 줄여야 하는 이유 또한 오늘날 같은 액수만큼의 비용을 절감하기 위해서라는 것이다. 혹은 그들은 소행성이 인류의 미래를 날려버릴지도 모르며, 이런 비용을 초래하면서까지 이익을 누릴 인간은 없을 것이므로 할인은 존재하지 않을지도 모르는 미래 세대에 맞춰 조정되어야 한다고 주장할 수도 있다. 결론적으로 할인율 적용이 의미하는 바는 논쟁을 부르는 윤리적 선택이 기술적 언어에 의해 가려진다는 점이다. 경제학자들로서는 자신들의 추론이 맞음을 입증하기 위해 미래를 할인할 필요가 있을 수 있지만, 이 또한 미래 세대가 현재 세대만큼 높게 평가된다는 것을 의미하지는 않는다.

할인율을 떠나서, 미래의 환경 재앙이 불러올 비용을 측정하는 것에 의존하는 신고전학파 경제 모형은 기후 변화의 영향을 계산해내기가 너무 복잡하고 불확실하기 때문에 기후 변화가 발생할 확률과 이에 따른 연쇄 반응 사이에서 허우적댈 수밖에 없다. 이에 반해 자연과학의 기후 모형은 일반적으로 기후 시스템의 근본적인 불가지성과 절대 재앙의 가능성을 강조하는데, 둘 중 어떤 것도 임의적인 비약 없이는 개연성이나 경제적 효용성을 유의미하게 부여할 수 없으며, 둘 다 현실적인 판단을 필요로 한다. 이토록 미래 예측이 어렵기 때문에 기후과학자들은 지구 온도가 2°C 이상 상승하는 것을 방지하는 것처럼 물리적 목표를 설정하여 비용-편익을 상쇄시키는 '예방적' 접근을 권장한다. 이런 접근은 최악의 시나리오를 방지하여 지구를 미래 세대를 위한 거주지로 남겨두기 위한 것이다.

환경에 대한 우려가 만들어낸 신고전학파 경제학 내부의 긴장감은 기후 변화를 둘러싼 정반대의 결론에 도달한 두 명의 저명한 경제학자, 니콜라스 스턴과 리처드 톨의 주장에 잘 요약되어 있다. 2005년 스턴은 영국 정부로부터 기후 변화의 경제적 결과를 설명하고 해결책을 모색하도록 위임 받았다. '스턴 리뷰'는 정치권이 주요 이슈를 다루기 위해 경제학자들의 조언에 귀 기울인 대표적 사례이다. 톨은 앞서 언급한 FUND 모형을 설계했으며, 유엔 및 EU와 함께 일했을 뿐만 아니라 기후 변화를 다루는 정부 간 협의체에도 참여하고 있다.

스턴 리뷰에서는 경제 모형을 사용하여 기후 변화 방지 및 예방적 개입 비용을 산정했으며, '기후변화는 국제적으로 심각한 위협이며, 긴급한 국제적 대응이 필요'하기 때문에 조치를 취해야한다는 결론을 내렸다.[37] 이에 반해 톨은 그가 설계한 FUND 모형을 통해 '기후 변화가 인류에게 실존적 위협이 된다는 생각은 터무니없다'면서 '50년간의 기후 변화가 끼친 영향은 1년간의 경제 성장을 날려버린 것 정도'라고 주장했다.[38] 유사한 경제학 프레임을 사용하는 두 명의 경제학자가 어떻게 이 정도로 다른 결론을 도출할 수 있었을까?

그 답은 톨이 그의 모형을 문자 그대로 사용한 반면, 스턴의 조언은 모형 외부의 과학적이고 윤리적인 판단에 의해 순화되고 영향을 받았다는 점에서 찾을 수 있다. 스턴은 비정상적일 정도로 낮은 할인율을 선택했는데(이는 스턴이 미래 세대의 가치를 높게 평가했다는 것을 말한다), 이는 스턴이 경제학적 도구를 사용하는 대신 미래 세대와 현 세대가 윤리적으로 동일하다는 주장을 채택했음을 보여준다. 스턴의 선택은 톨과 다른 경제학자들의 반발을 불러왔는데, 이들은 경제학자들이 일반적으로 사용하는 이론적 가치에 부합하는 할인율이 기후 변화로 인한 피해 추정 비용을 크게 줄일 수 있다고 지적했다.

이런 기술적 논쟁 너머에는 더욱 광범한 문제들이 널려 있다. 환경 경제학은 '모든 것에는 대가가 있으며', 생태계의 가장 중요한 부분일지라도 가치를 매길 수 있을 뿐더러 경제적 이익과 교환할 수 있다는 경제 논리의 자연스러운 결론을 따른다. 이런 모형을 전적으로 믿는 것은 기후변화 문제에 관한 유일하고 실제적인 과제가 변화의 가치를 어떻게 평가할 것인지에 대한 기술적인 세부 사항을 정하는 것이라고 믿는 것과 같다.

반면 자연과학자들은 지구 온난화로 인해 다수의 연안 도시가 물에 잠길 수 있으며, 날씨 또한 훨씬 변덕스럽고 예측하기 어려워지며, 엄밀하게 말하자면 모형으로는 설명할 수 없는 전환점에 도달했다고 경고한다.[39] 스턴은 그의 보고서가 기후변화의 위험을 과소평가했을 수 있으며, 환경 경제학자들이 사용하는 이론은 환경 문제를 모형화하는 데 근본적으로 적합하지 않다고 주장했다.[40]

생태 경제학적 관점에서 보면 환경 경제학은 환경을 특별하게 만드는 중요한 측면을 놓치고 있다. 특히 환경 경제학은 경제(그리고 인간 사회)가 생태계의 일부임을 인정하지 않는데, 생태계에서 모든 자원은 자연의 산물이며, 따라서 모든 폐기물 또한 자연으로 다시 돌아간다. 환경은 시장이 작동하는 기준에서 제외되어야 하는 것이 아니라, 경제를 이해하는 핵심 부분으로 자리매김해야 한다.

생태 경제학자들은 오존층과 열대 우림이 생태계 내에서 대체 불가능한 역할을 하기 때문에 경제적 비용이 생태적 비용과 비교될 수 있다고 주장한다. 생태 경제학은 따라서 생태 안정성을 유지하는 한도 내에서 자원 개발과 폐기물 배출을 제한해야 한다는 점을 고려한다. 이런 접근은 경제 성장에는 물리적 한계가 존재할 수 있으며, 성장을 멈춘 경제는 어떻게 작동할 수 있는지 탐구하도록 유도한다.[41] 경제 성장이 가능하지 않거나 바람직하지 않을 수도 있다는 생각은, 성장을 경제의 기본 원칙으로 삼고 있는 대부분의 신고전학파 경제학자들에게 저주처럼 들릴 수도 있다.

생태 경제학자 허먼 데일리는 생태 경제학과 신고전학파 경제학의 철학적 차이를 설명했다. 그에 따르면 신고전학파 경제학은 한계가 없는 개인주의적 세계관을 추구하고 있으며 자연 자원은 단지 생산에 투입할 수 있는 많은 요소 중 하나일 뿐이고, 욕망은 끝이 없으며 복지는 기본적으로 물질적인 소비의 문제이자, 경제 성장이야말로 가장 중요한 목표이다.[42] 반면에 생태 경제학은 경제는 생태계(그리고 사회 시스템)의 하위 시스템일 뿐이며, 인간의 행복을 결정하는 다양한 요소들 중 정량화할 수 있는 것은 소수에 불과하다는 세계관을 가지고 있다. 철학적으로 정리하자면, 신고전학파 경제학은 사람들에게 영향(금전적 가치로 환산할 수 있는)을 미치는 순간에만 환경의 가치가 발생한다고 보는 반면, 생태 경제학에서는 환경은 그 자체로 가치를 지니고 있다고 보고 있다.

생태 경제학은 우리에게 신고전학파의 환경 경제학이 놓치고 있는 중요한 문제의식을 제공했으며, 나아가 경제를 이해하는 또 다른 방식을 제시했다. 불행하게도 차세대 경제 전문가들은 이를 인식하기 못하고 있으며, 따라서 환경에 대한 이해 또한 제한적일 수밖에 없다. 맨체스터 대학의 기후 변화를 다루는 과목에서 그 사례를 찾을 수 있는데, 수업 요강에는 학생들이 '**경제학자의 시각에서** 기후 변화를 논의할 것이다'라고 분명하게 적혀 있다(강조는 필자가 하였음을 밝힌다). 학생들이 이 수업에서 배울 수 있는 관점은 단 하나, 신고전학파의 이론밖에 없다. 강의 노트에 적힌 이론은 신고전학파 경제학 이론에 전적으로 기초하고 있다. 수업은 효율성, 비용편익분석, 효용 극대화를 가르치고 이를 환경 문제에 적용하는 방식으로 진행된다. 시험 문제를 봐도 학생들의 의견을 묻는 문제는 전체의 6% 정도에 불과하며, 나머지는 이론이나 정책을 단순히 설명하도록 한 것들이다. 생태 경제학이나 다른 대안적인 관점에 대한 언급은 아예 없다.

신고전학파의 경제 이해에 전적으로 의존해서는 이코노크러시가 직면하고 있는 수많은 환경 문제를 해결하는 데 도움이 될 만한 통찰력을 얻을 수 없다. 신고전학파 경제학은 기후변화, 자원 고갈 및 환경 파괴에 대응할만한 많은 해법들을 배제한다. 특히 신고전학파의 환경 경제학이 환경 파괴를 막기 위해 필요한 개별적이고 구조적인 변화의 가능성이나 필요성에 눈을 감는 대신 미시적이고 기술적인 접근만 강조하면서 피해는 더욱 커진다.

◎ 불평등

금융 위기는 불평등에 대한 대중의 관심을 다시 집중시켰다. 호황기에는 소득 분포의 꼭대기에서 밑바닥까지 모든 사람이 번영을 구가했고, 이에 비해 불평등은 부차적인 것처럼 보였다. 하지만 경기 침체가 찾아오고 경제적 어려움을 겪는 사람들과 그렇지 않은 사람들이 나뉘기 시작하면서 공정성에 관한 대중의 인식에도 변화가 생겼다. 불평등 조사가 대중의 관심을 끌기 시작한 것도 이 시점이다.

불평등을 선으로 보느냐 악으로 보느냐에 따라 의견이 다르기는 하겠지만, 논쟁을 위해서는 우선 불평등에 대한 정의와 실증적인 조사가 필요하다. 제기할 수 있는 논점들은 이런 것들이다. 어떤 유형의 불평등이 존재하고, 어떤 모습을 띄고 있는가. 불평등은 정당한 것인가, 아닌가. 그 이유는 무엇인가. 그리고 그게 무엇이든, 불평등을 바꾸기 위해서는 어떻게 해야 하는가. 예를 들어 대부분의 사람들은 신장의 불평등이 바뀌어야 할 대상에 해당하지 않는다는 데 동의하지만, 아파르트헤이트 시절 남아프리카 공화국에서 벌어졌던 불평등은 바뀌어야 할 대상에 해당한다는 점에 동의할 것이다. 현대의 정치 논쟁은 소득과 부, 인종과 성별, 심지어는 세대 간의 다양성에 이르기까지 다양한 불평등을 다루고 있다.

소득 불평등은 사람들이 불평등에 대해 생각할 때 가장 먼저 떠올리는 것이다. 영국에서 소득 불평등은 1980년대에 급증하여 지금껏 역대 최고 수준을 유지하고 있다.[43] 세계적으로 보면 지난 수십 년 동안 서구 중산층과 (사하라 이남의 아프리카 지역 같은) 세계에서 가장 가난한 지역의 소득은 정체되어 있는 반면, 서구의 가장 부유한 이들과 중국처럼 급성장하는 개발도상국의 중산층 소득은 증가했다.[44] 이 기간 동안의 소득 불평등은 국제적인 힘과 개별 국가들의 힘이 복잡하게 상호작용한 결과이다.

안타깝게도 신고전학파 이론 안에는 개념적, 지리적, 정치적, 역사적 분석이 결여되어 있다는 점에서 소득과 부의 불평등(이후 '불평등'으로 간단하게 서술)을 만족스럽게 개념화하기 쉽지 않다. 신고전학파 경제학은 추상적이고 거의 '불간섭주의'적인 태도로 인해 불평등 이슈를 완전히 놓쳐버리기 십상이다. 경제 전문가들은 불평등에 대해 포괄적으로 이해하도록 훈련받지 못했으며, 이런 논쟁 또한 억압되고 있다.

기본적으로 신고전학파 경제학은 수요와 공급의 시장 원리가 자연스럽게 작용하면 결과적으로 소득재분배가 이루어진다고 보며, 모든 개입은 시장 원리를 교란하는 것으로 간주한다. 좀 더 정교화된 모형에서는 약간의 개입을 정당화하기도 하지만, 재분배가 용이하도록 기본 모형을 바꾸는 것 또한 전적으로 '경제' 원리에 초점을 두고 이루어진다. 제도나 권력, 정치의 문제는 거의 배제되며, 설혹 언급되더라도 추가적인 언급 정도이지 정식 모형 속에서 다루어지는 것은 아니다.

현실 속에서 경제학은 불평등의 기원에 관한 광범위한 역사적 질문과는 별개로, 순전히 기술적으로 재분배에 대한 이해를 증진시킨다.

이른바 후생 분석으로 알려졌으며, 경제학자들이 정책의 타당성을 평가하기 위해 사용하는 원칙 또한 재분배 문제에 관해서는 침묵을 지킨다. 후생 경제학(welfare economics)의 핵심 아이디어 중 하나가 '파레토 최적'이다. 파레토 최적이란 적어도 다른 한 사람의 상황을 악화시키지 않고서는 아무도 더 낫게 만들 수 없는 상태, 즉 어떤 사람이 취하는 이득은 반드시 다른 사람에게서 효과적으로 가져와야 하는 상태를 말한다. 다시 말해, 사용하지 않고 남아 있는 가용 자원이란 존재하지 않는다.

하지만 현실에서는 다양한 상황들이 파레토 최적이 될 수 있다. 세 사람이 파이를 나누어 먹는다고 상상해보자. 어떻게 나누든, 파이를 남김없이 다 먹어치운다면 그들은 결과적으로 파레토 최적에 이르렀다고 말할 수 있을 것이다. 파이를 똑같이 나누든, 아니면 다른 사람을 주지 않고 한 사람이 몽땅 다 먹어치우든, 파이의 '재분배'는 어떤 한 사람으로부터 그것을 빼앗아 그들의 상황을 악화시킬 것이다. 파레토 기준에서 분배의 문제에 관해 아무런 말도 하지 않는 것은 바로 이런 이유 때문이다.

후생 분석에 쓰이는 또 다른 도구로 사회적 후생 함수(social welfare function, SWF)가 있다. 이것은 일찍이 사회 전반에 걸쳐 적용됐던 개인의 효용 함수를 대체하여, '우리'가 집단적으로 선호하는 정책이 무엇인지를 묻는 식이다. 경제학자 아마르티아 센은 SWF가 사회의 총 효용을 극대화하는 데 관심을 두고 있기 때문에 '그 합의 개별적인 분배에 대해서는 거의 신경 쓰지 않는다'면서 결과적으로 SWF가 불평등을 측정하고 판단하는 도구로 적절하지 않다고 주장했다.[45] SWF는 모호하고 기술적인 도구일뿐더러, 불평등 문제가 왜 중요하고 어떻게 발생했는지에 대한 고려 없이 단순하게 정교한 수학적 퍼즐만 풀도록 경제학자들에게 권유한다.[46]

신고전학파 경제학으로서는 소득과 부의 불평등 같은 넓은 의미로서의 불평등뿐 아니라 지역 불균등 발전 같은 좀 더 구체적인 불평등 유형과도 씨름해야 한다. 지역 불균등은 기본적으로 지역의 고립으로부터 발생하기 때문에 신고전학파 경제학으로 모형화하기 어렵지만, 신고전학파가 놓치고 있는 부분이 얼마나 되는지 통계적으로 설명할 수 있다. 영국은 세계에서 아홉 번째로 부유한 나라이고 런던은 북·서 유럽 내에서 가장 부유한 도시이지만, 반면 북·서 유럽에서 가장 가난한 지역 열 곳 중 아홉 곳이 영국에 있다.[47] 중앙은행과 정부의 경제 모형들은 일반적으로 총 인플레이션과 GDP, 실업률 등에만 초점이 맞춰져 있고, 이런 지역 불균형은 설명하지 않는다.

페미니스트 경제학도 신고전학파 경제학이 불평등한 젠더 관계를 공고히 다지는 역할을 하고 있다고 오랫동안 주장해왔다. 우리는 이미 GDP가 특정 방식으로 생산 활동을 정의함으로써 세계 전역에서 여성이 무보수로 수행하고 있는 돌봄 활동을 빠뜨리고 있음을 지적한 바 있다. 신고전학파의 경제 모형 역시 여성이 아이들을 돌봐야 한다는 기대와 같은 사회 규범과 권력 관계를 모르는 체하는 경향이 있고, 여성 스스로 그런 결정을 내린 것처럼 간주하여 남녀 간의 사회적 불평등을 은폐한다.[48]

이런 결점들 때문에 많은 경제학자들이 경제학이 불평등을 다루는 게 적절한지 의심한다. 노벨 경제학상을 받은 로버트 루카스는 '건전한 경제학에 해를 주는 것 가운데 가장 솔깃하면서도 독성이 강한 것은 분배 문제에 집중하는 경향이다'라고까지 말했다.[49] 로널드 레이건의 경제자문위원회 의장을 지냈던 마틴 펠드스타인도 비슷한 감정을 표현했다. '월가 사람들과 농구 선수들이 너무 많은 돈을 버는 것 아니냐고 누가 묻는다면, 내 대답은 아니라는 것이다.'[50] 경제를 바라보는 이런 단일한 시각의 뿌리가 너무 깊어서 경제학자들은 분배가 중요한 경제 문제라고 심지어 생각조차 하지 않을 것이다.

모든 경제학자가 이런 논리를 따르는 것은 아니지만, 기후 변화를 심각하게 받아들이는 사람들과 비슷한 맥락에서 불평등을 논하는 경제학자들은 종종 경제 모형 외부에서 그 이유를 찾는다. 폴 크루그먼에 따르면 경제학자들이 분배 문제를 회피하는 부분적인 이유 가운데 하나는 신고전학파 경제학 이론으로는 이 문제를 수학적으로 모형화하기 어렵기 때문이다.[51]

이를 모형화하기 위한 도구가 제2장에서 언급한 '대표 행위자' 이론인데, 이에 따르면 모든 모형에 오직 한 가지 유형의 사람만 존재하기 때문에 불평등을 효과적으로 모형화할 수 없다. 스턴이 환경 경제학에서 했던 것처럼 경제학자들이 이런 이슈를 해결하려면 스스로의 이론 체계를 뛰어넘어야 하는데, 대학의 커리큘럼 리뷰에서 살펴봤던 것처럼 미래의 경제학자들이 기존 이론 체계를 무비판적으로 받아들이도록 교육받고 있는 점이 우려스럽다.

모형화가 어렵다는 이유만으로 분배 문제를 피해서는 안 된다. 어떤 경제 시스템에서도 각각 다른 모습의 부의 분배가 이루어질 것이다. 분배 문제를 빼놓고 경제를 논의하자는 것은 분배는 중요하지 않으니 대신 좀 더 일반적인 성장이나 효율성에 초점을 맞추자고 암묵적으로 결론 내린 것과 같다.

불평등이라는 주제는 경제학이 제도적, 사회적, 정치적 분석에 기반을 둘 때 얼마나 많은 이득을 얻을 수 있는지를 잘 보여준다. 오늘날 불평등은 특정한 역사적 상황의 결과임이 밝혀졌으며, 불평등 연구는 부분적으로라도 역사를 다룰 수밖에 없다. 불평등은 사회 정치적 힘에 의해 영향을 주고받기 때문에, 순수한 '경제적' 현상으로만 연구할 수는 없다.

서구 국가들의 소득과 부의 불평등 추이를 600여 페이지에 담아낸 토마 피케티의 베스트셀러 『21세기 자본』은 역사를 이해하는 것이 경제를 이해하는 폭을 크게 넓힐 수 있음을 잘 보여준다. 피케티는 사실상 신고전학파 경제학에 뿌리를 둔 경제학자이지만,[52] 그의 연구 대부분은 사소한 변화가 시간이 지나면 어떻게 불평등을 증가시키며 기존 부유층의 지위를 굳혀 나가는지 역사적 사례를 통해 강조한다.[53] 피케티는 '역사상 부의 분배는 항상 순수한 경제 메커니즘이 아니라 정치 메커니즘에 의해 이루어졌다'고 주장했다.[54] 그가 제시한 1980년대 이후 영국의 기업 지배 구조 변화를 살펴보면 이사회가 합법적으로 주주 가치를 극대화해왔음을 알 수 있다. 반면 독일에서는 일반적으로 노동자 대표가 이사회에 참여하며, 주주 배당이나 임원의 급여가 지나치게 높지 않고, 소득 불평등 또한 영국이나 미국에 비해 심하지 않다.[55] 정치 메커니즘의 또 다른 사례로 특허권의 확장을 들 수 있는데, 이를 통해 컴퓨터 소프트웨어 형태의 아이디어만 가지고도 정부의 법적 보호를 받으면서 수익을 창출할 수 있게 되었다.[56]

이런 제도적 장치는 기본적으로 경제적 힘의 결과라기보다는 정치적 선택이며, 따라서 이런 제도를 만들어야 할 필요성이나 욕구가 뒷받침되어야만 불평등은 개선된다. 경제를 정치나 사회로부터 격리된 독자적 영역으로 보면, 불평등 문제를 이해하고 해결하기 위한 경제학자들의 능력은 제한될 수밖에 없다.

이들 세 가지 사례 연구는 우리의 경제적 사고를 신고전학파적 관점으로 불필요하게 제한하면 복잡한 사회 현실을 잘 이해하지 못할 수밖에 없으며, 이는 혁신적이고 지속가능하며 공정하고 안정적인 사회를 구축하기 어려울 수 있음을 의미한다. 우리는 이미 우리 사회의 미래를 결정할 복잡하고 도전적이며 긴급한 정치적 결정을 내려야 하는 과제에 직면해 있으며, 다원주의 경제학이 제공하는 광범위한 지식과 도구들은 보다 정확한 정보에 근거한 판단을 내리는 데 도움을 줄 수 있다. 이제부터 우리는 다원주의 경제학이 우리가 이런 결정을 내릴 수 있는 정치적 절차를 개선하는데 어떤 도움을 줄 수 있는지 보여줄 것이다.

신고전학파 경제학의 정치

경제학자 조앤 로빈슨이 '경제 문제의 해답은 오직 정치적 질문을 통해서만 찾을 수 있다'라고 지적한 것처럼 경제학과 정치의 관계는 밀접하다.[57] 지금부터 우리는 신고전학파 경제학의 사고방식이 어떻게 정치적 사고에 영향을 미치며, 정치 논쟁의 질을 약화시키는지 보여줄 것이다. 다원주의는 다양한 경제학적 사고방식을 제공함으로써 사람들이 스스로 의문을 제기하고 종종 당연하게 받아들여지는 문제를 정치적 논의의 영역으로 가져가게 만든다.

경제학이 본질적으로 우파의 학문이라는 소리를 듣는 것은 드문 현상이 아니다. 경제학에 대한 가장 일반적인 비판은, (신고전학파) 경제 이론이 1980년대 이래 세계를 지배하고 있다고 사람들이 믿고 있는 '자유 시장'이나 '신자유주의'적인 세계관을 지탱하고 있다는 것이다. 이런 세계관은 단순하게 말하자면, 시장 경제는 가능한 최상의 결과를 가져오며 규제나 재분배, 혹은 공공 프로그램 형태의 정부 개입은 상황을 악화시킬 뿐이라는 생각들로 이루어져 있다. 물론 경제학자들은 자신들이 정치적 편향을 가지고 있지 않으며, 이런 비판은 경제학 비판자들의 이데올로기일 뿐이라고 말한다.

학부 과정에서 배우는 신고전학파 경제 이론이 특히 최상의 시스템으로서의 시장과 자본주의를 그리고 있는 것은 사실이다. 예를 들어 학생들이 배우는 일반적인 수요-공급 분석에 따르면, 세금이나 임대차 규제, 최저임금 같은 정책은 상황을 악화시킬 뿐이며 시장만이 사회적 최적의 균형에 이를 수 있게 한다.

기본적인 거시경제학 이론도 비슷하다. '실물경제변동이론'(Real Business Cycle Theory, RBCT)에 따르면 높은 실업률은 합리적인 개인의 결정에 의한 것이며 따라서 문제가 되지 않는다. 즉, 노동자들은 일하지 않는 것을 선택했을 뿐이다. 이런 이론은 1930년대 대공황 같은 경기침체기를 '대 휴가'로 부르자는 것과 같다는 조롱을 받았다. 효율적 시장가설(Efficient Markets Hypothesis, EMH) 같은 금융경제이론 역시 금융시장이 모든 이용 가능한 정보에 신속히 적응하기 때문에 규제를 가할 필요가 없다(또는 할 수 없다)고 말한다. 이 이론은 2008년 금융 위기가 닥치기 전에 금융 부문의 규제 완화를 추진하는 이론적 근거로 작용했다.

경제학자들은 이런 이론이 심층 연구를 위해 개발된 기본 모델일 뿐이라고 주장하겠지만, 경제학을 더 깊숙이 공부하는 학생이 많지 않기 때문에 이들 이론은 학생들이 경제를 보는 기본적인 사고방식에 영향을 미칠 수밖에 없다. 경제학자 어데어 터너는 정책 입안자들이 '단순화된 사회적 통념의 노예'가 될 수 있다고 경고했다.[58] 대다수 경제학자들은 경제에 대한 이런 사고들이 신고전학파 경제학을 단편적으로 이해하는 데서 기인한다고 생각하겠지만, 학부 과정에서만 경제학을 공부한 이들이 결과적으로 특정 유형의 '자유 시장' 정책을 선호한다는 증거가 있다.[59]

다양한 시장 실패의 사례를 배우는 이들조차도 토론에서는 시장 친화적인 견해에 경도된다. 제2장의 미시경제학 설명에서 보았듯 '이상적인' 모형이 기준으로 채택되고 다양한 '마찰'이 추가되면서 시장 실패의 가능성이 생겨나기 때문이다. 다시 말해 '근본적'으로는 모든 것이 잘 작동하지만, 거래 비용이나 불완전한 정보를 비롯하여 어떤 이유에서든 부수적 문제들이 발생할 수 있다는 것이다. 완벽한 시장을 분석 기준으로 설정하고, 현실 세계가 이 기준에 부합하지 못하는 이유를 탐구하는 접근 방식은 비록 학생들이 시장 실패를 배우더라도 그들 사고 한 가운데에는 여전히 '완벽한 시장'이 놓여 있음을 의미한다. 완벽한 시장이 표준이고 시장 실패가 예외라면, 예외는 기각 될 수 있는 것이다.

그럼에도 불구하고 경제학에서는 연구자들이 특별한 정치적 견해를 가져야한다고 아무도 말하지 않는다. 신고전학파 경제학은 많은 정치적 견해를 정당화하기 위해 사용되는 열린 조직과 같다. 조사에 따르면 대학에 근무하는 대부분의 경제학자들이 차별 금지법과 공공 의료 및 교육 정책 등 일반적으로 '신자유주의'와 관련이 없는 정책을 지지했다.**60** 더군다나 기본적인 거시경제학 이론은 '재정 긴축'(정부 지출 삭감 및 증세)에 반대하고 '재정 부양책'(정부 지출 확대 및 감세)을 지지하면서, 우리 시대의 주요 정치 이슈 중 하나에서 정치적 좌파의 입장을 확고히 취하고 있다. 따라서 경제학자와 경제학을 단순히 '신자유주의적'이라거나 '자유 시장 근본주의자'로 규정하는 것은 맞지 않다.

우리가 볼 때 경제학의 핵심 문제 중 하나는 어느 한쪽의 견해를 지지하는 것이 아니라 정치적 논쟁의 틀을 어떻게 잡는가 하는 것이다. 우리는 종종 자유 시장이냐 국가 개입이냐, 자유냐 평등이냐, 민영화냐 공영화냐, 개인 책임이냐 사회적 연대냐, 좌파냐 우파냐 하는 식의 이분법을 가지고 정치를 바라본다. 신고전학파의 사고방식이 이런 이분법에 기여했다.

이것의 한 사례가 앞 장에서 논의한 시장에서의 정부 '개입'이라는 틀에 박힌 아이디어이다. 신고전학파는 시장을 자연 발생적인 기계적 시스템으로 여기며, 정부가 외부 엔지니어로서 이를 흔들거나 수정하려 해도 실패할 것이라고 말한다. 이는 '시장'과 '정부' 양 측면에서 모두 논쟁을 불러일으킬 수 있다. 결정적인 문제는 이 이론이 시장을 창출하는 정부의 중요한 역할을 무시하고 있다는 점이다. 시장에서 거래가 이루어지기 위해서는, 누가 무엇을 소유하고 있으며 그게 무슨 의미인지에 대한 규칙들이 존재하고 이 규칙들이 성문화되고 국가에 의해 강제되어야, 즉 소유권이 확립되어야 한다. 대부분의 거래는 고용계약이나 서비스 제공에 대한 약속, 혹은 유언장 같은 국가가 강제하는 계약을 통해 이루어진다. 각종 법률이 존재하기 때문에 우리는 이를 거의 의식하지 못한다. 가령 상인이 영수증을 발급하고 반품을 허용하도록 하는 법률에서부터 아동과 노예노동에 반대하는 법률, 투표

권과 신분증의 거래를 금지하는 법률에 이르기까지 많은 법률이 존재한다.[61] 스스로 주주권을 보호하고, 파산할 경우 회사 부채에 대한 유한 책임을 지도록 하며, 기업 지배구조를 정의하는 등의 법률이 없다면 기업은 우리가 아는 형태의 기업으로 절대 존재할 수 없다. 따라서 자유 시장과 국가 개입을 이분법으로 나누는 것은 잘못된 것이다.

대부분의 경제 논쟁은 누가 '정부'나 '시장'에 호의적이냐가 아니라 시장과 정부를 어떻게 구성하느냐에 관한 내용으로 이루어진다. 현존하는 시장 구조가 경제학의 논쟁 대상에서조차 배제되고 있다는 사실은 이 시스템을 못마땅하게 생각하는 이들이 경제학을 비판하는 주요 이유 중 하나이다. 일반적으로 경제학자들의 사고방식 속에는 기존 시스템에 대한 근본적인 비판이 결여되어 있다. 따라서 정치 논쟁은 신고전학파의 프레임에 맞춰질 수밖에 없으며 많은 주제들은 논쟁 테이블에서 밀려난다.

기본적으로 정치 경제에 대한 개인의 견해는 자신이 지지하는 경제학 이론의 영향을 받으며, 다른 관점에 대한 지식이 없다면 결과는 일방적일 수밖에 없다. 장하준 교수는 시장의 '작동' 여부에 대한 판단은 어느 학파에 속해 있느냐에 따라 달라진다고 지적했다.

> 시장 실패를 어떻게 보느냐는 문제는 경제학 이론에 따라 달라진다. 신고전학파 경제학자들에게 독점은 비정상적이며 규제해야 할 현상이다. 반면 하이에크 혹은 특히 슘페터에게 독점은 누군가가 혁신에 성공했기 때문에 나타난다는 점에서 시장이 실질적으로 성공하고 있다는 신호이다. 슘페터주의자들에게 독점의 결여는 아무도 혁신에 이르지 못했다는 의미에서 경제 침체의 신호이다.

신고전학파 이론에 대한 비판은 그러므로 모든 정치적 스펙트럼에서 존재한다. 하이에크 같은 오스트리아학파 경제학자들 또한 많은 교과서가 다루는 '시장 실패'의 모습이 현실 경제에서는 나타나지 않기 때문에 신고전학파 경제학으로는 경제를 이해하기 어렵다고 주장했다.[62] 한편 마르크스주의 경제학자들은 효율성과는 별개로 시장의 사회적 관계 자체를 용인할 수 없다고 지적할 수 있다. 제도론자들은 '시장'이 적절한 분석 대상이라는 생각에 이의를 제기할 수 있으며, 기업의 내부 역학에 집중하는 것을 선호한다.[63] 모든 것을 단일한 기계적 '관념'에 맞추는 접근법으로는 시장의 장단점을 다양한 관점에서 심도 깊게 조사할 수 없다.

다원주의는 경제학의 이해를 확장할 뿐 아니라, 현재의 정치적 이분법이 복잡한 정치 문제를 지나치게 단순화시키고 심도 깊은 정치 논쟁의 가능성을 약화시킨다는 점을 보여준다. 사람들이 경제를 보는 다양한 시각을 갖게 된다면 정치 토론장의 관전자로만 머물러 있지는 않을 것이다. 이를 통해 좋아지는 것이 있다면, 바로 민주주의이다.

다원주의와 이코노크러시

지금까지 우리는 경제학의 다원주의를 위해 서로 다르면서도 중첩된 논의들을 살펴봤다. 다원주의는 다음 세대의 경제 전문가들이 단 하나의 관점만을 주입당하지 않기 위해서도 필요하다. 다원주의 경제학자들은 복잡하고 변화하는 사회에 대한 폭넓고 정확한 이해를 가지고 있으며, 하나의 특정 사고방식이 가지는 단점을 잘 인지하고 있다. 학문으로서 다원주의 경제학은 개방적이고 다양성을 추구하며 사회를 반영한 학문이기 때문에, 우리 사회가 당면한 주요 도전 과제를 이해하고 해결하는 데 더 적합하다. 또한 개개인 경제 주체들에게 경제학이 어떻게 정치적 선택과 논쟁의 틀을 만들어 가는지 더 잘 알 수 있게 해준다.

제1장의 논의로 돌아가서, 중요한 것은 경제학의 다원주의가 실현될 경우 이코노크러시로 변한 현대 사회에 어떤 영향을 끼칠 수 있는지 묻는 것이다. 우리의 답은 다원주의가 이코노크러시의 몇몇 중심 기반에 이의를 제기할 것이며, 활기찬 민주주의로 나아가는 길을 열어 주리라는 것이다. 다원주의는 경제학의 특성상 전문가들의 중립적인 의사결정이 불가능하다는 점을 보여줌으로써 경제 의제의 의사결정을 정치의 몫으로 되돌려놓을 것이다. 그리고 지금까지 살펴본 것처럼 경제를 사회의 다른 분야와 분리해서 사고하던 20세기가 막을 내린 뒤 경제학이 정치 및 사회와 다시 연결되는 기반을 닦을 것이다.

넓은 의미에서, 테크노크라트들이 다른 경제학파의 사고방식을 접할 수 있다면 경제를 측정, 예측하고 미세 조정하는 능력을 키울 수 있다. 진화 경제학은 예측하기 힘든 상호 의존적인 복잡한 시스템으로 경제를 개념화한다.[64] 포스트 케인스학파 경제학은 신상품이나 비즈니스의 성공처럼 확률을 부여할 수 없는 미지의 영역으로 미래의 '근본적인 불확실성'을 강조한다.[65] 오스트리아학파는 개인의 지역적 지식과 선호를 중요시하는데, 이는 본질적으로 이코노크러시의 탑-다운 방식의 중앙 집중화된 의사 결정 방식으로는 알 수 없는 것이다.[66] 다원주의 경제 전문가라면 스스로 '최적의 정책'을 고르기보다는 정치인과 시민에게 좀 더 겸손한 조언을 구해야 한다는 것을 알고 있다.

다원주의 경제학에서는 경제를 이해하려면 사회적 토대부터 이해해야 한다고 말한다. 신고전학파의 사고방식은 경제 전문가들이 정치와 제도, 문화적 맥락으로부터 '경제'를 분리시킬 수 있으며, 따라서 역사나 윤리, 현실로부터 발생하는 혼란을 피할 수 있다고 믿는다.

그러나 이러한 맥락과 무관한 '경제'는 존재하지 않는다. 인플레이션 통계를 내면서 주택 가격을 포함할지 말지 결정하는 간단한 선택조차 경제 상황 파악에 도움을 줄 수 있다. 주택 가격은 대부분의 중앙은행이 사용하는 인플레이션 지표에 포함되어 있지 않지만, 2008년 이전에 포함되었더라면 주택시장에서 버블이 발생하고 있음을 정책 입안자나 대중들이 분명하게 알았을 것이다. 이로 인해 정책이 바뀌었을 수도 있다. 정치적 결정이란 경제가 무엇이며 어떻게 작동해야 하는지를 판단하는 것이며, 이는 경제학 이론 뒤에 숨어서가 아니라 공개 토론의 영역으로 끌어올려서 행해야 한다.

다원주의 경제학은 경제를 보는 다양한 시각을 통해 경제가 사회 외부에 존재하는 것이 아니라는 점을 강조한다. 이것이 중요한 핵심이다. 우리가 경제라고 부르는 것은 보편적인 존재가 아니라 특정 형태의 사회 조직에 대한 설명일 뿐이며, 항시 다른 것으로 바뀔 수 있다. 이는 경제를 정의하는 것과 경제의 성공 여부, 경제를 조직하는 방식에 이르기까지 모든 것이 정치 이슈라는 점을 다시 한 번 보여준다.

신고전학파 경제학이라는 하나의 사고방식이 학문과 정치 담론을 지배하게 되면, 결국 정치적 선택은 그 틀 속에서 이루어질 수밖에 없다. 신고전학파 경제학은 우리가 제기한 경제 논쟁을 회피해왔는데, 이는 경제를 운영하는 사람들이 사회의 가장 중요한 이슈들을 다루지 못한다는 것을 뜻한다. 대안은 막혀 있고, 이론은 한계가 뚜렷하다. 경제학의 다원주의는 다른 방식의 정치를 위한 초석이다. 이제부터 우리는 신고전학파 경제학의 독점이 어떻게 생겨났으며 거기에 어떻게 도전할 수 있는지 살펴보고, 마지막 장에서 민주주의를 되살리는 문제로 돌아갈 것이다.

주

1 Oxford Dictionaries, 온라인 출간. 다음을 참조하라. http://www.oxforddictionaries. com/definition/english/pluralism

2 이 장은 앨런 프리먼과 기타 오랜 다원주의자들의 연구에 크게 의지하고 있다. 그들에 게 감사하며. 자세한 내용은 다음을 참조할 것. Alan Freeman, 'The economists of tomorrow: the case for a pluralist subject benchmark statement for economics', *International Review of Economics Education* 8(2) (2009): 23-40p.

3 Quoted in Edward Fullbrook, 'To observe or not to observe: complementary pluralism in physics and economics', *Real-World Economics Review* 62(4) (2012): 20-28p.

4 여러 학파의 관점을 짧게 정리하다보면 지나친 단순화에 따른 오해가 필연적으로 발생 할 수 있다. 또 표에는 허버트 사이먼을 비롯한 전형적인 행동주의자들, 두 종류의 제도 경제학('구제도학파'와 '신제도학파'), 독일 역사학파 등 다른 많은 학파들이 빠져 있다. 우리 가 이 분류표를 선택한 이유는 경제를 바라보는 다양한 관점들이 강조되어 있으며, 제외 된 학파들의 견해 또한 많은 부분이 반영되어 있다고 생각하기 때문이다. 예를 들어, 진 화경제학의 '사람들은 "현명하게" 행동하지만 "최적의" 행동을 하지는 않는다'는 아이 디어는 사이먼의 '제한적 합리성' 이론과 매우 흡사하다. Herbert A. Simon, *Models of Bounded Rationality*, Cambridge, MA: MIT Press, 1997. 또한 이들 관점들이 서로 경 쟁하거나 배타적이지 않다는 점도 주목할 필요가 있다. 예를 들어, 페미니스트 경제학은 금융 위기가 '남성의 금융 지배와 관련이 있으며, 성별에 따라 그 영향이 다르게 나타났 다'는 점을 강조했는데, 이런 관점은 금융 위기가 '기업의 집중 및 부실한 금융 규제와 관 련되어 있다'는 제도학파의 견해와 완벽하게 일치한다. 이 표를 통해 우리가 말하려는 것 은 여러 관점 중 하나를 선택해야 한다는 것이 아니라, 각각의 관점마다 경제학의 이해를 넓힐 수 있는 특별한 초점과 도구, 통찰력이 있다는 것이다.

5 다수 대학의 학생들이 이런 경험을 전했다.

6 러셀 그룹은 24개 대학으로 구성되어 있지만, 임페리얼 칼리지 런던은 학부 과정에서 곧 바로 경제학 학위를 수여하지 않는다.

7 John Kay, 'We can reform the economics curriculum without creating new

disciplines', 2015. 4. 15. 다음을 참조하라. https://www.johnkay.com/2015/04/15/
we-can-reform-the-economics-curriculum-without-creating-new-disciplines

8 저명한 경제학자 라즈 체티는 경제학자들이 이런 질문에 대한 해답을 갖고 있지 않
다고 공개적으로 인정했다. 다음을 참고할 것. Raj Chetty, "Yes, economics is a
science", *New York Times*, 2013. 10. 20. 다음을 참조하라. http://www.nytimes.
com/2013/10/21/opinion/yes-economics-is-ascience.html

9 게리 베커는 신고전학파 경제학의 최적 배분 모형을 가족에게 적용하려고 시도한 최초이
자 가장 저명한 경제학자였다. 그에 따르면 결혼은 이를 통해 개인의 소비를 늘릴 수 있
기 때문에 이루어지며, 일단 결혼하면 가사 책임자가 전체 자원을 배분한다. 가족에 대한
전망이 빅토리안 시대에서 벗어났다는 점은 분명하지만, 이 접근법은 페미니스트 경제학
이 강조하는 가정 내 생산의 근본적인 역할을 배제하는 대신 개별 소비 측면의 설명을 통
해 가족을 신고전학파적인 분석에 억지로 끼워 맞추고 있다. 다음을 참고할 것. Gary S.
Becker, *A Treatise on the Family*, Cambridge, MA: Harvard University Press, 1981.

10 Marilyn Waring, *If Women Counted: A New Feminist Economics*, San Francisco:
Harper & Row, 1988.

11 최초의 주장은 니콜라스 칼도어의 다음 책을 참고할 것. Nicholas Kaldor, *The Scourge
of Monetarism*, Oxford: Oxford University Press, 1982. 또한 현대적 이론은 다음
을 참고할 것. Marc Lavoie, "A primer on endogenous credit-money", in Louis-
Philippe Rochon and Sergio Rossi, *Modern Theories of Money: The Nature and
Role of Money in Capitalist Economies*, Cheltenham: Edward Elgar, 2003, 506 -
543p.

12 영국은행은 2014년 분기 보고서에서 화폐는 민간은행에서 만들어진다는 내용의 마이
클 맥리 등 3인이 공동 집필한 원고를 게재했다. Michael McLeay, Amar Radia and
Thomas Ryland, "Money creation in the modern economy", *Bank of England
Quarterly Bullet, Q1 2014*. 다음을 참조하라. http://www.bankofengland.co.uk/
publications/documents/quarterlybulletin/2014/qb14q1prereleasemoneycreation.
pdf

13 NAIRU에 대한 설명은 다음을 참고할 것. Laurence Ball and Gregory N. Mankiw,
"The NAIRU in theory and practice", *Journal of Economic Perspectives* 16(4) (2002):
115-136p.

14 다음을 참고할 것. Karl Marx, *Capital Vol. I-Chapter Twenty-Five*, 1867 [online].

다음을 참조하라. https://www.marxists.org/archive/marx/works/1867-c1/ch25.htm#S3.

15 앨빈 로스와 로이드 섀플리는 매칭 이론의 업적을 인정받아 2012년 노벨 경제학상을 받았다.

16 이 말은 금리가 상승하면 인플레이션이 감소하며, 그 반대도 마찬가지라는 것을 뜻한다.

17 Ben Bernanke, 'Deflation: making sure it doesn't happen again', 연설, National Economists Club, Washington DC, 2002. 다음을 참조하라. http://www.federalreserve.gov/boarddocs/speeches/2002/20021121/default.htm

18 Robert E. Lucas, 'Macroeconomic priorities', *American Economic Review* 93(1) (2003): 1–14p.

19 Olivier Blanchard, 'The state of macro', *NBER Working Paper* no. 14259, 2008.

20 금융 위기에 대한 해설은 다음을 참고할 것. John Lanchester, *Whoops! Why Everyone Owes Everyone and No One Can Pay*, London: Allen Lane, 2010, Yves Smith, *ECONned: How Unenlightened Self Interest Damaged Democracy and Corrupted Capitalism*, New York: Palgrave Macmillan, 2010, Adair Turner, *Between Debt and the Devil*, Oxford: Princeton University Press, 2015.

21 2006년 영국은행 총재는 '기타 금융회사들의 괄목할 성장은 사실 … 통계 전문가들이 이 기업들을 "기타 금융기관"으로 분류한 것에서 비롯되었다'고 보고했다. 이는 이렇게 단순한 (모호한) 규정 하나가 규제 당국의 경제를 보는 방식을 완전히 바꿀 수 있는지 보여주는 명확한 사례이다. 다음을 참고할 것. Gillian Tett, 'Economists' tribal thinking', *The Atlantic*, 2015. 9. 1. 다음을 참조하라. http://www.theatlantic.com/business/archive/2015/09/economists-tribalthinking/403075/

22 이런 사례 중 하나가 제1장에서 소개한 블랙-숄즈 모형인데, 이 이론은 1987년, 1999년 및 2008년 금융 위기와 관련된 인상적인 기록을 가지고 있다. 다음을 참고할 것. Tim Harford, 'Black-Scholes: the maths formula linked to the financial crash', BBC, 2012. 다음을 참조하라. http://www.bbc.co.uk/news/magazine-17866646

23 Andrew Haldane, 'The revolution in economics', foreword to the Post-Crash Economics Society Report *Economics, Education and Unlearning: Economics Education at the University of Manchester*, 2015. 4. 3-6p. 다음을 참조하라. http://www.post-crasheconomics.com/economics-education-and-unlearning/

24 베슬리와 헤네시의 답신은 다음을 참고할 것. http://www.feed-charity.org/user/

image/besley-hennessy2009a.pdf

25 Robert Solow, 'Dumb and dumber in macroeconomics', Joe Stiglitz의 60번째 생일 기념 모임. 2013. 10. 25. 다음을 참조하라. http://textlab.io/doc/927882/dumb-and-dumber-in-macroeconomics-robert-m.-solow-so, Paul Krugman, 'How did economists get it so wrong?', *New York Times*, 2009. 9. 2. http://www.nytimes.com/2009/09/06/magazine/06Economic-t.html?pagewanted=print.

26 Hyman P. Minsky, 'The Financial Instability Hypothesis', *Levy Economics Institute Working Paper* No. 74, 1992.

27 Paul Krugman, 'Why weren't alarm bells ringing?', *The New York Review of Books*, 2014. 10. 23. 다음을 참조하라. http://www.nybooks.com/articles/2014/10/23/why-werent-alarm-bells-ringing/

28 이에 관해서는 다음을 참고하라. Dirk Bezemer, *No One Saw This Coming. Understanding Financial Crisis through Accounting Models*, University of Groningen, Research Institute SOM (Systems, Organisations and Management), 2009, James K. Galbraith, 'Who are these economists, anyway?', *The NEA Higher Education Journal* (2009년 가을)

29 Art Rolnick, 'Interview with Thomas Sargent', Federal Reserve Bank of Minneapolis, 2010. 다음을 참조하라. https://minneapolisfed.org/publications/the-region/interview-with-thomas-sargent

30 Timothy Cogley and Thomas J. Sargent, 'The market price of risk and the equity premium: a legacy of the Great Depression?', *Journal of Monetary Economics* 55(3) (2008): 454-476p. 경제학 교육의 개혁을 호소한 조나단 알드레드(Jonathan Aldred)의 논문('Reforming economics education: assessing the mainstream response')에서 재인용했다.

31 Naomi Oreskes, 'Beyond the ivory tower: the scienti c consensus on climate change', *Science* 306(5702) (2004): 1686p.

32 다음을 참조하라. http://www.fund-model.org/

33 환경 경제학은 미국의 이산화황 배출 허용을 둘러싼 시장 창출처럼 기후 변화보다는 좀 더 구체적인 환경 문제에 대해 효과적 일 수 있다. 다음을 참조하라. Roger Backhouse, *The Puzzle of Modern Economics: Science or Ideology*, New York: Cambridge University Press, 2010, 22 – 23p.

34 Roger Perman, Yue Ma and James McGilvray, *Natural Resource and Environmental Economics*, London: Longman, 1996, 411–454p.

35 이런 리스크 추론이 불합리하다는 것은 쉽게 보여줄 수 있다. 예를 들어 테드의 사망 위험을 100 파운드 당 1000분의 1 증가한 것으로 본다면, 1만 파운드에서는 10분의 1이 증가하며, 10만 파운드에서는 확실하게 사망한다고 봐도 되는가? 기후 변화 분석이 추정 값을 다른 맥락으로 적용함으로써 비약을 만들어내는 일은 빈번하다. 이것은 조나단 알드레드가 환경에 비용편익분석을 적용한 니콜라스 스턴을 비판한 논증의 한 방식이다. 자세한 것은 다음을 참조하라. Jonathan Aldred, 'Ethics and climate change cost-benefit analysis: Stern and after', *Environmental Economy and Policy Research Discussion Paper Series*, 2009.

36 Frank Ackerman and Elizabeth A. Stanton, *Climate Economics: The State of the Art*, report, Stockholm Environment Institute-US Center, 2011, 73-104p.

37 Nicholas Stern, *Stern Review: Report on the Economics of Climate Change*, report, HM Treasury, 2006, vi.

38 Richard Tol, 'Bogus prophecies of doom will not fix the climate', *Financial Times*, 2014. 3. 31. 다음을 참조하라. https://next.ft.com/content/e8d011fa-b8b5-11e3-835e-00144feabdc0.html

39 과학자들은 《파이낸셜 타임스》 지면을 통해 이런 내용의 회신을 톨에게 보냈다. Cameron Hepburn, 'Incomplete climate models lead to complacency', *Financial Times*, 2014. 4. 1. 다음을 참조하라. https://next.ft.com/_anon-opt-in/cms/s/0/d54c0de6-b8e2-11e3-835e-00144feabdc0.html

40 Nicholas Stern, 'Economics: current climate models are grossly misleading', *Nature* 530(7591) (2016): 407-409p.

41 다음을 참조하라. Mark Buchanan, 'Economists are blind to the limits of growth', *Bloomberg View*, 2014. 10. 5. 다음을 참조하라. http://www.bloombergview.com/articles/2014-10-05/economists-are-blind-to-the-limits-of-growth

42 Herman E. Daly, *Ecological Economics and the Ecology of Economics: Essays in Criticism*, Northampton, MA: Edward Elgar, 1999.

43 The Equality Trust, 'How has inequality changed?', 2016. 다음을 참조하라. https://www.equalitytrust.org.uk/how-has-inequality-changed

44 John Gapper, 'Capitalism: in search of balance – FT.Com', *Financial Times*, 2013.

12. 23. 다음을 참조하라. http://www.ft.com/cms/s/0/4a0b8168-6bc0-11e3-a216-00144feabdc0.html#axzz46k4tODTg

45 Amartya Sen and James E. Foster, *On Economic Inequality*, Oxford: Clarendon Press, 1997, 16p.

46 사회적 후생 함수에 대한 더 포괄적인 비판은 다음을 참조하라. Peter Self, *Econocrats and the Policy Process*, London: Macmillan, 1975, 14 - 25p.

47 *the poorest regions of the UK are the poorest in North-West Europe*, Inequality Briefing, 2016, 43p 요약. 다음을 참조하라. http://inequalitybriefing.org/brief/briefing-43-the-poorest-regions-of-the-uk-are-thepoorest-in-northern-

48 'The thinking behind feminist economics', *The Economist*, 2015. 10. 20. 다음을 참조하라. http://www.economist.com/blogs/economist-explains/2015/10/economist-explains-17

49 Robert E. Lucas, '2003 annual report essay - the Industrial Revolution: past and future', *Federal Reserve Bank of Minneapolis*, 2003.

50 Alexander Stille, 'Grounded by an income gap', *New York Times*, 2001. 12. 15. 다음을 참조하라. http://www.nytimes.com/2001/12/15/arts/15GAP.html?pagewanted=all

51 Paul Krugman, 'Economists and inequality', *New York Times*, 2016. 1. 8. 다음을 참조하라. http://krugman.blogs.nytimes.com/2016/01/08/economists-and-inequality/

52 피케티 스스로 우리와 비슷한 이유로 경제학 교과과정을 비판했으며 경제학 다원주의를 위한 국제 학생 계획(ISIPE)의 성명서에 서명하고 경제 다원주의를 지지했다. 다음을 참조하라. http://www.isipe.net/supportus/

53 경제학자 토니 앳킨슨 또한 최근 많은 부분에서 신고전학파 경제학의 방법론을 취하고 있으면서도 실제 정책이 불평등에 어떤 영향을 미치는가에 대한 구체적인 사례 연구를 담은 탁월한 저서를 출간했다. 나아가 앳킨슨 스스로 직업으로서의 경제학과 불평등에 관한 경제학의 접근 방식을 비판하면서, 불평등 연구가 경제학 연구의 중심 주제가 되어야 한다고 말했다. 다음을 참조하라. Tony Atkinson, *Inequality: What Can Be Done*, Cambridge, MA: Harvard University Press, 2015.

54 Thomas Piketty(토마 피케티), *Capital in the Twenty-First Century*(21세기 자본), Cambridge, MA: Harvard University Press, 2014, 35p.

55 다음을 참조하라. https://en.wikipedia.org/wiki/List_of_countries_by_income_equality.

56 John D. Wisman, 'What drives inequality?', Working Papers, American University, Department of Economics, 2015.

57 Joan Robinson, *Collected Economic Papers Volume II*, Oxford: B. Blackwell, 1951, iv.

58 어데어 터너의 말은 '어떤 지적 영향력으로부터도 자유롭다고 믿고 있는 실용주의자일 지라도 사실은 이미 죽은 경제학자의 노예이기 일쑤이다'라는 존 메이너드 케인스의 경구를 재인용한 것이다. 다음을 참조하라. John M. Keynes, *The General Theory of Employment, Interest and Money*, New York: Harcourt, Brace & World, 1936, 383-384p.

59 다음을 참조하라. Sam Allgood, William Bosshardt, Wilbert van der Klaauw and Michael Watts, 'Is economics coursework, or majoring in economics, associated with different civic behaviors?', *The Journal of Economics Education* 43(3) (2012): 248-268p.

60 Daniel B. Klein and Charlotta Stern, 'Is there a free-market economist in the house? The policy views of American Economic Association members', *American Journal of Economics and Sociology* 66(2) (2007): 309 - 334p.

61 Ha-Joon Chang(장하준), *23 Things They Don't Tell You About Capitalism*(그들이 말 하지 않는 23가지), New York: Bloomsbury, 2011, 8 - 10p.

62 Daniel F. Spulber, *Famous Fables of Economics*, Malden, MA: Blackwell Publishers, 2002.

63 William Lazonick, *Business Organization and the Myth of the Market Economy*, Cambridge: Cambridge University Press, 1991, John Kenneth Galbraith, *The New Industrial State*, Boston: Houghton Mifflin, 1967.

64 Jason Potts, *The New Evolutionary Microeconomics*, Cheltenham: Edward Elgar, 2000.

65 포스트 케인스학파의 불확실성 개념에 대해서는 페르난도 페라리 필리오(Fernando Ferrari-Filho)와 옥타비오 콘세이상(Octavio Conceicao)의 다음 논문을 참조하라. 'The concept of uncertainty in post-Keynesian theory and in Institutional Economics', *Journal of Economic Issues* 39(3) (2005): 579 - 594p.

66 Friedrich A. Hayek, 'The use of knowledge in society', *American Economic Review* 35(4) (1945): 519–530p.

경제학의 영혼을 지키기 위한 투쟁

단 하나의 학파가 현대의 경제사상을 지배하고 있으며, 이로 인해 수많은 사회 문제를 다뤄야 하는 경제 전문가의 능력은 심각한 제한을 받는다. 경제 전문가들의 직업적 양심 깊은 곳에는 이 유일한 학파에 대한 믿음이 존재한다. 예를 들어, 2014년 노벨 경제학상 수상자 장 티롤은 '학계와 … 연구자들에게 단일한 과학적 평가 기준을 부여하는 것이 중요하다'고 말했다.[1] 독점을 비판하는 경제학자들(특히 티롤의 연구가 바로 이 주제에 맞춰져 있다[2])조차 이를 적합하고 적절하다고 여길 것이다. 따라서 신고전학파 경제학이 우수하기 때문에 학계를 지배했다는 관념을 깨부술 수 있는 내러티브를 제시하는 것이 중요하다. 사실 앞 장에서 보았듯, 신고전학파 경제학은 여러 면에서 위기에 처해 있다.

이번 장에서는 신고전학파 경제학이 어떤 과정을 거쳐 지배적인 학문이 되었는지 추적해보겠다. 우선 지금과는 전혀 다른 도덕철학에서 출발했던 경제학이 어떻게 경제학자들이 '공식적으로' 모형화라고 부르는, 우리가 봤던 특별한 수학적 모형에 초점을 맞춘 균일하고 협소한 학문으로 발전했는지 살펴볼 것이다. 그런 다음 경제학이 어떻게 특정한 제도의 발전을 활용하여 다른 의견을 배제하고 자신의 위상을 확보했는지 보여줄 것이다. 우리의 연구는 영국 사례에 국한하고 있지만, 많은 자료들이 문서화되어 있기 때문에 다른 나라에서도 비슷한 사례를 발견할 수 있을 것이다.[3]

경제학이 금융 위기를 예측하거나 해명하는 학문으로서 실패했을 뿐 아니라 사회의 가장 시급한 문제들과도 제한적으로만 관련되어 있다는 사실은 반드시 짚고 넘어가야 한다. 이번 장의 결론 부분에서 우리는 학생 스스로 경제학을 개혁하도록 어떤 설득 작업을 벌이고 있는지 보여줄 것이다. 경제학의 영혼을 지키기 위한 현대의 투쟁이 세계 곳곳의 대학들에서 벌어지고 있다.

이코노크러시의 부상과 함께 학문으로서의 경제학이 배타적으로 변해가는 현상은 역사적으로 우연이 아니다. 경제에 대한 유니크한 통찰력을 제공하는 단일한 통합 이론 체계를 제시함으로써 경제학자들은 스스로 거대한 권력의 자리를 차지했다. 정치인과 정책 입안자들에게 경제학은 복잡하고, 가치 있고, 윤리적으로 도전적이고, 불확실한 결정을 옳고 그름이 분명한 기술적 퍼즐로 바꿔내는 매력을 제공한다. 이런 파사드 경제학을 유지하기 위해서는, 신고전학파 경제학에 근본적인 도전장을 던지고 경제학의 과학적 진리를 훼손하는 대안 학파의 학자들을 배제해야 한다. 장기적으로 볼 때 이런 것들이 학문의 발전, 그리고 경제학이 변화하는 세계에 적응하는 것을 방해한다. 지금부터 우리는 경제학이 어떻게 막다른 골목에까지 이르게 되었는지 보여줄 것이다.

통합 학문의 꿈

완벽한 경제학자는 남다른 재능을 겸비해야 하는데… 수학자인 동
시에 역사가요, 정치가여야 하며 때로는 철학자이기도 해야 한다.
상징을 이해하고 말로 표현해야 하며… 미래에 지향할 목적을 위해
과거의 경험으로 현재를 연구해야 한다. 인간의 본성이나 사회 규
범 중 아주 작은 일부라도 관심의 대상에서 빠뜨려서는 안 된다.

존 메이너드 케인스, 1924[4]

행동 극대화와 안정 선호, 시장 균형에 대한 복합적 가정들이 끊임
없이 활용되었는데, 내가 볼 때 이것이야말로 경제학적 접근법의
핵심을 이루는 것이다.

게리 베커, 1976[5]

위 인용문은 경제를 이해하려면 무엇이 필요한가에 대한 두 가지
상반된 견해를 대표한다. 지난 수 세기 동안, 특히 과거 수십 년에 걸쳐
경제학을 지배한 견해는 후자였다. 경제학은 균질화를 지향하고 침묵
으로 반대 견해를 배제하는 위험한 경향을 드러냈고, 이 결과는 앞의
두 장에서 설명한 단일한 패러다임으로 이어졌다.

경제사상의 뿌리를 생각하면 이런 견해를 가진 경제학의 지배 현상
은 여러 면에서 놀랍다. 경제학이라는 학문은 일반적으로 애덤 스미스
의 『국부론』이 발간되면서 탄생했다고 보는데, 이때가 시장 경제의 태
동기였다는 점은 우연이 아니다. 스미스는 가격과 수요 공급의 메커니
즘 속에는 전체 사회를 아우르는 예측 가능한 법칙이 내재되어 있다고

주장한 최초의 사람 중 하나였다. 가장 널리 회자되는 스미스의 언급은, 모두가 자기 이익에 따라 행동하더라도 마치 사회가 '보이지 않는 손'으로 인도되는 것처럼, 경쟁은 가격을 낮추고 부의 생산을 위한 가장 효율적이고 효과적인 시스템으로 이끈다는 것이다.[6]

일반적으로 스미스가 경제적 인간(homo economicus)이라는 개념을 창안했다고 간주하지만, 경제학은 오랜 기간 인간을 합리적이고 이기적인 존재로 그려왔으며, 『국부론』은 추상적이고 형식적인 책이 아니라 상세한 설명을 담은 텍스트이다. 더구나 전작 『도덕감정론』(Theory of Moral Sentiments)에서 스미스는 단순한 이기심을 넘어서 인간의 본성을 훨씬 더 복합적으로 이해해야 한다고 주장했다.[7] 그는 시장 경제를 옹호했지만, 반복적인 노동[8]의 폐해를 비판하고 기업가들의 만남이 흔히 '대중에 대한 음모'로 끝난다면서, 시장 경제의 결점에 맞서 싸울 준비 또한 되어 있었다.[9]

19세기까지 경제학은 '정치 경제학'으로 지칭되었다. 스미스나 칼 마르크스, 존 스튜어트 같은 당대의 위대한 경제학자들에게 경제학은 경제사상이라는 거대한 몸통에서 분리해내거나 단순하게 추상화할 수 없는 도덕철학이었다. 그래서 밀은 시장의 '법칙'에 초점을 맞추었고, 마르크스는 자본주의가 변덕스럽고 비참한 이유를 '과학적'으로 보여주었다고 믿었지만, 그들의 연구 방식은 많이 달랐다. 마르크스는 권력과 수입의 분배 및 불안정을 분석하는 것에 집중했다. 경제학자이면서 철학자였고 사회비평가이기도 했던 밀은 경제가 정치나 사회와 분리될 수 없다는 사실에 주목했다.[10]

경제학의 근본적인 개방성과 다양성에 대한 인식은 학문 분야가 전문화되면서도 지속되었다. 1891년 영국경제학회(현재 왕립경제학회)가 발행한《이코노믹 저널》의 창간호는 다음과 같은 문장으로 시작한다.

> 영국경제학회는 모든 학교와 정당에 열려 있으며, 어떤 사람도 자신의 견해 때문에 배척받지 않는다. 학회가 발행하는《이코노믹 저널》또한 비슷한 관용 정신으로 운영될 것이다. … 정반대로 부딪히는 주장들이 공정한 방식으로 지면에서 다뤄질 것이며… 과학적 조사로 얻은 결과가 아닌 이상 그 어떤 방법도 용인하지 않겠다.[11]

대서양 너머 미국경제학회(American Economic Association, AEA)●의 설립 헌장에는 '경제학 연구의 장려, 특히 경제적 삶의 현실 조건에 대한 역사적 연구'뿐만 아니라 '경제학 토론의 완벽한 자유를 옹호함'이라는 문구가 포함되어 있다. '학회는 어떤 당파적 태도도 취하지 않[았고], 당면한 경제적 문제에 관해 회원들에게 어떤 견해도 강요하지 않[았다].'[12] 1901년 AEA 총무는 초창기 학회가 두 그룹으로 어떻게 나뉘었는지 묘사했는데, 그중 하나는 '자유방임주의에 반대하는 선전가들의 집단을 만들고 싶다'는 것이었고, 다른 하나는 '어떤 형태의 선전에도 반대한다'는 것이었다. 그는 후자가 승리했으며, 그 결과 학회는 '토론의 완전한 자유와 가능한 모든 다양한 개인 견해를 수용하는 공간을 갖춘 순수 과학단체'로 유지돼야한다고 제안했다.[13]

하지만 이는 경제학자들에게 한 가지 과제를 던져주었다. 다양한 경제학이 공존하던 초창기 경제학은 경제학자들이라면 당연하게 여기는 존경 받고 권력을 누리는 위치에 있지 못했다. 1902년 경제학자 어

● 국내에서는 '전미경제학회'로 부르는 경우가 많다.

빙 피셔는 '경제학자들의 영향력이 너무 적다. 그들은 공개적인 질문에 입을 다물고, 자신의 의견을 말할 때조차 존중받지 못하고 있다'며 고민을 토로했다.[14] 피셔는 경제 담론의 과학적 성격과 정책 가이드로서의 경제 이론의 엄격함을 설명하기 위해 경제학자들이 대중과 정치인들에게 경제학의 기본 원칙을 알릴 필요가 있다고 느꼈다.[15] 경제학자들은 정책 담당자들이 학술 토론보다는 명확하고 권위 있는 답변을 원한다는 것을 깨달았다. 윈스턴 처칠은 '두 명의 경제학자를 한 방에 집어넣으면 두 가지 견해를 얻을 수 있다'는 말로 이를 요약했다.[16]

경제학은 처칠의 낭패를 덜어줄 방법을 이미 개발 중이다. 권위 있는 지적 공동체를 형성하는 핵심은 해당 지식에 대한 뚜렷한 정체성을 개발하여 그 경계를 설정하고, 실천의 옳고 그름을 평가하며, 구성원의 자격 조건을 정의하고, 지속성을 확보하는 것이다. 이는 학회, 저널, 컨퍼런스, 대학원 연수 프로그램, 교수와 학과 순위 등을 통해 이루어진다. 시간이 흐르면서 개방성과 다양성에 대한 약속은 과학적인 경제학 지식 단일체가 뚜렷한 지식 공동체로서 경제학자들에게 더 큰 자신감을 부여한다는 인식과 함께 묻혀버렸다.

학문적으로 인정받고 영향력을 얻기 원했던 경제학자들은 경제학을 더 과학적으로 표현해야 한다고 느꼈으며, 이는 객관적이고 엄밀한 지식체계를 만들기 위한 접근법에 모두 동의하고 있음을 의미했다. 그 결과 경제학 내의 불일치를 관리하고 최소화하려는 노력이 의식적으로 행해졌다. 《아메리칸 이코노믹 리뷰》(AER)의 편집자가 되고 10년이 지난 1922년 데이비스 듀이는 '경제학이 논란의 단계에서 벗어났으며, 조사와 분석을 연구에 활용하기 시작했다'고 언급했다. 듀이는 '사실을 무시하고 자기주장만 고집[할] 위선적인 좌파 논변가들이 여기 저기

[있을 수] 있다'라면서, '제출된 논문에서 그런 속성을 찾아[냈을] 때마다 휴지통에 던져버리는' 행위를 점점 더 정당화했다.[17] 듀이가 자신을 객관적으로 본 것은 분명하지만 그의 행동은 공산주의에 대한 두려움 때문에 마르크스주의 경제학을 게재하지 않겠다던 AER 시절 초반의 언질과 함께 학문의 경계를 단속하고 동질성을 강화하려는 초기 시도를 대표했다.

이론적인 관점에서 볼 때 경제학이 광범위한 사회, 정치, 역사적 맥락에서 벗어나 베커의 정의를 향해 움직이게 된 기초는 19세기 후반 '한계 혁명' 시기를 거치면서 마련되었다. 이 시기에 수많은 경제학자들이 오늘날까지 여전히 경제학과 학부 학생들에게 익숙한 공식 모형을 자세히 설명한, 서로 독립적이면서도 비슷한 내용의 책을 발표했다. 이들 경제학자 중 한 명인 스탠리 제번스는 수학적 접근 방식을 새롭게 제시했는데, 그에 따르면 '[경제학은] 수량을 다루기 때문에 수학적이어야 한다.'[18]

'효용', '수요와 공급', '균형'과 같은 현대 경제학의 개념들이 이 시기의 책들에서 비롯됐다. 제번스는 또한 '정치 경제학'이라는 명칭을 대신해 '단 하나의 편리한 용어인 경제학'을 소개했는데, 이 제안이 수용되면서 경제학은 정치적 맥락에서 쉽게 벗어날 수 있게 되었다.[19] 1891년 앨프리드 마셜은 수 세대에 걸쳐 학생들이 사용하게 될 가장 중요한 교과서 『경제학 원론』(Principles)을 발표했다.[20] 『경제학 원론』은 경제학자가 알아야 할 지식과 미래 세대의 경제학자가 함께 알아야 할 이해를 표준화하여, 세계를 이해하기 위해 사용할 학문적 도구를 형성했다는 점에서 획기적이었다.

1932년 라이오넬 로빈스는 경제학의 재인식을 요구했고, 이는 경제학이라는 학문의 방향을 바꾸었다. 그는 경제학의 대상을 물질적 욕구의 측면으로만 축소해서는 안 된다고 주장했다. 대신 '경제학은 목적과 대체 가능한 용도를 가진 희소한 수단 사이의 관계에서 인간의 행동을 연구하는 과학'이라고 정의했다.[21] 이전까지 경제학은 인간의 욕구를 충족시키는 방법에 관해 전적으로 관심을 두지는 않았다. 반면 로빈스는 경제학을 누군가가 원하는 어떤 상품에 대한 연구로 만들었다. 이로써 경제학의 초점은 상품의 생산과 유통에서 교환으로 옮겨졌다.[22] 흥미롭게도 이렇게 외관상 축소된 것처럼 보이는 정의가 후에 경제학을 전통적인 영역을 넘어선 범죄나 중독, 가족 같은 광범위한 사회정책에까지 적용할 수 있게 했다.[23]

이번 챕터의 서두에서 언급한 존 메이너드 케인스는 경제학자들에게 필요한 자질에 관해서 우리와 가장 가까운 견해를 가진 사람이었다. 철학과 윤리학, 역사학적 식견이 녹아 있는 그의 저서 『고용, 이자 및 화폐의 일반이론』은 경제학의 점증하는 전문화와 추상화 현상을 막을 수 있는 것처럼 보였다. 하지만 우리가 익히 알고 있듯이 신고전학파 경제학은 경기 침체에 관한 케인스의 아이디어를 '특별 케이스'로 흡수한 뒤 경제학자들에게 필요한 기술과 지식을 언급한 케인스의 광범위한 견해들은 폐기해버렸다. 경제학자들은 수학적으로 다루기 쉽도록 모형화하기에 적당하지 않은, '근본적인 불확실성'에 대한 케인스의 아이디어 또한 거부해야 했다.[24]

제2차 세계대전 직후 케인스가 사망한 다음 발표된 '신 케인스학파'(neo-Keynesian) 폴 새뮤얼슨의 『경제분석의 기초』(Foundations of Economic Analysis)는 경제학의 핵심 아이디어를 수학적 틀을 이용해 구체화하고 통합했다. 얼마 후 새뮤얼슨은 제목을 『경제학』이라고 붙인 교과서를 썼는데, 이 책은 지금까지 경제학 교육 현장에서 사용되고 있다. 런던정경대학은 여전히 새뮤얼슨 교과서의 업데이트 버전뿐 아니라 발간된 지 50년이나 지난 리처드 립시의 『실증 경제학』(Positive Economics)을 2학년 미시경제학 과정을 듣기 위한 사전 독서 목록에 올려놓고 있다.[25] 이 시기에 계량 경제학과 게임 이론 같은 경제학의 또 다른 주요 과목들이 개발되었다.[26]

경제학의 형식주의와 단일 패러다임을 향한 움직임은 일정 부분 미국의 정치적 주도권 확립이라는 역사적 상황을 반영한 것이다. 우리가 보았듯 경제학은 정치와 밀접하게 연관되어 있으며, 이는 흔히 경제학자들의 정치적 정체성과 학문적 정체성이 서로 얽혀 있음을 의미한다. 냉전의 긴장이 고조됨에 따라 경제학의 정치적 수용성을 확보하기 위한 압박이 심해졌고, 경제학을 과학적이고 객관적으로 보이도록 하기 위한 노력은 이런 과정을 통해 강화되었다. 다음은 역사학자 마이클 번스타인의 말이다.

사회과학계 내부의 균질적인 견해는 종종 명백한 정치적 탄압 탓이라기보다는 학술적 동료들의 리뷰라는 검열을 통해 발생하곤 했다. 폴 바란을 제외하고는 매카시즘이 기승을 부릴 동안 정치적 이유로 빨갱이로 몰리거나 괴롭힘을 당한 좌파 경제학자는 없었다. 말하자면 신념을 묻는 질문에 대답을 거부했다는 이유로 교직에서 쫓겨나고 결국에는 투옥까지 되었던 수학자와 달리, 급진적인 신념을 지닌 경제학자는 승진이나 승급이 거부되었고, 연구 기금을 받지 못했으며, 비정치적이고 이성적이라고 여겨지는 전문적인 '심사'를 통해서 모든 저널의 편집위원회에서 배제되었다.[27]

미국경제학회와 같은 유력 단체들은 사람들을 이롭게 하는 경제학과 잘못으로 이끄는 경제학을 구분하고, 경제학의 정의를 내리는 방식으로 학문의 게이트 키퍼 역할을 맡았으며, 다른 관점을 가진 이들이 학계에서 자리 잡고 성장하기 위해 필요한 자격증을 얻지 못하도록 막았다. 단일한 학파를 만들고 유지하기 위해서는 이런 일들이 필수적으로 일어난다.

1970년대 경제 위기가 닥치자 경제학계의 의견일치는 잠시 중단되었다. 새뮤얼슨의 '신 케인스학파' 경제학은 인플레이션이 상승하면 실업률은 늘 감소한다는 등의 통계적 관계의 관찰을 기초로 한 거시경제 관리를 강조했다. 그러나 1970년대에 이런 연관 관계는 무너졌으며, 경제는 인플레이션과 실업이 동시에 증가하는, 경제학자들이 '스태그플레이션'이라는 신조어로 지칭하는 경제의 정체 현상을 경험했다. 로버트 루카스라는 젊은 경제학자는 이런 경제모형들이 단순하게 통계적 관계를 관찰했을 뿐, 경제 행위자들의 결정에 근거하지 않았기 때문에 실패했다고 봤다.[28] 루카스에 따르면 인플레이션은 그 자체로 문제가 아니라 수많은 다른 경제 행위자들이 상호 작용한 결과이며, 이들 행위자들은 자신을 둘러싸고 작동하는 시스템에 대해 학습할 수 있다. 따라서 정책 변동에 따라 행위자가 행동을 바꿔버리면 이전까지 관찰한 관계는 더 이상 의미가 없게 된다. 예를 들어 인플레이션이 상승하면 노동자는 보상으로 더 많은 임금을 요구할 수 있다. 다시 말해 높은 인플레이션이 노동 비용을 낮추는 쪽으로 이어지지 않기 때문에 과거 모형에서 예측한 대로 실업이 감소하지는 않을 것이다.

루카스는 개별 행위자를 경제 모형의 출발점으로 삼자는 해법을 제시했는데, 미시경제학에서 보았듯이 '합리적 기대'를 가진 개별 행위자는 경제를 전체적으로 이해하고 의사 결정 시 이를 반영한다는 것이다. 결과적으로 경제학은 더욱 기술적으로 변했고, 더욱 수학적으로 복잡해졌으며, 여러 면에서 현실 세계와 더욱 멀어졌다. 경제학자들은 사람들이 경제의 작동 방식을 정확하게 알고 있다는 것을 전제로 모형을 만들지만, 우리가 보기에 전체 그림을 볼 줄 아는 사람들은 거의 없다.

신고전학파 경제학자 폴 크루그먼이 인정한 것처럼, 유일한 경제학파의 지배와 그 오만함이 불러온 위기는 '경제학자들에게 그들의 수학적 능력을 과시할 수 있는 기회를 준, 포괄적이면서 지적으로 우아한 접근 방식에 대한 욕망'으로부터 비롯된 것이다.[29] 경제학은 탄생시점부터 현재까지 오는 과정에서 많은 것을 잃었으며, 우리가 보기에 그중 상당수는 점점 더 악화되고 있다. 윤리와 정치, 역사적 고려를 벗어버리고 특정하고 협소한 유형의 모형화를 선택함으로써 경제학은 통합적인 공식 이론으로 거듭났다. 경제학자 마크 블로그가 지적한 것처럼 경제학자들은 내용을 둘러싸고 경제학 논쟁을 벌이는 형식을 절대적으로 선호했다.[30] 대부분의 경제학자들은 공통의 언어와 공통의 이론 도구를 사용했으며 그렇지 못한 사람들은 점점 더 주변으로 밀려났다.

대학 경제학과 정화하기[31]

20세기 초반 경제학의 발전과 함께 신고전학파가 '주류' 학파로 등장했지만, 대학에 다니는 경제학과 학생들에게는 단 하나의 경제학파만 보이는 현재 상황이 오히려 낯설게 느껴진다. 다음 구절들은 《파이낸셜 타임스》 경제면 에디터인 크리스 질즈의 칼럼에서 가져온 것이다.

한 명문대학에 다니는 경제학과 학생들에게 신 케인스학파(neo-Keynesian)와 새 케인스학파(new-Keynesian), 포스트 케인스학파를 구분해보도록 했다. 그들은 마르크스학파와 통화주의자들의 정책 차이에 관한 에세이를 쓸 예정이다. 그들은 애덤 스미스 같은 고전 경제학자들이 신고전학파에 어떻게 영향을 끼쳤고, 뒤이어 1970년대에 접어들면서 새 고전학파 경제학(new classical economics)이 어떻게 발전했는지 알아야 할 것이다. 경제학은 세계가 어떻게 움직이는지 이해하는 방법을 가르친다. 경제학이라는 학문은 어떻게 변화했는가. 그리고 세상을 더 나은 곳으로 만드는 방법은 무엇인가.[32]

우리가 이 책에서 언급한 많은 경제학자들이 이런 감정을 토로하고 있다.《파이낸셜 타임스》의 간판 칼럼니스트 마틴 울프 역시 전공의 기술적 난이도나 독단적 성격이 덜했기 때문에 아이디어를 탐구할 수 있었다고 강조했다. 그러면서 그는 오늘날 자신이 대학생이라면 경제학을 전공하지 않을 것이라고 말했다. 다이앤 코일은 자신의 대학 시절도 질즈의 위 인용문 속 내용과 많이 다르지 않았지만 확실히 덜 구속적이었다고 주장했다. 경제학자 팻 디바인은 자신이 교육을 통해 '하나를 비판적으로 허용했다'는 말로 상황을 잘 요약했다. 신고전학파 경제학이 지배적일 수는 있겠지만, 견해를 달리하는 아이디어들은 여전히 제 역할을 했다.

하지만 오늘날의 경제학 교육은 학생들에게 다른 학파의 이론을 소개하지 않을뿐더러 비판적인 관점을 기르도록 허용하지도 않는다. 이렇게 된 주된 이유는 영국 내 대학의 경제학과들이 신고전학파에 속하지 않는 경제학자들을 조직적으로 배제했기 때문이다. 대학 내 환경은 비판적인 토론을 장려하는 분위기이지만 결과적으로 경제학과에서는 다양한 학파에 대해 가르칠 의지도 능력도 상실하고 말았다.

맨체스터 대학에서 이런 변화를 분명하게 확인할 수 있다. 1970년 대 경제학과는 현재의 학과에 익숙한 사람에게 매우 이상하게 보일 것이다. 학과 보고서에는 저명한 포스트 케인스학파 경제학자 조안 로빈슨이 '유명 방문교수' 명단에 실려 있다. 학과는 포스트 케인스학파와 페미니스트를 비롯한 다양한 학파의 경제학자들로 북적였으며, 이들은 오늘날 학과를 지배하는 계량 경제학 및 신고전학파 미시·거시 경제학자들과 어깨를 나란히 했다. 다이앤 엘슨은 이런 환경에서 경제학자가 되었다. 그녀는 그 당시에 다원주의와 관용의 분위기가 있었고, '이는 신고전학파 후생 경제학에 의지하지 않고서도 사회 제도를 바라볼 수 있다는 것을 의미했다'고 회상했다. 다이앤은 페미니스트 경제학을 독창적인 경제학파로 발전시키는 데 중요한 역할을 했으며, 그녀의 연구 아젠다와 방법론적 틀은 현재까지 폭넓게 수용되고 있다.[33] 그녀는 유엔 개발정책위원회(Committee for Development Policy)●의 위원이며, 영국의 가장 유명한 대학에서 근무했고, 현재 영국 경제정책의 성역할을 분석하는 영국 여성예산단체(Women's Budget Group)의 의장이다. 그녀는 어떻게 보더라도 성공한 경제학자이다. 하지만 영국 내 대부분의 경제학과는 그녀의 공로를 인정하지 않는다. 신고전학파 경제학의 틀에서 벗어난 많은 이들처럼 그녀도 영국 내 모든 경제학과에서 추방됐다.

●   유엔 경제사회이사회(ECOSOC) 안에 설치되어 있다.

영국에서는 1986년 연구성과평가(Research Assessment Exercise, RAE)를 처음 시행하면서 신고전학파의 연구 아젠다에 따르지 않는 학과를 점차 정리할 수 있는 제도적 시스템을 만들었다. RAE는 2014년부터 연구역량평가(Research Excellence Framework, REF)로 변경되었는데, 모든 대학 내 학과에 재직하는 교수들로부터 5년에 한 번씩 1인당 2편씩의 논문을 제출받아 1~4단계의 점수를 부여하며, 4단계 점수를 받은 학자는 세계적 수준의 연구를 수행한 것으로 국제적인 인정을 받는다. 또한 각 학과는 연구의 질과 연구의 '힘'(일반적으로 연구의 질에 연구 사이즈를 곱한 값)을 합한 종합 점수를 받게 된다. 이런 시스템이 정착되면서 점수를 잘 받지 못할 것으로 여겨지는 학자들의 교수 임용은 방해를 받을 수밖에 없다.

RAE는 신고전학파에 속하지 않은 경제학자들을 취약한 처지에 놓이게 했다. 누가 경제학을 정의하는지에 따라 학과의 진로가 결정되곤 했지만, 국가의 기금이 연구의 질을 평가하기 시작하면서 이는 두 배로 중요해졌다. RAE와 REF에서 이 랭킹은 각 분야의 선도적인 학자들과 기업이나 정부에서 참여한 외부 인사들이 포함된 패널들에 의해 매겨진다. 이 시스템은 사람들을 이롭게 하는 좋은 경제학과 잘못된 경제학을 어떻게 정의할지에 대한 근본적인 결정을, 소수의 학자들이 기준에 대한 아무런 설명 없이 사적으로 내릴 수 있다는 점에서 '연구의 질에 대한 단일한 개념'[34]을 생성하고 재생한다. 지배적인 이론적 프레임과 다르거나 새로운 접근법을 구사하는 논문은 이 시스템에서 잘못된 경제학으로, 저자는 잘못된 경제학자로 간주 될 수 있다.

패널의 구성이 개방적이고 다양한 경제학의 운명을 결정할 것이다. 1989년[35] 평가 때 왕립경제학회[36]가 평가자를 선정했는데, 패널 위원을 선발할 때 지적 다양성의 증진에 대해서는 거의 신경 쓰지 않는 것처럼 보였다. 그 결과 초기 RAE 패널은 다른 경제학파에 대한 지식이 거의 없는 기존의 신고전학파 경제학자들의 압도적인 다수로 구성되었다.[37] 2014년 REF의 많은 평가자들이 신고전학파 주요 저널의 편집자로 일하고 있는 등 이런 추세는 최근까지 계속되면서 논란의 여지를 남기고 있다.[38]

이는 결코 음모의 결과가 아니다. 학과의 정화는 반대 견해를 축출하기 위한 의식적인 움직임의 형태로 일어나지 않는다. 도리어 학문이 특정한 프레임으로 구축되어 반대 견해를 고려할 수조차 없게 된 사고의 결과라고 봐야 한다. 이러한 프레임을 거부하는 비 신고전학파 경제학자들은 외부인이 되었다. 외부인과 내부인의 간격은 1986년과 RAE 도입 이후인 1993년의 저널 인용 조사를 비교하면 알 수 있는데, 주류의 신고전학파 저널은 비주류 논문의 연구를 거의 인용하지 않았다.[39] 두 집단이 마치 다른 언어를 사용하는 것처럼 보일 정도이다.

비 신고전학파 경제학에서 건질 만한 게 별로 없다는 신념은 우리와 인터뷰한 한 전직 의장이 RAE 프로세스를 방어하기 위해 한 발언에서 찾을 수 있다. 이런 프로세스가 주류 밖의 인사들에게 편향적일 수 있다고 생각하지는 않느냐는 질문에 그는 다음과 같은 말로 답변을 대신했다. "프로세스의 기준이 있고 그게 케인스가 언급한 게 아니라면, 불행히도 그들 중 몇몇이 그랬어요. 그런데 우리 모두 알고 있듯이, 우리는 케인스를 읽을 수 있다고 케인스가 말했죠. 고맙게도 말이죠" 이 일화에서 우리는 비주류 학자들의 연구에서 새로운 것을 찾기는 힘들며, 그들은 경제학을 초기 시대로 되돌리려 할 뿐이라는 일부 패널 위원들의 확신을 엿볼 수 있다. 나아가 현대 경제학은 어떤 식으로는 진전되었기 때문에 경제학의 오래된 교훈을 기억할 필요가 없다는 그들의 믿음을 읽을 수 있다. 유일하고 통합된 경제학을 꿈꾸는 패널 위원들이 이제 대학의 경제학과에 누구를 고용하면 되는지 간접적인 결정권을 쥐고 있다.

RAE가 시행되기 이전 대학과 학자들이 받는 연구 기금은 가르치는 학생 수에 따라 결정되었다. 학자라면 누구나 시간을 들여 연구한다는 게 전제되어 있었으며, 연구의 질은 동료들이 평가하되 이게 기금 지원으로는 직접 연결되지 않았다. 이에 반해 현재는 REF 점수에 따라 연구 기금을 분배한다. 첫 번째 성과 평가는 기금 배분에 큰 영향을 미치지 않았지만, 다음 몇 번의 평가를 거치면서 평가를 통해 할당되는 기금의 비율이 점점 증가했다. 1989년 두 번째 평가 때 50% 정도였던 비율이 1992년에 90% 이상을 차지했다.[40] 맨체스터 대학 아카이브에서 관련 보고서를 잠깐만 살펴봐도 이것이 대학의 분위기를 어떻게 바꿔놓았는지 알 수 있다. 변화가 일어나기 전까지 보고서는 학생 수 증가와 저축 목표 달성의 압박에 초점에 맞춰져 있다. 변화 이후의 한 보고서에서는 이런 문장이 발견되었다. '1996년은 RAE가 지배한 해였다. 준비, 대기, 그리고 결과는 [5점 만점에] 4점 … 다음 라운드에서는 목표를 더 높게 설정해야 한다.'[41]

대학들은 신고전학파 경제학 분야에서 학과 순위를 올리고 연구 기금을 최대한 끌어 모으기 위해서 주로 미국에서 발행되는 최상위 수준의 신고전학파 경제학 저널에 논문을 발표했거나 발표할 예정인 경제학자를 고용하고 홍보해야 한다는 것을 깨달았다. 학과는 학교 경영진으로부터 기금을 확보하고 학과 순위를 올리라는 압박을 받으며, 이는 대학 기금이나 명성을 극대화하기 위해 경제 행위자 또는 '자원 단위'

로서의 교수진 재 개념화로 이어진다.[42] 이 렌즈를 통하면 주류 신고전학파 경제학자만을 고용하는 게 합리적이다. 1994년 초반 맨체스터 대학은 《가디언》지에 연구 역량을 향상시킬 수 있는 '주류 경제학자'를 모신다는 광고를 냈다.[43]

이 결과, 대학의 학과를 이끄는 소수의 경제학자들만이 학과 운영의 권한을 부여받았다. 대학 당국은 연구 기금과 명성의 유지를 위해 그들이 제시하는 기준에 따라 경제학과를 재구성해야 했다. 이를 위한 교수 채용과 지원 전략은 젊은 경제학자들에게 성공하기 위해서는 특정 유형의 경제학 연구에 집중해야 한다는 확실한 신호를 보냈다. 연구자들은 최고 수준의 주류 신고전학파 경제학 저널에 논문을 게재하려면 어떻게 써야 하는지 점차 깨달았고, 거기 실리는 게 경력 쌓기의 지름길임을 알게 되었다.[44]

학문의 자유란 '사회적 통념에 의문을 제기하고 시험하며, 새로운 아이디어와 논란이 되거나 인기가 없는 의견을 제시할 자유'라고 정의된다.[45] 교수로 채용되고 승진하기 위해 추구해야 하는 이론적 프레임이 너무 뻔해서 성공하기를 바라는 예비 경제학자라면 특정 아젠다를 효과적으로 따라야 한다. 따라서 현재 상태에서 학문의 자유 따위는 허용되지 않는다.

팻 디바인은 소모되는 과정이란 말로 비 신고전학파 경제학자의 이탈을 설명했다. 많은 이들이 경영 대학원으로 적을 옮겼고, 다른 사회과학 계열 학과로 옮겨간 이들도 있었다. 다이앤 엘슨은 동료들이 갈수록 비 신고전학파 경제학자의 연구 업적을 인정하지 않았고, RAE가 주는 압박감도 너무 심했기 때문에 이들 경제학자들이 학과를 떠나는 것이 모두를 위한 선택으로 간주되었다고 '묵시적 합의' 과정을 묘사했다. 또 다른 동료는 그가 학과에 남았더라면 '열매도 맺지 못하고 썩어버렸을' 것이라는 말을 전했다.

RAE의 도입은 경제학을 벗어날 수 없는 쳇바퀴 속으로 이끌었다. 경제학은 그 자체로 복잡하고 가변적인 우리 세계를 이해하는 과제를 가지고 있지만, 경제학이라는 학문은 아직까지 제도적 관성에 꿰어 맞춰져 있다. 그러나 경제학을 좁은 울타리에 가두려는 시도가 경제학계 안팎의 아무런 저항도 없이 성공할 수는 없다. 지금부터 반대 의견들의 연대기를 정리해보겠다.

경제학의 영혼을 지키기 위한 투쟁

우리 서명자들은 지식의 독점이 경제 과학에 미치는 위협을 우려한다. 경제학자들은 오늘날 방법론과 핵심 가정을 독점하고 있지만, 이는 종종 주류를 차지하고 있다는 것 이상의 근거를 가지고 있지 않을 때가 많다. 경제학자들은 자유 경쟁을 주창하지만, 지식 시장에서는 그렇지 않을 것이다.

다원주의 경제학을 위한 청원(1992년)[46]

위 인용문은 4명의 노벨상 수상자를 포함한 44명의 저명한 경제학자들이 서명한 공개서한에서 가져왔으며, 원문은《아메리칸 이코노믹 리뷰》1992년 5월호 광고 지면에 실려 있다. 서한은 '경제학에는 비판적 대화와 다양한 접근법 사이의 관용적 커뮤니케이션을 포함한 다원주의의 새로운 정신'이 필요하다는 내용으로 이어진다. 이 서한은 경제학의 상태에 관해 오랜 기간 여러 지역에서 상당히 광범위한 우려가 존재했음을 보여준다.

경제학의 영혼을 지키기 위한 투쟁은 세기가 바뀌어도 계속되고 있으며, 이제 경제학과 학생들이 나서고 있다. 2000년 6월 프랑스 고등사범학교(École Normale Supérieure) 학생들이 경제학의 다원주의를 요구하는 청원에 합류했다. 일군의 경제학자들이 경제학의 독점화와 균질화가 전체 대학으로 번지는 것을 막기 위해 노력했다면, 이 청원은 학생들이 자신들이 받고 있는 교육의 결함을 지적한 최초의 조직적인 시도였다. 또한 학생들은 청원에서 경제학을 공부하면서 기대했던 것과 실제 현실 사이의 격차를 강조했는데, 이는 몇 번이고 반복해서 울려 퍼질 것이다.

> 우리들 대부분은 오늘날 시민이 직면한 경제 문제를 더 깊게 이해하려고 경제학 공부를 선택했다. 하지만 우리들이 받고 있는 신고전학파 경제학과 거기서 파생된 이론들로 이루어진 교육은 우리 기대를 충족시키지 못했다. 무엇보다 갑작스런 사건으로 이론이 기능을 상실할 때가 있을 수 있다는 점을 감안하더라도, 경제학 이론은 현실 천착을 위해 필요한 행동을 수행하는 법이 거의 없다. 실증 연구(역사적 사실, 제도의 작용, 행위자의 행동과 전략 연구 등)는 거의 존재하지 않는다. 더구나 구체적인 현실을 무시한 이런 교육은 경제·사회적으로 유용한 행위자가 되기를 원하는 사람들에게 커다란 문제를 야기한다.[47]

청원서는 학계에 확실한 파장을 불러 일으켰다. 몇몇 교수들이 학생들을 지지하는 청원에 동참했으며, 이후 케임브리지에서도 700여 명

의 학자가 비슷한 청원에 서명했다.[48]

현실세계경제학회*로 불리는 비판적인 경제학자들의 네트워크도 출범했다.[49] 프랑스 학생 그룹은 대부분 박사과정 학생들로 구성되어 있었고, 그들이 학교를 떠나자 캠페인은 계속할 사람이 없어서 중단되었다. 우리들을 포함한 학생 그룹들은 선배에서 후배로 이어지며 운동의 추진력을 유지해야 하는 도전에 직면해 있다.

2012년 10월 포스트 크래시 경제학회(PCES)가 맨체스터 대학의 경제학과 학생들에게 '모든 이코노스캡틱**은 모여라'라는, 공개 집회 개최를 알리는 이메일을 처음 보냈을 때까지만 해도 우리에게는 좌절감과 무언가 잘못되었다는 막연한 생각 밖에 없었다. 집회에는 다섯 명이 나타났고, 우리는 급하게 준비한 파워 포인트 프레젠테이션을 사용하여 우리가 잘못된 교육을 받고 있음을 설명하기 위해 애썼다. 모든 것이 미숙했지만, 우리에게는 2013년 1월 두 번째 학기가 시작될 때까지 학회의 기초를 닦기 위한 충분한 에너지가 있었다.

초기에 우리는 리싱킹 경제학이라는 단체를 만든 영국 내 몇몇 대학의 학생들과 연락을 취했다. 경제학의 문을 열고 활력을 불어 넣고자 하는 학생들과 시민들을 연결시키는 국제 네트워크를 준비하는 것이 우리의 목표였다. 우리는 페이스북과 스카이프를 이용해 의견을 교환했는데, 모두가 느려 터진 스카이프 연결음에 답답해 할 무렵 우리는 경제학 개혁을 위한 국제 학생 운동이 스카이프 없이는 존재할 수 없으리라는 것을 깨달았다. 우리는 우리 시대에 꼭 맞는 운동을 하고

- 원문에는 Real World Economics Association로 나와 있는데, 실제 명칭은 World Economics Association(WEA)이다. 2011년 출범했으며, *real-world economics review* 등 다원주의 경제학을 다루는 저널 3종을 발행하고 있다.
- •• econosceptics. economics와 sceptic을 조합한 말로, '경제학 회의론자'를 뜻한다.

있으며, 10년 전과 같은 방식을 사용했다면 존재할 수 없었을 것이다.

그 당시에는 잘 몰랐지만 프랑스의 학생들은 2011년 다시 모여 PEPS-이코노미('경제학 고등 교육의 다원주의 수업을 위해'라는 뜻의 프랑스어 'Pour un Enseignement Pluraliste dans le Superieure en Economie'에서 머리글자를 따서 만들었다)를 설립했다. 프랑스 학생들은 프랑스 내 모든 경제학 강좌를 조사 분석하였고, 프랑스 정부 위원회가 경제학 교육에 관심을 갖도록 했다.[50] 독일에서도 다원주의 경제학 네트워크(Netzwerk Plurale Okonomik)가 확고하게 자리 잡았다.

맨체스터에서 우리는 학회의 목표에 살을 붙이기 시작했다. 우리는 도서관에 틀어박혀 어떤 언어와 아이디어로 경제학 교육의 문제점을 설명할 수 있을까 고심하다가 먼지를 뒤집어쓴 채 방치되어 있는 책들 속에서 지금껏 들어본 적이 없는 경제학 연구 방법을 찾아냈다. 우리가 발견한 것은 이단경제학회(Association for Heterodox Economics)●가 작성한 'QAA●● 경제학 비교평가 자문'이라는 2008년 문서였는데, 경제학을 다른 학문과 비교하면서 '처방은 신학보다 덜 신랄하고… 회계 업무보다도 다양성을 경시한다'라고 평했다.[51] 그런 다음 그들은 경제학의 다원주의가 필요함을 주장했는데, 다원주의라는 말이 매력적이어서만은 아니지만 우리는 지금까지 받았던 경제학 교육을 직관적으로 비판하는 데 이것이 큰 도움이 된다고 느꼈다.

우리는 우리의 경제학 비판 논조를 분명히 하고 학생들에게 무엇이 잘못되었는지 알리기 위해 청원서를 작성하기 시작했다. 학생들의 서

● 다원주의 경제학을 주창하는 영국 내 경제학회. 포스트 케인스주의 경제학자들은 스스로를 이단 경제학(Heterodox Economics)으로 부르기도 한다.

●● Quality Assurance Agency for Higher Education. 영국 고등교육의 표준화와 품질 관리를 목적으로 설립된 NPO.

명을 받는다면 경제학과와 대학 당국에 우리가 널리 지지를 받고 있으며 배교자 무리만은 아님을 보여줄 수 있었다. 청원서에는 현실 세계 적용의 부재, 대안적 시각의 부재, 역사의 부재 및 비판적 사고의 부재 등 네 가지 관점에서 경제학 비판을 담았다. 제2장에서 우리의 활동 내용을 서술했지만, 청원서는 초점을 찾지 못했던 과거 우리의 좌절감을 분명하게 표현해낸 중요한 첫 걸음이었다.

2013년 3월 우리는 '경제학과 졸업생은 배운 대로 일을 잘 할까?'란 제목을 내걸고 출범 행사를 개최했는데, 이날 다양한 경제학자들이 패널 토론에 참석했다. 행사 제목은 2012년 영국은행 콘퍼런스에서 그대로 따온 것이었다. 권위 있는 기관이 이런 제목을 내걸 정도라면 우리의 의문이 어느 정도 실체가 있다고 느꼈기 때문에 이날 행사는 우리에게 중요한 검증 과정처럼 여겨졌다. 행사장에 나온 우리 대학의 학과장은 대안 경제학을 담배연기관장(환자의 항문에 담배 연기를 불어넣는 행위) 같은 구식 의료기구 사용에 비교했다. 그럼에도 불구하고 다양한 유형의 경제학자들이 참여한 행사는 잘 치러졌고, 자리를 차지한 200여 명 학생들의 반응도 긍정적이었다.

전체 학계를 상대로 도전장을 던지면서 신뢰와 정당성을 확인하는 것은 학생운동이 국제적으로 성장하는 데 매우 중요했다. 한 덴마크 학생은 Kritiske Politter(비판적인 경제학도들)라고 불리는 코펜하겐 학생 그룹을 다룬 기사를 읽었다고 전했으며, 비판적인 경제학자 카타리나 유셀리우스(Katarina Juselius) 코펜하겐 대학 교수는 '처음으로 혼자가 아닌 것처럼 느꼈다'고 말했다. 또 하나 언급할 것은 많은 학생 그룹이 '서로 독립적으로 등장했지만, 거의 똑같은 아이디어와 비판 의식을 공유해서… 이들의 비판이 뭔가 있다는 신호로 해석되었을 것'이라는 사실이다. 학생운동이 성장함에 따라 우리는 고립되어 잘못 판단한 반란군 무리 아니냐는 내부 의심과 외부 비판에서 헤쳐 나올 수 있었다.

분명한 것은 현재 (포스트 크래시 경제)학회의 활동이 학생들이 배우지 않는 것들에 대한 가치와 관심을 유도하는 이벤트와 격차를 메우기 위한 자기 학습, 교과 과정 개혁을 위해 학생들의 지지를 이끌어내는 캠페인과 이를 학과에 알리는 활동들로 채워지고 있다는 점이다. 우리는 캠페인이 성공하려면 학과와 좋은 유대관계를 맺어야 하며 학생들이 돌아서면 위태로워질 수 있음을 알고 있었다. 그래서 우리는 신고전학파 경제학이 틀렸다고 주장하는 게 아니며, 영국의 모든 경제학과에서 신고전학파 경제학만 가르치는 게 옳지 않음을 지적할 뿐이라는 점을 항상 강조했다.

이런 식의 캠페인 방식은 전 세계의 학생 그룹들도 그대로 따라하고 있다. 우리는 다른 지역의 그룹들에게 자신들의 학과와 '긍정적이고 건설적인' 관계를 유지하면서, '경제학부 소속 많은 학자들로부터 지지를 얻어내고, 직면한 관심사 가운데 일부라도 많은 이들과 공유할 것'을 되풀이해서 강조했다. 개혁에 반대한다며 학과와 완고한 교수들을 타도하려는 것처럼 보이는 것은 옳지 않다. 실제로 학과 내부에는 우리 목표 중 일부라도 지지하는 다수의 학자들이 있으며, 복합적인 감정을 드러내는 많은 이들과 적대적인 소수의 학자들을 비롯하여 다양한 태도들이 공존한다. 우리가 맨체스터 대학에서 자리 잡을 수 있었던 것은 자신들의 역할을 넘어서서 우리에게 배우고 있는 내용을 비판적으로 사고해보도록 유도한 몇몇 조교들 덕분이다.

2013~2014학년도에 새로운 학생들이 위원회에 합류하면서 우리는 의욕과 자신감을 북돋았다. 우리는 '경제학 수업에서 배우지 않

는 것들'이란 제목으로 월례 강좌를 열어 학생들에게 다른 학파를 소개했으며, 또한 저녁 시간에는 '거품, 공황과 와해'라는 이름으로 비공개 코스를 개설하여 금융 위기에 대처한 각종 경제학파의 역사와 정책을 다루었다. 후자는 우리 강사진의 한 사람인 데브림 일마즈(Devrim Yilmaz)가 운영했는데, 그는 우리 학과의 몇 안 되는 비 신고전학파 경제학자 중 한 명이었다. 전년도에 정규 과목 수업을 배당받지 못했던 그는 우리를 위해 자신의 시간을 할애했다. 우리는 다음 해에 이 코스가 정규 과목으로 채택되기를 희망하면서 수업을 조직하고 알리는 데 협조했다.

그해 우리의 캠페인 전략은 청원에 더욱 박차를 가하고(이미 150명 이상이 서명하였다), 인지도를 높이기 위해 언론의 관심을 유도하고, 우리 주장을 설득하기 위한 학과 및 대학 당국과의 면담을 성사시키는 것이었다. 우리는 경제학 교육에 어떤 문제가 있으며, 그것이 경제학자가 아닌 사람들에게까지 왜 문제가 되는지를 설명하는 보도 자료를 만들어 배포했다. 2013년 10월 24일《가디언》지가 기사를 게재했으며, 이 기사는 페이스북에서 22,627회나 공유되었다. 그 후 많은 언론의 후속 보도가 이어졌고, 갑작스럽게 우리는 세계 곳곳에서 수백 건의 메시지를 받았으며, 경제학 서적부터 심지어는 연극표까지 날아왔다. 이 기사가 나가자 예기치 않게 영국 의회는 얼리데이모션● 641을 제출했는데, 이는 서명에 참여한 의원 12명의 지지를 상징적으로 표현한 행위였다.

얼리데이모션과 언론 보도로 우리 학회와 학생운동은 널리 조명 받았다. 우리 학회는 처음부터 정치적인 좌파나 우파를 표방하지 않는다

● Early Day Motion. 어떤 이슈나 사안에 대한 관심을 촉구하기 위한 영국 의회의 공식 절차. '동의안'이나 '촉구안'으로 옮기기도 한다.

는 점을 분명히 했다. 단지 교육의 다원주의를 요구했을 뿐이며, 거기에는 일반적으로 우파로 분류되는 오스트리아학파 경제학뿐만 아니라 좌파 마르크스주의까지 포함된다. 우리는 또한 제3장에서 논의했듯이 신고전학파 경제학의 정치적 영향력이 그 자체로 복합적이라는 점을 인식하고 있었다. 우리는 다음과 같은 보도 자료를 통해 언론이 우리를 반항적인 좌파 학생 집단으로 분류하지 않도록 노력했다.

> 우리 학회의 관심은 좌파 혹은 우파의 정치나 경제학이 아니다. 오늘날 국가의 경제 교육이 처한 급박한 상황을 유념하고 있을 뿐이다… 케인스나 하이에크가 오늘날 대학 경제 교육이 어떻게 구성되어 있는지 알게 된다면 무덤에서 탄식할 것이라고 우리는 확신한다. 더 중요한 것은, 지금 현재의 경제 교육 시스템으로는 더 이상 케인스나 하이에크 같은 경제학자를 양성할 수 없으며, 그 대가는 우리 사회의 몫이 되리라는 점이다. 케인스와 하이에크 모두 경제 사상과 역사에 두루 정통했고, 비판적인 능력을 개발시켰고, 경제학자 못지않게 위대한 작가이자 커뮤니케이터였으며, 더욱 중요하게는 두 사람 모두 자신의 이론을 세우기 위해 기존 아이디어와 규범을 뒤집은 자유로운 사상가들이었다. 지금은 잃어버린 모든 것들…

몇몇 언론에서 '좌파 대 우파'의 내러티브로 우리를 다루는 것을 피할 수는 없었지만, 얼리데이모션을 통해 이른바 '정통 신자유주의 글로벌 자유시장 교육'에 맞서겠다는 우리의 목표는 힘을 받았다.[52] 좌파 대 우파라는 프레임은 복잡한 정치적 이슈를 지나치게 단순화시키고 건설적인 대화 가능성을 약화시킨다. 우리는 이런 프레임의 세계관이 얼마나 견고하며, 이렇게 지루하고 시대에 뒤떨어진 고정관념에 빠지지 않고 경제학 교육에 관한 공개 논쟁을 촉발시키는 게 얼마나 큰 과제인지 깨달았다.

2013년 가을에 우리는 사회과학부 및 인문학부 학장과 각각 만남을 가졌다. 마침내 우리에게 영향력이 생기기 시작했다고 느끼기 충분한 사건이었기에 우리는 무슨 말을 할지 신중하게 준비했다. 우리는 맨체스터 대학의 전체 경제학 과목을 분석하는 연구와 보고서 집필로 수개월을 보냈고, 이것은 제2장에 수록한 커리큘럼 리뷰의 기초 자료가 되었다. 우리는 보고서를 통해 도출한 실증 자료에 언론 보도를 첨부한 뒤 큰 효과를 발휘할 것이라는 희망으로 미팅 자리에 나갔다. 하지만 회의에서는 누가 무슨 책임을 지는지 알기 힘들었고, 우리는 인문학부 학장부터 거시경제학 교수까지 다양한 사람들 사이에서 아무런 진척도 없이 떠넘겨지고 있다는 느낌을 받으며 좌절했다. 이날 경험으로 우리는 대학에서 누가 무슨 책임을 지고 있으며, 우리가 원하는 개혁을 추진할 힘을 갖고 있는지 더욱 깊이 연구하게 되었다.

2014년 5월, 우리는 '경제학, 교육, 그리고 언러닝(Unlearning)●'이라는 제목의 보고서를 출간했다.[53] 믿을 수 없게도 우리는 당시 영국은행 금융안정 담당 이사였던 앤디 홀데인에게 서문을 부탁할 수 있었다. 세계의 여러 언론이 보고서 내용을 기사화했으며, 6개월 만에 16,000회 이상 다운로드 되었다. 우리는 이토록 많은 사람들이 경제학 교육에 관한 글을 읽으려 한다는 사실을 믿을 수 없었다! 또한 사이먼 렌 루이스, 로저 파머, 폴 크루그먼을 비롯한 세계적인 경제학자들이

● 기존에 배운 것을 버림으로써 새로운 지식 습득을 용이하게 하기 위한 학습법. 폐기학습으로 옮기기도 한다.

자신의 블로그에서 보고서 내용을 비판했으며, 포스트 크래시 경제학회를 지지하는 다른 경제학자들의 반론도 제기되었다.[54]

맨체스터 대학은 결국 데브림 일마즈와 재계약을 하지 않기로 결정했고, 한정된 예산을 이유로 '거품, 공황과 와해'의 정규 과목 편성을 거부했다. 같은 해에 경제학과는 적어도 5명의 새로운 교수진을 채용했다. 이런 사실을 통해서, 학생들이 학과에 다양성을 부여할 수 있는 훌륭한 교수라고 인정하더라도, 학과의 교수 채용 방침에 따르면 데브림과 같은 학자들이 자리를 얻는 일은 일어나지 않는다는 점을 깨달았다.[55]

우리가 맨체스터에서 꾸준히 노력하는 사이 국제무대에서는 큰 변화가 있었다. 리싱킹 경제학은 영국과 세계 각국에서 새로운 그룹이 합류하면서 국제 학생 네트워크로 성장했고, 학생들이 만나서 경험을 공유하고, 공동 프로젝트를 계획하고, 가장 중요하게는 서로 신뢰하고 영감을 얻을 수 있는 기회를 제공했다. 리싱킹 경제학의 공동 설립자 중 한 명인 위안 양은 학생들과 스카이프를 통해 10개가 넘는 언어로 공통의 주제를 가지고 대화할 수 있다는 것에 대해 흥분해서 말했다.

2014년 4월, 영국의 포스트 크래시 경제학회와 리싱킹 경제학, 독일의 다원주의 경제학 네트워크 등의 학생 그룹은 경제학의 다원주의를 요구하는 글로벌 공개서한을 함께 작성하기로 결정했다. 초안은 구글 문서도구(Google docs)로 작성했는데, 이 또한 학생운동에서 지금껏 사용하지 않았던 기술이다. 마지막 스카이프 미팅은 8개국의 학생 그룹이 참가하여 12시간 동안 진행되었고, 이 자리에서 다양한 다원주의 캠페인 방식을 서로 교환했다. 공개서한은 5월 5일 새로 결성한 상위 조직인 다원주의 경제학 국제 학생 이니셔티브(International Student

Initiative for Pluralism in Economics)의 이름으로 출간되었다.[56] 이 내용은 전 세계 언론에서 다루었으며, 30개국 65개 학생 그룹과 3,000명 이상의 개인이 서명에 동참했다. 이 책을 위한 인터뷰에 응한 학생들은 이런 네트워크가 지역의 활동을 지원하고 고무하는 큰 힘이 되고 있다고 말했다. 다음은 국제 학생운동에 참여중인 한 학생의 말이다.

> 갑자기 우리의 지평이 넓어져서 대단히 기뻤다. 한 번도 만난 적 없는 가족이 있다는 것을 알게 되는 것과 같은 느낌이었다. 우리 모두 대세를 거슬러 같은 이유로 싸우고 있었기 때문이다. 싸울 때 아무런 주목도 받지 못하는 것처럼 보인다면 신념을 지키기란 무척 어렵다. 관심을 받고, 동료 학생이나 교수, 언론 등으로부터 진지하게 받아들여지기 위해서는 더 큰 공동체의 일원이 되는 것이 매우 고무적이며 중요한 일이다.

2013~2014학년도가 끝나자 포스트 크래시 경제학회에 참가한 1세대 학생들이 졸업하고 학교를 떠났다. 우리는 이런 상황을 미리 대비해 왔고, 다양한 위원회에서 활동할 후속 학생을 6개월 정도 전에 미리 선발하여 캠페인이 계속 이어질 수 있도록 했다. 교수들의 재직 기간과 비교하면 학창 시절은 순식간에 지나간다. 학생들의 추진력이 계속 이어지도록 하는 것이 다원주의 운동이 직면한 가장 큰 도전 과제의 하나이다. 우리는 경험과 배움을 축적하고 전달하는 허브 역할로서의 국내외 네트워크의 중요성을 새삼 깨달았다. 이 때문에 2014년 여름, 영국의 전국적인 운동은 지역 단위 캠페인을 지원하기 위한 기금 모금을 시작했다. 다행히 기금 모금은 성공적이었다.

학생운동이 시작되기 전까지 커리큘럼 개혁은 논의조차 되지 않았다. 이제 변화의 필요성을 많은 이들이 동의하고 있으며 어디까지 변해야 하는지에 대한 논쟁이 시작되었다.

지금처럼 누리려면 변해야 한다

사람들이 혁명을 요구하고 권력자들이 이를 심각한 위협으로 여길 때 결과는 종종 점진적 개혁으로 귀결된다. 현대 복지국가의 기원은 사회당과 급진 사상의 확산을 막고자 했던 독일의 초대 총리 오토 폰 비스마르크의 노력까지 거슬러 올라갈 수 있다. 이런 상황이 되면 권력자들은 적당히 대응하면서도 그들이 선호하는 핵심 요소를 유지함으로써 현 상태를 연장할 수 있는 일련의 개혁을 선택하기 마련이다.

학생들의 경제학 변화 요구가 거세지면서 CORE라고 불리는 개혁안이 부각되었다. CORE를 지지하는 사람들은 경제학 교육을 향상시키기 위해 순수하게 헌신하는 듯 보였지만, 우리가 보기에 이것은 현상의 대부분을 보존하고 근본적인 변화 욕구를 약화시키는 개혁의 하나로 보였다. 학생들의 불만이 커져가는 데도 불구하고, 커리큘럼 변화에 반대하는 경제학자들은 '지금처럼 누리려면 변해야 한다'는 믿음으로 CORE가 제시하는 개혁안을 받아들였다.

CORE는 실제 세계와 역사, 학제간 지식이 바탕이 되는 경제학 교육을 목표로 하여 개정 경제학 커리큘럼의 하나로 고안된 온라인 개방형 교과서이다.[57] 현재는 기존 수업을 대체할 수 있도록 고안된 1학년 입문 과정의 미시경제학과 거시경제학 과정으로 구성되어 있는데, CORE 옹호론자들은 이 과정이 추상적 이론과 반복 학습에 너무 포커스가 맞추어져 있다고 주장한다. CORE는 유니버시티 컬리지 런던, 브리스틀 대학, 시드니 대학, 파리정치대학, 칠레 대학, 메사추세츠 대학 보스턴 캠퍼스, 컬럼비아 대학 등 여러 대학에서 시험 운영되었다. 갈수록 많은 대학들이 CORE를 채택할 것으로 보인다.

학교 내부에서 변화하려는 노력이 보이는 것은 여러 면에서 긍정적이다. 경제학을 현실과 연관시키고 역사적, 정치적, 사회적 맥락 속에서 서술한다는 CORE의 목표 중 일부가 학생운동의 목표와 일치한다는 점은 더욱 긍정적이다. CORE 온라인 교과서는 많은 기존 교과서들과 비교했을 때 크게 발전한 것이며, 저자들이 실제 세계를 좀 더 반영하고자 현지 샘플을 해석하고 추가하는 모습은 특히 인상적이다. 그러나 CORE 설계자가 진단한 경제학 교육의 문제점은 우리가 이 책에서 설명한 것과는 매우 다르다. 그들의 처방은 현재 상황을 유의미하게 개선하기에는 미흡해보인다.

CORE는 문제의 원인을 경제학 자체보다는 경제학 교육에서 찾아야 한다는 전제를 가지고 있는 것처럼 보인다. CORE의 수석 디자이너 웬디 칼린은 '경제학은 우리 세계를 설명하지만, 경제학 학위 과정은 그렇지 못하다'라는 말로 그런 견해를 요약했다.[58] CORE의 광고 문구는 '지난 30년간 그랬듯 경제학을 가르친다'는 것인데, 좀 더 유기적이고 현대화된 방식으로 신고전학파 이론을 가르치는 것을 문제 해결책으로 제시한다. 이런 점에서 CORE는 1980년대 미국 경제학계에서 벌어졌던 개혁 노력과 매우 비슷하다. 경제학 박사과정 학생들이 연구 주제에 환멸을 느끼고 있으며 교양학부 학생들을 가르치는 데 필요한 폭넓은 지식이 부족하다는 설문조사 결과가 발표된 후 미국경제학회는 산하 기구의 하나로 대학원 경제학 교육 위원회(Commission on

Graduate Education in Economics)를 설립했다. 커리큘럼의 결함이 인정되었고, '이론을 경제 문제에 적용하는 법을 학생들에게 제공하는 것'이 해결책으로 제시되었다.[59] '모든 경제학자들이 공통적으로 배워야 할 기본적인 것으로 간주되는 핵심'에 도전할 이유는 없었다.[60]

유사한 방식으로, 경제학자 사이먼 렌 루이스와 다이앤 코일은 '경제학 교수법의 개혁이 필요하지만, 혁명은 필요하지 않다'는 말로 CORE를 옹호했다.[61] 이들 학계의 내부 개혁가들은 신고전학파 프레임이 과학적인 경제학 연구 방법을 제공하고 있으며, 그것이 충분하게 가르쳐지지 않고 있는 게 유일한 문제라는 느낌을 공유하고 있는 것처럼 보인다.

CORE를 비판하면서 학생운동의 비전에 부합하는 대안적인 학습 계획을 개발하도록 제안한 로버트 스키델스키 경의 말을 인용하자면 '[CORE를 둘러싼] 문제의 핵심은 주류 경제학이 지적으로 인정받지 못한 상태에서 권력을 누리고 있다는 점이다.'[62] CORE는 경제학에서는 단 하나의 학파만 유효하다는 믿음의 전통을 유지하고 있다.

우리는 공정한 비교를 위해 제2장의 커리큘럼 리뷰 때 이용한 방법론을 유니버시티 칼리지 런던의 CORE 커리큘럼에 적용해보았다.[63] 학과 안내서에는 그룹 비디오나 개인 작문 과제 같은 형성평가(성적에는 반영되지 않는 평가)를 포함한 몇 가지 흥미로운 혁신 사례들이 제시되어 있다. CORE는 학생들에게 도형과 수학적 모형뿐 아니라 '역사적이고 방법론적으로 세련된 내러티브'를 사용할 것을 약속한다. 또한 '과거의 경제학자들' 섹션을 통해 '주제의 논쟁적인 성격'을 드러내 보여줄 것이라고 주장했다. 그러나 이는 제2장에서 거론한 경제사상사 과목처럼 경제학 논쟁이 이미 과거에 끝났음을 시사한다.

CORE는 객관식 평가에 크게 의존하는데, 총점의 60%가 객관식 문제에 할당되며 표준 미시 및 거시경제학 과목과의 유사점을 강조한다. 40%의 문제에서는 좀 더 포괄적인 질문이 주어지지만, 경제학 이론의 비판적 평가를 묻는 질문은 많지 않다. 우리의 방법론을 이용해 분석한 결과 '모형 작동'(그중 6%만이 실제 세계를 언급했다)에 관한 문제가 여전히 과반을 차지했으며, 서술형 문제가 16%, 평가형 문제가 30%였다. CORE는 제2장에서 살펴본 표준 과목들보다는 독립적인 판단 능력을 필요로 하지만, 그 범위는 제한적이라고 볼 수 있다.

우리가 볼 때 평가형 질문의 성격이 지나치게 제한되어 있다. 학생들은 한 가지 이상의 사례를 통해 특정한 실제 세계의 현상에 대한 판단을 내려야 하지만, '다음 용어를 정의하고 사용하라'거나 '[교과서 해당 섹션을] 참조하여 답을 쓰는 것이 유용할 수 있다'와 같은 가이드라인에 의해 특정 답변을 강요받고 있었다. 시험은 '평가', '토론', '논쟁' 또는 '비평' 같은 단어를 사용하지 않는다. 그러므로 CORE가 학생들에게 경제학을 실제 세계에 적용하도록 가르친다고 말할 수는 있겠지만, 경제학 이론의 비판적 평가를 장려한다고는 할 수 없다.

중요한 것은 CORE의 학습 계획에 따라 공부하는 어떤 학생도 신고전학파 경제학에 대해 의문을 제기하지 않는다는 점이다. 제2장에서 언급한 신고전학파 경제학의 세 가지 갈래, 즉 개인주의와 최적화, 균형을 모두 사실로 단순히 수용한다. 스키델스키 경은, 사람들은 왜 실질 소득이 증가하면 여가보다 소비에 더 많은 돈을 쓰는가라는 CORE 커리큘럼 3단원의 논제를 예로 들었다. 이는 흥미로운 질문이지만, 토론은 전적으로 개인의 선택에 달려 있다. '결론에서 간단히 언급되었지만, 광고와 노동시장 구조, 소득 분배 등이 "개인"의 선택에 영향을 미치는 방식은 분석 대상이 아니다.'[64] 교과서는 다르게 접근하는 학파의 이론은 소개하지 않기 때문에 신고전학파 경제학의 첫 번째 갈래, 즉 개인주의는 주어진 전제로 받아들여진다.

마찬가지로 역사적 맥락 속에서 경제 이론을 기술하고자 하는 온라인 교과서의 섹션들도 일방적이며 종종 경제 모형에 대한 보충설명처럼 보일 때가 있다. CORE는 경제 이론과 마찬가지로, 역사적 사건을 있는 그대로 인정하기보다는 하나의 논쟁거리로 해석한다. 제1장은 산업혁명에 대한 서술로 시작하는데, 기술 진보와 자본주의가 '하키 스틱' 형태의 경제성장을 이끈 원인이라는 주장을 담고 있다. 주목할 점은 성장 및 기술 변화의 필연성과 함께 '경제'를 별도의 자립적인 과정으로 간주한다는 것이다. 이런 서사는 학생들로 하여금 '경제'가 한번 도약하면 다시는 뒤돌아가지 않는다고 믿도록 만든다.

역사학자 아시시 벨카에 따르면, CORE 교과서는 산업혁명 과정을 '낡은 것'이 '새로운 것'으로 갑자기 교체된 것처럼 잘못 묘사한다. 이는 기술 진보는 조금씩 진행되었고 '낡은 것과 새로운 것이 19세기 내내 공존했다'는 사실을 무시한 것이다. 교과서는 재산권의 확립 등 산업 혁명이 끼친 정치·사회적 변화상을 짧게 소개한 뒤, 익숙한 신고전학파 경제 모형으로 빠르게 이동한다. 이런 모형 중 하나는 벨카가 언급한 대로 '사회학적이고 역사적인 조건을 모두 배제'한 채, 신고전학파 경제학의 두 번째 갈래인 새로운 기술을 도입하려는 기업의 '최적화' 결정이라는 잣대로 '산업혁명의 타이밍과 위치'를 예측하는 것이다. 비경제적인 것이 존재할 수는 있지만 분석 과정에서 엄밀하게 고려되지는 않으며, 초점은 신고전학파 경제학에 확실하게 맞춰져 있다.[65]

금융업에 종사했던 작가 조지 쿠퍼는 교과서에 나오는 다음 문장이 CORE식 접근법을 상징하고 있다고 강조한다. '우리는 정책 입안자들이 재정 및 통화 정책을 사용하여 충격을 안정시키고 복지를 향상시킬 수 있는 방법을 설명한다.'[66] 그는 이 문장이 '균형에 기초한 이론이 존재한다면 경제의 불안전성은 불가피한 외부 충격 때문에 당연히 발생한다는 가설'에 의존하고 있다고 지적한다.[67] 이에 반해서 쿠퍼는 경제를 불안정에 빠뜨리는 충격은 대부분 경제 내부에서 기인하기 때문에 불균형에 기초한 이론이 훨씬 현실적이라고 주장한다. 이 인용문은 CORE가 어떻게 신고전학파 경제학의 세 번째 갈래(균형)를 받아들이고 반대 의견을 무시하며, 결과적으로 학생들로 하여금 경제를 공부하는 유일하고 옳은 길이 있음을 믿도록 만드는지 보여준다.

의견 차이는 학계를 건강하고 활력 있게 만드는데, 이는 특히 경제학계 내부에서 몹시 필요하다고 믿는다. CORE는 학생들에게 다른 경제학파의 목소리를 전혀 소개도 하지 않음으로써 다른 의견이 있음을 전하는 데 실패한다. 우리는 웬디 칼린과 그녀의 동료들이 경제학 교육의 미래를 놓고 학생 조직들과 적극적으로 토론에 임한 것에 감사한다. 하지만 교과서 저자들과 우리의 비전이 얼마나 다른지 서로 잘 알고 있음에도 불구하고, CORE가 우리의 개혁 요구에 대한 응답으로서 공적 자리매김을 잘하고 있다고는 생각하지 않는다(현재는 상당히 성공적이다). 2016년 3월 학생운동을 다룬 BBC 라디오 프로그램이 송출된 뒤 웬디 칼린은 방송 진행자 앞으로 우리의 요구에 대한 CORE의 답변임을 강하게 암시한 서한을 보냈는데, 이 서한은 BBC 웹 사이트에 다음과 같이 게시되었다.

금융 위기를 다루는 경제학 교수법, 하이에크에서 마르크스까지 사상가들의 기여, 불평등과 환경, 혁신과 같은 이슈 등에 대해 배우고 싶은 학생들은 이런 과목이 이미 우리 코스에 포함되어 있다는 것을 알게 될 것이다… 우리는 이미 더 나은 경제학자를 배출하기 위한 복수의 실용적인 글로벌 경제학 코스를 만들었다.**68**

CORE가 자리를 잡고 있음에도 불구하고, 우리는 CORE와 우리의 제안 사이에 실제적이고 근본적인 차이가 있음을 이 장에서 보여주었다. 학생들과 대학 당국, 정책 입안자 그리고 대중들이 이를 인식하고 있다는 사실이 중요하다. CORE를 통해서는 협소하고 정형화된 지식 체계를 계속 이어갈 수밖에 없으며, 이는 논쟁의 여지가 거의 없다. 이런 교육법으로는 학생들이 유동적이고 불확실하며, 논쟁적인 지식으로 채워진 복잡하고 다양한 세계에서 살고 일할 수 있는 준비를 제대로 할 수 없다는 점에서 문제가 있다.

경제학자들을 향한 도전

CORE의 커리큘럼은 다른 식의 접근법에 대한 거부감이 학계 깊숙이 존재함을 보여준다. 많은 신고전학파 경제학자들이 경제학 교육에 대해 자기 성찰을 하고 있지만 외부에서 배우기를 기꺼워하는 이들은 없다. 다원주의를 가로막는 장벽은 다름 아닌 경제학계 내부에 존재한다. 현재 대부분의 경제학과는 다른 학파를 대하는 신고전학파 경제학자들의 생각과 신고전학파를 향한 다른 경제학파 학자들의 생각이 서로 고착되어 있어서 다원주의 학풍으로 전환하기 힘들다. 다양한 색깔을 가진 경제학자들이 다투는 것은 직업적 정체성이나 경력과 연관되어 있기 때문에 위험부담이 크다. 양측 모두 서로의 장점을 인정하지 않으려 하며 이는 유쾌하지 못한 직업 환경으로 귀결될 수 있다. 캐나다 대학 경제학과에서는 비 신고전학파 경제학자가 조직적인 배제를 당했다고 주장하고 신고전학파 경제학자들이 이를 부인하는 분쟁이 일어났을 때 정치학자가 비공식적인 학과장 역할을 맡아야 했다.[69]

따라서 경제학이 변하기 위해 궁극적으로 극복해야 할 장애 요소 중 하나는 경제학자의 태도이다. 신고전학파 경제학자들은 자신들의 학문에 대한 긍지가 강하다. 2015년 한 신문에 따르면 57.3%의 경제학자들이 '일반적으로 여러 학문의 협업을 통한 지식이 단일 학문에서 도출한 지식보다 낫다'는 말에 동의하지 않았다. 반면 역사학자부터 심리학자까지 다른 분야의 사회과학자들은 이 말에 상당 부분 동의했는데, 이는 경제학자들이 자신들의 학문이 모든 답을 가지고 있다는 독특한 믿음을 가지고 있음을 보여준다.[70] 경제학자들은 다른 경제 이론을 무시하며, 대부분의 경제학자들이 자신들의 학문이 도전을 받고 있음에도 반대자들이 무엇을 비판하는지 제대로 이해조차 하지 못하고 있다고 말한다. 다른 한편으로, 신고전학파 경제학이 전혀 쓸모가 없으며 폐기되어야 한다고 주장하는 다른 학파의 경제학자들도 종종 존재한다.[71] 우리는 이들 견해 중 어떤 것도 그들이 신봉하는 학문을 위해 바람직하지 않다고 생각한다. 이런 태도를 버리지 않는 한 학문의 미래는 밝지 않다.

경제적 다원주의는 문제를 복잡하게 만들며 이를 피할 수 있는 방법은 없다. 다원주의는 경제학 논쟁의 장을 열었고 이 논쟁은 변치 않는 합의보다는 참가자들의 더 많은 에너지를 필요로 한다. 여전히 우리는 다원주의와 논쟁이 얼마나 중요한지 보여주고 싶다. 신고전학파 경제학의 지배는 사회를 위해서도 바람직하지 않다. 그러므로 경제학자들은 내부의 불화를 극복할 필요가 있다.

하지만 경제학과를 넘어서서 현대의 대학 학과가 다원주의 교육을 실현하기에는 제약이 있다는 사실 또한 인정해야 한다. 다원주의 경제학은 현재의 경제학 커리큘럼이나 CORE의 학습 계획처럼 수동적인 학생들에게 지식을 전수하려는 것이 아닌 교육학을 필요로 한다. 다음 장에서 우리는 경제학의 문제를 해결할 정답이 교양 교육의 이념 속에 있음을 주장하고, 유의미한 개혁을 달성하기 위해 어떻게 도전할 것인지 약술할 것이다.

주

1 티롤은 프랑스에서 영국에서와 비슷한 대학 경제학 교육에 대한 혁신 논의가 일어나자 이를 반박하는 편지 속에서 이렇게 말했다. 프랑스의 대학 경제학 교육도 영국과는 다르지만 균질화되어 있다. 이에 경제학의 기술적 교습에 반대하고 자유로운 교육을 장려하는, '경제학과 사회'라는 새로운 학술 프로그램 설립이 전국에 걸쳐 제안되었다. 프랑스 학계의 6분의 1이 청원서에 서명했고, 프랑스 교육부도 호의적이었다. 티롤은 이 계획을 중단할 것을 요구하는 편지를 썼다. 결국 계획은 폐기되었지만 이것이 티롤의 개입 때문인지는 확인하기 어렵다. 편지의 영어 번역본은 다음을 참조했다. http://assoeconomiepolitique.org/wp-content/uploads/TIROLE_Letter.pdf.

2 다음을 참조하라. Jean Tirole, 'Market power and regulation', *Economic Sciences Prize Committee of the Royal Swedish Academy of Sciences* (2014): 1 – 54p.

3 비슷한 사례를 찾는다면 다음을 참조하라. Marion Fourcade, *Economists and Societies: Discipline and Profession in the United States, Britain, and France, 1890s to 1990s*, Oxford: Princeton University Press, 2009.

4 John M. Keynes, 'Alfred Marshall, 1842 – 1924', 《The Economic Journal》 34(135) (1924): 322p.

5 Gary S. Becker, *The Economic Approach to Human Behavior*, Chicago: University of Chicago Press, 1976, 5p.

6 스미스의 이 유명한 말은 『국부론』에서 딱 한 번 언급되었을 뿐이다.

7 Adam Smith, *The Theory of Moral Sentiments*, Cambridge: Cambridge University Press, 1790, 4p.

8 스미스는 『국부론』 제5편 제1장에서 '평생 단순한 일만 수행하는 사람은, 일의 효과는 항상 같거나 비슷하겠지만, 이해력을 발휘하거나 발생하지 않은 어려움을 제거하기 위해 자신의 재능을 사용할 기회가 없다. 따라서 그는 자연스럽게 노력하는 습관을 잃어버리고, 과거의 인류가 흔히 그랬던 것처럼 어리석고 무지해질 것이다'라고 썼다. Adam Smith, *An Inquiry into the Nature and Causes of the Wealth of Nations*, London: Methuen, 1904, Book 5, Chapter 1.

9 같은 책의 제1편, 제10장.

10 Roger E. Backhouse, *The Penguin History of Economics*, London: Penguin, 2002.

11 British Economic Association, 'The British Economic Association', *The Economic Journal* 1(1) (1891): 1p.

12 Michael A. Bernstein, *A Perilous Progress: Economists and Public Purpose in Twentieth Century America*, Woodstock: Princeton University Press, 2001, 16.

13 위의 책, 17p.

14 위의 책, 15p.

15 위의 책, 20-21p.

16 이 인용문은 출처가 명확하지 않아서 신뢰하기 어렵다. 하지만 현대 경제학자들이 정치인들에게 비슷한 태도를 취하는 일은 흔하다. 다음을 참조하라. Michael Reay, 'The exible unity of economics', *American Journal of Sociology* 118(1) (2012): 65-67p.

17 Bernstein, *A Perilous Progress*, 2p.

18 William S. Jevons, *The Theory of Political Economy*, London: Macmillan, 2쇄, 1879, 서문.

19 위의 책.

20 마셜과 제번스 같은 저자들 역시 신고전학파 이론체계의 한계를 이해했으나, 자신들의 이론 도구가 사회를 탐구하는 유일한 방법이라고 여겼다. Ben Fine and Dimitris Milonakis, *From Economics Imperialism to Freakonomics: The Shifting Boundaries between Economics and Other Social Sciences*, London: Routledge, 2009, 32p.

21 Lionel Robbins, *An Essay on the Nature and Significance of Economic Science*, London: Macmillan, 2쇄, 1935: 15p.

22 Robert Cooter and Peter Rappoport, 'Were the Ordinalists wrong about welfare economics?', *Journal of Economic Literature* 22(2) (1984): 507-530p.

23 Fine and Milonakis, *Economics Imperialism*, 32p.

24 특별히 현대의 IS/LM 모형을 개발한 존 힉스의 사례를 들 수 있다. John R. Hicks, 'Mr. Keynes and the "Classics": a suggested interpretation', *Econometrica* 5(2) (1937): 147-159p, 하지만 힉스는 훗날 그의 실수를 일정했다. Hicks, '"IS-LM": an explanation', *Journal of Post Keynesian Economics* 3(2) (1980-81): 139-154p.

25 London School of Economics, 'EC201 Microeconomic Principles 1'. 다음을 참고하라. http://www.lse.ac.uk/resources/calendar/courseGuides/EC/2015_EC201.htm

26 일반적으로 게임 이론의 창시자는 존 폰 노이만과 오스카르 모르겐슈타인으로 알려 져 있다. *The Theory of Games and Economic Behaviour*, Princeton, NJ: Princeton University Press, 1944.

27 Bernstein, *A Perilous Progress*, 122p.

28 Robert Lucas, 'Econometric policy evaluation: a critique', Karl Brunner and Allan Meltzer (eds), *The Phillips Curve and Labor Markets*, New York: North Holland, 1976, 19–46p.

29 Paul Krugman, 'How did economists get it so wrong?', *New York Times*, 2009. 9. 2. 다음을 참조하라. http://www.nytimes.com/2009/09/06/magazine/06Economic-t. html?pagewanted=print&_r=0

30 Mark Blaug, 'The formalist revolution of the 1950s', *Journal of History of Economic Thought* 25(2) (2003): 145p.

31 집필에 도움을 준 프레데릭 리에게 특별한 감사를 전한다. 프레데릭은 우리가 개인적으 로 감사를 표하기도 전인 2014년 10월 슬프게도 세상을 떠났다.

32 Chris Giles, 'A formula for teaching economics', *Financial Times*, 2013. 11. 11. 다음을 참조하라. http://www.ft.com/cms/s/0/12e558da-4adc-11e3-8c4c-00144feabdc0.html#axzz46qDSIEtb

33 페미니스트 경제학적 관점이 현재까지 폭넓게 수용되고 있다는 사실은 일견 신고전학파 경제학이 지배하고 있다는 우리의 논점과 모순되는 것처럼 보인다. 페미니스트 경제학자 들은 주로 지리학과와 정치학과, 또는 연구소 등 경제학과 외부의 기관들과 함께 활동하 고 있으며, 우리가 교과목 리뷰에서 살펴보았듯 경제학과 교과목으로 페미니스트 경제학 을 개설하고 있는 대학은 없다.

34 Louise Morley, *Theorising Quality in Higher Education*, London: Institute of Education, 2014, 2p.

35 앞에서 언급한 1986년 RAE는 '시험 운영' 중이었다고 패널리스트 중 한 사람이 인터뷰 에서 말했다.

36 대학보조금위원회의 위임을 받았다.

37 최소한 부분적으로라도 비 신고전학파 경제학자로 분류될 수 있는 패널 멤버는 필립 아 레스티스(Philip Arestis)와 메그나드 데사이(Meghnad Desai) 등 두 사람뿐이다.

38 예를 들어, 2014년 REF에서는 왕립경제학회가 발간하는 《이코노믹 저널》의 편집자 레이 첼 그리피스가 부의장을 맡았다.

39 Frederic S. Lee and Sandra Harley, 'Peer review, the Research Assess-ment Exercise and the demise of non-mainstream economics', *Capital and Class* 66 (1998): 23-51p.

40 Frederic S. Lee, Xuan Pham and Gyun Gu, 'The UK Research Assessment Exercise and the narrowing of UK economics', *Cambridge Journal of Economics* 37(4) (2013): 693-717p.

41 University of Manchester Archives, 'Faculty of Economic and Social Studies-School of Economic Studies-Report of Council to the University Court 1996 Volume IA', 1996, 189p.

42 Morley, *Theorising Quality*.

43 Lee and Harley, 'Peer review', 25p.

44 지금은 다이아몬드 리스트로 불리는 이 기사에서 전형적인 사례를 찾을 수 있다. Arthur Diamond, 'The core journals of economics', *Current Contents* 21 (1989. 1.): 4-11p.

45 Education Reform Act, United Kingdom Parliament, 1988: Part IV, Section 202.

46 Foundation for European Economic Development, 'Plea for a pluralistic and rigorous economics', *American Economic Review* 82(2) (1992): xxv.

47 Post-Autistic Economics Network, 'Open letter from economics students to professors and others responsible for the teaching of this discipline', 2000. 다음을 참조하라. http://www.paecon.net/PAEtexts/a-e-petition.htm

48 처음에는 포스트 자폐 경제학 네트워크라는 유쾌하지 못한 이름으로 불렸다.

49 Post-Autistic Economics Network, 'Opening up economics: a proposal by Cambridge students', 2001. 6. 14. 다음을 참조하라. http://www.paecon.net/petitions/Camproposal.htm.

50 *L'avenir des sciences economiques a l'Universite en France*, report, Government of France, 2014. 6. 5. 다음을 참조하라. http://cache.media.enseignementsup-recherche.gouv.fr/le/Formations_et_diplomes/05/1/Rapport_Hautcoeur2014_328051.pdf

51 Association of Heterodox Economists, 'Submission from the Association of Heterodox Economics to the consultation on the QAA Benchmark Statement on Economics', 2016: 7. 다음을 참조하라. https://www.business.unsw.edu.au/research-site/societyofheterodoxeconomists-site/Documents/QAA Benchmark.

pdf

52 Early Day Motion 641: Formation of the Post-Crash Economics Society at Manchester University, UK Parliament, 2013.

53 *Economics, Education and Unlearning: Economics Education at the University of Manchester*, report, the Post-Crash Economics Society, 2014, 17. 다음을 참조하라. http://www.post-crasheconomics.com/economics-education-and-unlearning/

54 보고서에 대한 신고전학파 경제학자들이 반응은 다음을 참조하라. Roger Farmer, 'Teaching economics', 2014. 4. 23. 다음을 참조하라. http://rogerfarmerblog. blogspot.co.uk/2014/04/teaching-economics.html, Paul Krugman, 'Frustrations of the heterodox', *New York Times*, 2014. 4. 25. 다음을 참조하라. http://krugman. blogs.nytimes.com/2014/04/25/frustrations-of-the-heterodox, Simon Wren-Lewis, 'When economics students rebel', 2014. 4. 24. 다음을 참조하라. http:// mainlymacro.blogspot.co.uk/2014/04/when-economics-students-rebel.html 그리고 이를 반박하고 보고서의 내용을 지지하는 경제학자들의 견해를 보려면 알렉스 마쉬와 스티브 킨의 다음 글을 참조하라. Alex Marsh, 'Economics budo', 2014. 4. 26. 다음을 참조하라. http:// www.alexsarchives.org/2014/04/economics-budo, Steve Keen, 'Why Krugman needs a new school of thought', *The Australian*, 2014. 4. 28. 다음을 참조하라. http://www.theaustralian.com.au/business/business-spectator/why-krugman-needs-a-new-school-of-thought/news-story/7e36b530ca7bb990a1258 596e49a8214

55 정규 과목으로 편성해달라는 청원에 240명 이상의 학생들이 서명했다.

56 *An International Student Call for Pluralism in Economics*, International Student Initiative for Pluralism in Economics, 2014. 5. 5. 다음을 참조하라. http://www.isipe. net/open-letter/

57 CORE 홈페이지(http://www.core-econ.org/)에 게시된 자료는 무료로 이용 가능하다.

58 Wendy Carlin, 'Economics explains our world-but economics degrees don't', *Financial Times*, 2013. 11. 17. 다음을 참조하라. http://www.ft.com/cms/ s/0/74cd0b94-4de6-11e3-8fa5-00144feabdc0.html#axzz46qYfHtC0

59 Anne Krueger, 'Report of the Commission on Graduate Education in Economics', *Journal of Economic Literature* 29(3) (1991): 1052p.

60 위의 책.

61 Diane Coyle and Simon Wren-Lewis, 'A note from Diane Coyle and Simon Wren-Lewis', *Royal Economic Society Newsletter* 169 (2015. 4.): 15p.

62 Robert Skidelsky, 'Reforming economics', 2014. 12. 19. 다음을 참조하라. http://www.skidelskyr.com/site/article/reforming-economics/

63 자료 제공에 동의해준 UCL 측에 감사한다.

64 Skidelsky, 'Reforming economics'.

65 Velkar Aashish, 'Review of CORE eBook', 2016. 다음을 참조하라. http://www.post-crasheconomics.com/review-of-core-ebook/

66 'How should economics change? With Steve Keen, Diane Coyle and George Cooper', Post-Crash Economics Society. 다음을 참조하라. https://www.youtube.com/watch?v=shZJNG1F6MM

67 위의 책.

68 Peter Day, 'Changing how economics is taught', BBC, 2016. 3. 3. 다음을 참조하라. http://www.bbc.co.uk/news/business-35686623

69 캐나다 대학교원노조는 신고전학파 경제학자와 대학 당국을 비판하는 보고서를 발표했다. 다음을 참조하라. Allan Manson, Pamela McCallum and Larry Halven, *Report of the Ad Hoc Investigatory Committee into the Department of Economics at the University of Manitoba*, report, Canadian Association of University Teachers, 2015.

70 Marion Fourcade, Etienne Ollion and Yann Algan, 'The superiority of economists', *Journal of Economic Perspectives* 21(1) (2015): 95p.

71 우리는 이들이 누구인지 적시하지 않겠다. 하지만 경제학 논쟁에 친숙한 이들이라면 우리가 무슨 말을 하는지 알 수 있을 것이다.

다원주의 교양교육으로서의 경제학

[대학의 목적은] 숙련된 변호사나 의사, 엔지니어가 아닌 능력과 교양을 갖춘 인간을 배출하는 것이다.

존 스튜어트 밀, 1867[1]

다시 말하지만 학교는 당신에게 맞는 단 하나의 직업을 위한 기술교육의 장이 아니다. 학교는 모든 직업에서 당신을 더 낫게 만들어주며, 더 나은 삶을 살도록 도와준다… 그러나 인생에서 살아가기 위한 수단으로만 간주한다면 학교의 가치를 잃을 것이다. 학교를 배움의 수단으로, 과학과 문명을 발전시키는 수단으로 여겨라.

윌리엄 베버리지, 1924[2]

영국에서 가장 유명한 경제학자 두 사람이 언급한 위 인용문은 오늘날 경제학 교육과 근본적으로 대비되는 교육관을 제시한다. 그것은 '교양교육'으로 불리는 접근 방식이며, 이번 장에서 우리는 교양교육이 경제학 학위과정을 개혁하는 데 사용되는 일련의 원칙을 제공할 수 있음을 보여주려고 한다. 이 섹션에서 우리는 교양교육의 이념을 소개하고, 그 다음에 1945년 이래 영국의 고등교육 시스템의 역사와 상태를 탐구하고, 교양교육의 원칙이 얼마나 방치되었는지 살펴볼 것이다. 마지막으로 우리는 이 원칙들이 현재 시스템 내에서 경제학을 개혁하는 데에 필요한 몇 가지 방법을 제시할 것이다.

교양교육의 근원은 서구문명만큼이나 오래되었다. 고대 그리스에서 철학자 소크라테스는 '소크라테스 대화법'으로 불리는 교수법을 개발하여 상대방에게 이성과 논리를 사용하여 자신의 견해와 신념을 개발하고 변호하도록 했다. 소크라테스는 교육에서 이성의 역할과 권위, 보편적인 사상에 대한 도전과 자기성찰의 중요성을 강조했다. 이런 접근 방식은 오늘날 교육에 중요한 영향을 미친다. 자신의 전통과 신념에 비판적이면서 독립적이고 합리적인 판단을 개발할 수 있는 능력은 자신에 대해 성찰하고 궁극적으로는 자유로운 개인이 될 수 있는 필요조건이다.

소크라테스의 접근 방식이 급진적인 까닭은 사회규범이 고정된 것이 아니라 바뀔 수 있으며, 궁극적으로 필요한 경우 규범을 검토하고 문제를 제기하고 도전하는 것 모두 우리의 책임이라는 점을 깨우쳐주었기 때문이다.[3] 차세대 경제 전문가들이 아무런 의심 없이 받아들인 이론에 비판적으로 대처할 수 있으려면 경제를 보는 다양한 관점이 있다는 것을 알아야 한다.

영국의 대학에서 교양교육의 실제 의미는 시간이 지나면서 크게 달라졌으며, 그 결과 교양교육의 개념은 매우 상이하고 모순된 의미를 지니게 되었다.[4] 교양교육의 원칙은 사회정치적 맥락에서 결정된다.

18세기 영국에서처럼 엘리트들에게 공통의 정체감을 부여해서 사회를 유지하도록 하거나, 소크라테스가 그리스에서 했던 것처럼 일상의 규범에 도전하고 문제 제기하는 데 이용할 수 있다.[5] 우리가 볼 때 독창적이고 비판적인 사고를 장려하는 것뿐만 아니라 문명과 문화를 전승하고 시민의식의 공통 기준을 세우는 것 또한 교육철학의 중요한 역할이다. 이 두 가지를 모두 할 수 있는 방법을 모색하는 것은 어떤 교육에서나 커다란 과제의 하나이다.

그렇다면 교양교육의 핵심 원칙은 무엇일까? 모든 교양교육은 직업훈련으로 정의하는 도구적 교육을 거부한다. 직업훈련은 교사가 가르치는 것을 학생이 마스터했을 때 성공에 이르지만, 교양교육의 성공은 학생이 교사의 가르침에 의문을 표시했을 때 달성된다. 여기서 교육과 훈련의 구분이 중요한 이유는 경제학 학부 과정이 신고전학파 경제학의 훈련 과정만을 제공하고 있기 때문이다. 토비 영은 '사회경제적 기대에 부응하지 않는 정신의 독립 상태를 지키는 것이 훌륭한 교육의 목표다'라는 말로 그런 정서를 콕 집어낸다.[6] 지금부터 보게 되겠지만, 오늘날 교양교육이 잃어버린 원칙이 바로 이것이다.

교양교육의 목적을 현대적으로 정립하는 곳은 미국대학협회(Association of American Colleges and Universities, AACU)이다.

개인의 능력을 개발하고, 복잡하고 다양하며 변화하는 것들에 대처할 수 있도록 준비시키는 대학 학습에 관한 접근법. 이 접근법은 특정 관심 분야의 깊이 있는 성취뿐 아니라 더 넓은 세계(예를 들어 과학, 문화 및 사회)에 대한 폭 넓은 지식을 강조한다. 이는 학생들의 사회적 책임감 배양에 도움이 된다. 의사소통, 분석 및 문제해결 기술과 같은 모든 주요 분야를 아우르는 강력한 지적 및 실용적인 기술. 그리고 실제 환경에서 지식과 기술을 적용하는 입증된 능력.[7]

우리가 경제학에서도 교양교육이 필요하다고 요구할 때 기본적인 가이드로 활용하는 것이 바로 이런 정의이다. 우리는 교양교육을 가치 있고 추구해야 할 이상처럼 여기지만, 다음 챕터에서 보는 것처럼 개인과 기관에만 이를 맡기기는 어렵다는 것을 알고 있다. 우리가 볼 때 그들이 하는 정도는 그들이 했다는 품질 보증이라고 본다.[8]

미국대학협회에 따르면 교양교육은 특정한 콘텐츠(강의계획)이면서 가르치는 방식(교육학)이기도 한데, 둘의 관계가 전혀 별개인 것도 아니다. 케임브리지 대학의 경제교육에 대한 우리의 분석은 교양교육이 의미를 가지려면 다원주의가 그 중심에 있어야 함을 보여준다. 우리는 제3장에서 다원주의의 개념을 설명했으며, 〈표 3.1〉을 통해 경제학과 학생이라면 기본적으로 알고 있어야 할 다양한 경제학파를 소개했다. 케임브리지 대학과 옥스퍼드 대학의 역사적인 자산이 우리에게 주는 시사점은 현재 영국의 모든 대학들이 학생들에게 교양교육을 제공하는 것이 최선이라는 것이다. 이는 우리의 커리큘럼 리뷰를 봐도 명백하다. 케임브리지에서는 교과서 의존도가 낮은 반면 경제학 문헌을 더 많이 찾아보고 객관식 시험을 치르지 않으며, 대학원생들과 함께하는 규모가 큰 튜토리얼 대신 교수들이 함께하는 소그룹 슈퍼비전을 제공한다.[9] 다른 대학들은 학생 개개인에게 이런 서비스를 제공하기 힘들며, 따라서 교양교육에서 핵심인 교수와 학생의 친밀도를 높이는 데 주력하고 있다.

하지만 우리의 커리큘럼 리뷰에 따르면 케임브리지 대학의 교과내용은 다른 대학과 별반 다르지 않으며, 비 신고전학파에 대한 언급 또한 거의 없었다. 교육을 협소한 기술훈련과 구분하고 학생들이 살면서 부딪히게 될 복잡하고 다양한 변화들에 대처할 수 있도록 하려면 세상에 대해 다양하게 사고하도록 이끌어야 한다. 하나의 경제학만을 배우는 것은 하나의 사고만 하도록 이끄는 것이며, 학생들이 자기 학습에 비판적으로 참여할 수 있도록 기회를 제공하지 않는 것은 더 심도 깊은 기술을 개발할 수 없도록 하는 것과 같다. 이런 이유에서 다원주의는 교양교육의 필요조건이다.

다음은 케임브리지 대학 경제다원주의학회가 경제학과 학생과 졸업생 250명을 대상으로 조사한 결과이다. 조사 결과 응답자의 60%가 대학과정이 언어소통 능력을 발전시켜주지 못했거나 부정적인 영향을 끼쳤다고 응답했고, 문서소통 능력에 대해서는 47%가, 비판적이고 독립적으로 사고하는 능력에 대해서는 35%가 그렇다고 응답했다.[10] 교육자원이 훨씬 우수함에도 불구하고 케임브리지의 경제학 교육은 독립적 사고와 사회적 책임, 비판적 지성을 비롯한 교양교육의 핵심 가치를 개발하는 데 실패했다.

오늘날 학부에서 배우는 경제학에는 교양교육이 들어설 자리가 없으며, 학생들의 취업 능력을 기르는 데 초점이 맞추어져 있다. 다원주의 경제학이 학생들에게 더 유리하다는 우리의 의견에 대한 경제학 교수들의 반응이 이 점을 잘 보여준다. 그들이 우리에게 첫 번째로 강조하는 것은 경제학과 졸업생이 어떤 분야에서도 평균 초임 연봉을 가장 많이 받으며, 따라서 경제학 교육은 제 역할을 제대로 하고 있다는 것이다. 이 답변은 경제학 교수들의 도구적 교육관을 보여줄 뿐, 인과 관계(경제학을 배운 사람들은 전자가 후자의 원인이기 때문에 높은 급여를 받는다고 가정)를 잘못 짚고 있다는 것이 우리의 견해이다. (경제학자들이 수행한) 최근 연구에 따르면, 대학을 졸업한 지 10년이 지난 후에 경제학과 졸업생들은 평균적으로 영국에서 어떤 학과 졸업생보다도 두 번째로 많은 급여를 받았다(첫 번째는 의사).[11] 그렇다, 경제학과 졸업생은 취업이 용이하고 높은 급여를 받는다. 하지만 이것이 졸업생들이 받은 교육의 질을 평가할 수 있는 직접적인 결과물은 아니다. 이 사실은 경제학자들이 가진 명성과 영향력의 결과로 봐야 하며, 우리는 제1장에서 이에 대해 개략적으로 설명한 바 있다.

경제학은 현대 정부와 기업에서 중요한 역할을 수행하기 때문에 양질의 자격을 갖춘 졸업생들은 상대적으로 높은 고용 기회와 높은 급여를 보장 받는 자격증 세트를 갖게 된다. 경제학과 졸업생은 전문적인 어휘를 구사할 수 있고 경제 분석에도 익숙하기 때문에 수요가 많다. 이는 그들이 받은 교육이 경제나 역사를 이해하는 데 도움이 되었기 때문도 아니고, 그들이 생활이나 직업 현장에 필요한 많은 기술을 개발했기 때문도 아니다.

많은 경제학과 졸업생들에게서 드러나는 기술 부족을 불평하는 고용주들이 있다. 경제학 네트워크가 실시한 조사에 따르면 많은 고용주들이 자신이 고용한 경제학과 졸업생들의 비판적인 자기인식(28%), 일반적인 창의력과 상상력(23%), 명확한 문서 소통 능력(22%), 폭넓은 맥락에서 배운 것을 적용할 수 있는 능력(25%) 등이 '그다지 높지 않다'고 생각했다.[12] 지원자에게 보낸 편지에서 정부경제서비스(GES) 부국장은 '정부 경제학은 보조정리(이론을 입증하는 것에 도움이 되는 기술적 결과)가 아닌 딜레마를 다루는 것이다'라고 언급하면서, '이론적 일관성을 위한 일련의 자명한 원칙을… 집요하게 고수'하지 않고 '지적 다양성을 가진' 후보자를 찾고 있다고 충고했다.[13] 다음은 영국은행 수석 이코노미스트 앤디 홀데인의 말이다.

> 미래의 공공정책 문제에 효과적으로 대처하려면 과거를 이해하는 것이 중요하다. 방법론의 선택과 정치경제에 관한 지식, 제도의 평가, 화폐와 은행에 대한 이해 또한 필요하다. 개정된 경제학 커리큘럼은 이런 요구와 공공정책의 요구를 충족시킬 수 있다.[14]

경제학과 졸업생을 고용한 주요 고용주들이 비판적이고 다원적인 경제학을 지지하는 이유는 그들의 바람과 졸업생의 지식이나 기술 사이의 격차가 크기 때문이다. 다소 반직관적(counter-intuitive)으로 말하자면, 교양교육은 고용에 직접 초점을 맞추지는 않더라도 실제로 협소한 의미의 직업훈련보다는 졸업생들이 직장에서 성공할 수 있도록 더 잘 준비시킨다는 것이다.

우리는 제2장에서 대학의 경제학 교육이 맹목적인 가르침에 불과하며, 이는 학문적으로나 사회적으로나 경제를 보는 특정한 사고방식의 독점으로 이어졌다고 주장했다. 반면 교양교육을 포함한 다원주의 경제학 교육은 학생들을 전문 직업인이자 시민으로서, 독립적이고 창조적이며 비판적인 개인으로 성장하도록 설계될 것이다.

교육학자들은 오랫동안 교육과 민주주의 사이의 연관성을 연구해 왔다. 존 듀이는 1915년에 쓴 글에서 교육은 사람들이 민주적으로 살기 위해 필요한 기술을 적극 개발해야 한다고 주장했다. 듀이에게 민주주의는 단순한 형식 체계가 아니라 문화이자 일상이었다. 이 말은 학교가 학생 스스로 교실의 규율을 정하고, 학교생활의 개선을 위한 아이디어를 토론하게 하며, 민주주의 문화를 체득하고 이를 효과적으로 작동시키기 위해 필요한 학습 목표를 정하는 데에 참여하도록 함으로써 이런 기술이 개발될 수 있음을 의미했다.

이런 관점에서 볼 때 의견 차이와 논쟁은 학계와 민주주의의 핵심 가치이다. 출발점은 학회를 비롯한 각 학문 분과들이 다양한 시각과 배경, 관심사를 가진 개인과 단체들의 서식지라는 것이다. 인간에게는 경청하는 능력과 독립심, 윤리적 판단력, 존중심, 서로 다름을 수용하는 열린 자세, 성찰, 호기심 같은 인간 본연의 능력들이 있기에 학술적인 경제 논쟁이나 민주주의 논쟁을 불문하고 건설적으로 논쟁에 뛰어들 수 있다.[15]

다음 단계는 학생들이 스스로 생각하고, 다른 이들뿐 아니라 자신의 신념과 가치에 대해서도 비판적으로 되돌아볼 수 있게 하는 것이다. 윤리학과 정치학을 경제학 학습 영역으로 다시 편입시키는 것만으로도 다원주의적인 교양교육을 향해 한 걸음 나아갈 수 있다. 경제학자들은 경제이론의 가치와 가정을 명확히 하고 이것이 자신의 견해에 어떻게 부합하는지 탐구하는 것이, 세계관과 도덕적·문화적·역사적·종교적·정신적·사회적·직업적 가치와 편견을 포함하여 전문가로서의 자신의 판단에 영향을 줄 수 있다는 것을 알고 있다.[16]

중요한 점은 점점 더 많은 수의 주요 경제학자들이 다원주의 교양교육의 필요성을 인식하고 있다는 점이다.[17] 영국에서는 그리니치 대학과 킹스턴 대학, 골드스미스 대학에서 중요한 커리큘럼 개혁 물결이 일어나서 기초 과정을 재설계했을 뿐 아니라 완전히 새로운 코스들이 개설되었다.[18] 이것은 점진적 변화라기보다는 다원주의 및 교양교육의 원칙을 대담하게 수용한 것이다. 우리가 그리니치 대학의 커리큘럼 개

혁을 이끌고 있는 새라 고르고니를 만났을 때 특히 놀랐던 것은 '[경제
학의] 궁극적인 목표는 현실의 복잡성을 이해하는 것'이라고 주장하는
그녀의 개방적이고 솔직한 태도였다.[19] 여기서 경제학은 연구의 대상
(경제)을 일컫는 것이지 어떤 특정한 사고방식에 대한 언급은 아니다.
이런 식으로 경제학을 재정의하는 것이야말로 다원주의적이고, 비판
적인 경제학 교육을 향한 대담하고 중요한 걸음을 내딛는 것이다.

의심의 여지없이 여전히 해야 할 일이 있다. 다원주의자라고 주장
하는 타 대학 경제학과 학생은 우리에게 "대부분의 대학이 "주류이며
옳기 때문에 배운다"고 말하죠. 이제 그들은 "주류이기 때문에 옳지 않
더라도 배운다"고 할 거예요"라고 말했다.[20] 강의 계획에 다원주의를
포함시키는 것은 어렵다. 경제학이란 곧 신고전학파 경제학을 일컫는
것이며 따라서 대학으로서는 학생들이 권위 있는 곳에서 대학원 과정
을 밟을 수 있도록 신고전학파 교육에 초점을 맞출 수밖에 없다. 하지
만 그리니치 같은 대학은 새로운 교수를 채용하고, 코스를 재설계하고,
평가 방식을 바꾸고 있다. 이런 변화가 장차 경제학의 방향을 바꿀 수
있으리라고 우리는 생각한다.

물론 경제학 교육의 미래가 경제학자와 학생들 사이의 학술 논쟁으
로만 결정되지는 않을 것이라는 점을 인식하는 것은 중요하다. 경제학
개혁 시도는 많은 제도적 제약에 직면해 있다. 학과는 주류 신고전학
파 경제학을 공부하지 않은 경제학자를 채용함으로써 앞으로 연구역
량평가에서 낮은 점수를 받을 수 있다. 이는 학과 순위가 떨어지는 것
으로 이어지며, 학생들은 다른 학교를 택하게 될 것이다. 신고전학파라
는 강압복은 시스템을 통해 점점 익숙해지기 때문에 탈출하기가 어려
울 수 있다. 상황이 이렇기 때문에 영국의 고등교육을 대규모로 혁신

하여 학생들에게 양질의 교양교육을 제공하는 것은 점차 어려워지고 있다.

소시지 공장 같은 고등교육

◎ Part 1: 소시지에서 고기 빼내기

슈퍼마켓에 진열된 소시지 중에는 고기 함량이 30% 미만인 것들이 있다. 이런 소시지는 내용물의 3분의 2 이상이 러스크, 기름, 전분, 첨가물과 '고기처럼' 보이도록 하는 색소를 비롯한 각종 성분들로 이루어져 있다. 고기를 소시지에서 빼내면 비용을 절감하거나 같은 비용으로 더 많은 생산을 할 수 있다. 1945년 이후 70년 동안 영국의 고등교육은 비슷한 논리로 전개되어 왔다. 이 기간 동안 18세까지 학교를 다닌 사람•의 숫자가 3%에서 47%로 크게 증가했다.[21] 대학의 문이 모두에게 열려 있어야 한다는 우리의 믿음에 비추자면, 이런 발전은 매우 긍정적이다. 하지만 이런 제도 아래서 많은 학생들이 1인당 학비 지원액이 크게 줄어든 상태로 학교를 다니고 있다. 경영과 기금, 연구, 교수법 등에서 효율성을 높이고 교육 수준을 유지하기 위한 변화가 있었지만, 소시지에 붉은 색소를 입히듯 지금까지는 부족함을 감추는 데만 급급했다. 따라서 우리는 경제학 교육을 개혁해야 하며, 이 도전은 큰 의미가 있다.

이 이야기는 또한 이코노크러시의 부상과 밀접하게 관련되어 있다.

• 영국의 학제는 6-5-2-3 학제로, 초등학교 6년, 중등학교 5년, 대학입학예비과정(A-level) 2년, 대학 3년으로 이루어져 있는데, '18세까지 학교를 다녔다'는 것은 대학 진학을 위한 A-level 과정을 마쳤음을 뜻한다.

이코노크러시를 지배하는 교육관은 '현재의 교육은 내일의 경제를 위한 것'이라는 에드 밀리밴드 전 노동당 대표의 주장에서 상징적으로 드러난다.[22] 신고전학파 경제 논리는 '인적 자본' 이론과 내생적 성장 모형을 통해, 학생 수를 늘리는 것과 역대 정부가 그 부문 개혁을 위해 사용해온 강력한 조치에 대해 영향력 있는 근거를 제공했다. 이 두 가지 이론이 갖는 함의는 교육 투자가 개인과 경제 전체의 미래 생산성을 늘려 수입과 잠재적 성장을 증가시킨다는 것이다. 고등교육의 목적은 시간이 지나면서 일정 부분 이런 접근법으로 수렴되었으며, 적극적인 시민의식 함양을 위한 기술을 개발해야 한다는 견해에서 멀어졌다.

우리의 이야기는 영국의 교육 시스템이 자치권을 가진 16개 엘리트 대학 그룹으로 구성되어 있던 1946년으로 거슬러 올라간다.[23] 대학 보조금위원회(UGC)•가 대학과 정부 사이에서 '완충장치' 역할을 했기 때문에 대학들은 기금과 대학 정책의 자율성을 크게 확보할 수 있었다. 이 시기의 대학교육은 소수 엘리트를 위한 것이었지만 교양교육에 필요한 교육비는 제공되었다.

고등교육의 확대는 UGC가 새로운 대학 8곳을 설립하기 시작한 1950년대부터 본격화되었다. 맞춤형 교습의 중요성이 인식되고 교수 대 학생 비율을 1:8로 유지하겠다는 공약이 발표되었다.[24] 1966년 정부는 28개의 폴리텍 대학을 설립할 계획을 세웠다. 그러나 폴리텍 대학은 지방정부의 통제 하에 있었기 때문에 2단계 관리 시스템을 만들었다.[25] 이제 대중적인 고등교육을 위한 케이스는 만들어졌지만, 한동안 고등교육의 확대는 교양교육에 필요한 교육비를 여전히 유지한 채

• University Grants Committee. 대학 보조금 배분을 위한 영국 정부 자문기구로 1919년부터 1988년까지 존속했다.

가능했다.

대학을 위한 정부지출은 대학 수입의 상당 부분을 차지하며 1935~1936학년도 34.3%에서 1949~1950학년도 63.9%로 증가했다.[26] 이는 대학을 보는 시각이 공적 기금을 지원받는 독립기관에서 상당한 독립성을 지닌 공공서비스기관으로 바뀌는 데 영향을 미쳤다. 1950년대와 1960년대에 재무부는 전체 지출을 제한하고 부처가 그들의 예산을 합의하기 위해 자신들과 협상하도록 함으로써 부처의 예산편성 방식을 바꾸었다.[27] 이로써 재무부는 고등교육예산 통제권을 얻었고, 이는 재무부를 더욱 강력하게 만들었다. 이 두 가지 변화는 첫째, 늘어나는 정부 개입을 정당화하고, 둘째, 이를 효과적으로 수행할 수 있는 힘을 정부에게 부여했다는 점에서 향후 중요하게 작용할 것이다.

거의 10년 동안의 경제 위기가 끝나고 1979년 새로 구성된 정부는 공공지출을 줄이려고 노력했다. 1980~1981학년도의 예산삭감으로 UGC는 학생 1인당 교육비를 유지하기 위해 전체 학생 수를 5% 줄였다. 이 결정은 양질의 교육을 제공하기 위해 필요한 최소조건이자 교양교육에 필요한 교육비를 제공하겠다는 지속적인 의지의 근거로 정당화되었다.[28] 1970년대 초반, 18세까지 학교를 다닌 사람의 비율은 15%였고 이 수치는 거의 20년 동안 그대로였다. 그러나 이 기간에 고등교육의 목표가 바뀌었고, 이 변화에서 이코노크러시의 영향력을 확인할 수 있다. 1985년 당시 정부는 그린 페이퍼에서 '우리의 고등교육이 경제의 성과를 개선하는 데 보다 효과적으로 기여할 필요가 있다'라고 주장했다.[29] 제2장에서 보았듯, 신고전학파 경제학은 교육이 인적자원 개발이나 기술개발 측면에서 경제성장에 중요한 역할을 한다고 본다.[30] 이런 모형들이 재무부와 정치권에 미치는 영향력이 커지면서 학생 수를 더 늘리기 위한 강력한 지적 근거가 제시되었다.

학생 수를 늘리자는 주장이 설득력이 있었던 만큼 정부는 최대한 허용이 가능한 재정 한도 내에서 이를 지원하기 위한 방법을 찾아야 했다. 이에 덧붙여 경제적 아이디어 또한 중요한 역할을 했다. 1980~1981학년도에 UGC가 교육비의 유지를 위해 학생 수를 줄이기로 결정하자 이에 자극받은 정부는 1988년 UGC를 폐지하고 대학재정위원회(University Finance Council, UFC)로 대체했는데, 이는 매우 제한적인 조치였다. UGC의 폐지는 비공식적인 정부 활동이 막을 내리고 이코노크러시를 상징하는 더욱 기술적인 접근법의 부상, 즉 고등교육의 자율성이 사라지는 것을 의미했다.[31] 1986년부터 1989년까지 교육부 장관을 역임한 케네스 베이커는 신고전학과 경제학의 '한계비용' 이론에 근거하여 학생 1인당 적절한 교육비를 정한 뒤 학생 수를 늘려야 한다는 UGC의 주장을 거부했다.[32] 1989년 UFC는 시장에 기초한 새로운 기금 시스템을 개발하여 고등교육기관들이 기대하는 학생 수를 적어내도록 했다. 새로운 학생을 위한 기금은, 새로운 학생 당 일정 금액을 추가(1인당 교육비 단위)하는 식이 아니라 기존 학생 수에 한 명 이상을 더했을 때의 비용을 추산(한계비용)하는 식으로 정해져야 한다는 것이 이 아이디어의 핵심이다. 이런 관점에 따르면, 한 반의 학생이 20명이라고 할 때 한 명을 추가하더라도 교육비는 많이 늘지 않을 것이고, 이것은 학생 수 확대라는 전망을 더 매력적으로 보이게 했다.

새로운 시스템이 적용되면서 대학들은 학생 1인당 정해진 기준 금액을 써낼 수도 있지만, 학생 수를 늘리려면 값을 더 낮게 써내도록 권장되었다. 시장이 효과가 있다면, 학생을 늘리기 위한 대학 간 경쟁은 각 대학마다 학생 한 명을 늘리는 것과 학생 한 명을 받아들일 때의 비용이 같아지는 수준, 즉 균형을 이루는 수준의 금액으로 이어질 것이다. 학생 1인당 필요한 교육비와 학생 숫자를 분리하는 것은 양질의 교육을 제공하기 위한 충분한 자금이 있는지에 대한 어려운 정치적 대화를 피할 수 있는 기술적 해법을 제공했다. 이는 이코노크러시가 경제적인 의사 결정을 할 때의 공통적인 특징이다. 하지만 실제로는 대학들이 학생 수를 19% 늘리기 원하면서도 모두 높은 금액만을 적어내어, 한계 비용으로 학생 기금을 할당하려는 시도에 효과적으로 저항했다.[33]

1992년 고등 교육법(Further and Higher Education Act 1992)은 대학과 폴리텍 대학을 나누는 2단계 시스템을 폐지하고 영국의 대학을 47개에서 88개로 늘렸다. 새롭게 통합된 시스템에 따라 1949년 85,000명이던 학생 수가 백만 명 이상으로 늘어났으며, 이는 심각한 재정적 압박을 야기했다. 1990년의 교수 인원과 1950년의 학생 인원이 같다는 점에서 고등교육의 성장 규모를 알 수 있다.[34] 1976년과 1995년 사이에 학생 1인당 기금은 40% 줄었고, 이는 1950년 1:8이던 교수 대 학생 비율이 2000년 1:18까지 두 배 이상 늘어나게 된 주요 원인이 되었다.[35]

1990년대 중반에 학생 1인당 교육비 기준이 무너지자 대학 총장들은 등록금을 독자적으로 부과하겠다고 정부에 으름장을 놓았다. 새로 구성된 노동당 정부의 답변은 자산소득 조사를 통해 일정 소득 이상의 학생들에게 1,000파운드의 대학 수업료를 부과한다는 것이었다. 또한 2004년에는 최대 3,000파운드까지 허용하는 '추가' 수업료('top-up' fee)● 도입 법안을 통과시켰다. 영국 내 명문 대학들에게 국제 경쟁력 확보와 발전에 필요한 추가기금을 제공하기 위해, 그 가치에 걸맞은 수업료 부과를 허용하자는 것이었다.³⁶ 하지만 거의 대부분의 대학이 수업료를 3,000파운드에 맞춤으로써 차별화된 시장을 창출하려던 정부의 의도를 무력화시켰다.

'추가' 수업료는 소득기준 상환 프로그램(Income Contingent Repayment, ICR)에 따라 대출받을 수 있다. ICR 대출이라는 아이디어는 경제학자들이 개발했으며, 고등교육의 확대와 적절한 재원 마련이라는 두 마리 토끼를 모두 잡을 수 있는 은빛 탄환처럼 여겨졌다.³⁷ 이것의 기본 아이디어는 학생들의 선 납부 대신 정부가 학생들에게 수업료를 대출해주고, 학생들은 졸업 후 일정 금액 이상의 수입을 올리면 대출금을 갚아나간다는 것이다. 소득기준 상환이라고 부르는 이유는 상환액이 대출금액이 아닌 졸업생의 소득수준에 따라 결정되기 때문이다. ICR 대출은 '인적자본'이라는 개념을 전제로 한다. 학생들은 대출받는 과정을 통해 스스로를 투자하며, 생산성 향상은 졸업 후 고소득이라는 형태로 노동시장에서 입증되는데, 이는 그들이 대출금을 갚을 수 있음을 의미한다.³⁸

2010년 ICR 대출 프로그램을 기반으로 한 대규모 교양교육부문 개혁이 진행되었다. 개혁은 포괄적인 지출심사의 형식으로 모습을 드러냈는데, 2008년 금융위기 이후 공공지출 규모를 25% 삭감하는 것이 주 내용이었다. 교양교육 예산은 80%나 대폭 삭감되어, 2009~2010학년도 50억 파운드이던 예산이 2015~2016학년도에는 10억 파운드로 줄어들었다.³⁹ 기금 부족분은 수업료 상한선을 9,000파운드로 올려서 메울 수 있었다. ICR 대출 프로그램은 자세하게 설명하자면 복잡하지

- 대학이 실제 운영비에서 정부 보조금을 뺀 차액만큼 추가로 부과하는 수업료.

만, 대략 상환 때까지 21,000파운드 이상 벌면서 소득의 일정 비율을 갚아나가는 졸업생이 필요하다는 것 정도로 요약할 수 있다.[40] 정부는 현재 고등교육에 전보다 더 많은 현금을 투입하고 있지만, ICR 대출을 확대함에 따라 향후 언젠가는 그 돈을 되돌려 받을 것으로 기대한다는 뜻이다. 2015년 9월 이전까지는 대학들이 재정적인 불이익을 감수하지 않는 한 지켜야 하는 구체적인 학생 모집 상한선이 존재했지만, 현재는 신입생 모집의 제한이 사라졌다. 이런 시스템에서 대학들은 신입생 모집 경쟁을 벌이고 있는데, 2010년 개혁에는 고등교육 부문을 시장 경쟁 속으로 더욱 밀어 넣는 또 다른 시도가 포함되었다. 경쟁과 선택을 강화하기 위해 새로운 사업자들의 참여를 가로막는 '진입장벽'을 없애려는 혼신의 노력이 있었다. 이 개혁 과정은 현재까지 진행 중이지만, 학비 보조를 받은 대학들의 포괄 보조금 삭감과 특정 민간업자의 학생 대출(최대 6,000파운드) 허용, '대학' 명칭의 사용 규제 완화 등을 포함하고 있다.[41]

우리가 조사하는 동안 고등교육의 목표는 개인의 교육적이고 전체적인 발전에 초점을 맞추던 것에서 인적자본을 향상시키고 경제 성장에 기여한다는 쪽으로 바뀌었다. 이 변화는 화이트홀(Whitehall)●을 거치면서 반영되었다. 1945년 대학들은 독립 기관의 자격으로 재무부와 함께 공공 기금을 조율했다. 대학의 협상 파트너는 이후 교육부로 바뀌었고, 지금은 기업혁신기술부(Department for Business, Innovation and Skills, BIS)가 이 업무를 담당한다. 수업의 질에 관한 최근 BIS 보고서를 보면, '영국 고등교육의 질'이라는 제목의 섹션에서 '2011년 고등교육

● 영국 런던의 중심가. 의사당과 재무부 등 정부부처들이 밀집해 있다.

은 영국 GDP의 2.8%를 차지하고 있으며, 107억 파운드의 수출 소득을 창출했다'고 기록했다.[42] 경제에 대한 기여도 측면에서 고등교육의 질을 평가하는 시각이 점차 일반화되어가고 있다.

지금까지 우리가 했던 이야기는 거시적 차원에서 전체 분야를 특정 방식으로 개편하여, 개인과 기관이 신고전학파 경제 논리에 따르도록 한 경제적 사고방식의 전형적인 예이다.

◎ Part 2: 모던 유니버시티[●]

2010년 개혁 이후 고등교육 기금은 굳건한 토대를 구축할 것으로 보인다. 비싼 수업료는 대학의 중요한 추가수입원이며, 모든 학생에게 전액 ICR 대출을 제공한다는 것은 고등교육이 소비 시점에서는 무료이며, 졸업생은 노동시장에서 상대적 고소득을 올릴 경우에만 대출금을 상환하면 된다는 뜻이다. 이는 대학의 교양교육에 필요한 재원을 제공하고 있다는 정부 주장의 근거가 되고 있다. 하지만 이번 챕터에서 우리는 이런 주장이 대학 비즈니스 모형의 현실 및 교육과 연구의 상충적인 재원을 둘러싼 주장들을 어떻게 무시하고 있는지 보여줄 것이다.

모던 유니버시티들이 수업료 수준, 학생 수, 마케팅과 학생 모집, 연구 전략 등에 대해 내리는 결정을 보면 교육의 질이 무시되고 있음을 알 수 있다. 결과적으로, 많은 대학이 아무리 노력해도 경제학 교육의 질을 향상시키기 어렵다는 것을 깨닫게 될 것이다. 이들 대학의 성공적인 비즈니스 모형은 양질의 교육보다는 학생들의 만족도를 극대화

[●] 주로 1992년 고등교육법 개정에 따라 대학 명칭을 사용할 수 있게 된 과거의 폴리텍 대학을 일컫는 말로 전통적인 연구중심 대학과 비교하여 '실무중심 대학'으로 부르기도 한다.

하고, 연구 순위를 높이며, 외국 학생들을 많이 받아들이는 것이다. 우수한 학생 만족도와 연구 순위를 잘 조합해내면 학교의 위상을 확보할 수 있으며, 여기에 효과적인 마케팅과 역사적으로 축적된 명성이 결합되면 수익으로 이어지는 신입생을 확보할 수 있다.

2010년의 개혁 조치는 수업료 상한액을 9,000파운드까지 올렸으며, 대학들로 하여금 중요한 결정을 내리도록 만들었다. 개혁 조치를 도입하면서 정부는 상한액 9,000파운드는 '예외적인 상황에서만 적용하여야' 하며 평균 수업료는 7,500파운드 선에서 맞춰질 것이라고 밝혔다.[43] 실제 평균 수업료는 8,100파운드였고, 많은 대학들이 수업료를 9,000파운드까지 올렸다.[44] 이 평균은 코번트리 같은 몇몇 대학들로 인해 하향 조정된 것인데, 이들 대학은 연간 4,800파운드짜리 '기내 서비스를 제공하지 않는' 라이언 에어• 스타일의 학부 과정을 설치했지만 이 과정에 등록한 학생들은 도서관에서 책을 빌릴 수조차 없었다.

왜 시장은 정부가 바라는 대로 움직이지 않았을까? 경제학 101 과정(Econ 101 course)•• 은 가격과 수요는 반비례 관계에 있으며 가격이 높을수록 수요는 줄어든다고 가르친다. 하지만 대학 교육은 일반적인 소비재가 아니라 '위치재'에 속한다. 즉, 대학이나 학과는 A-레벨(A-level)••• 성적으로 입학이 제한되는 위계 구조 속에 놓이게 되며, 입학 자격을 부여받은 소비자는 다른 대학 입학생들과 비교되면서 미래가 상당부분 결정된다. 결과적으로 낮은 가격을 책정하는 것은 대학이 하위 수준이라는 것을 암시하여 잠재적인 지원자에게 잘못된 신호

• 유럽 최대의 저가 항공사.
•• 경제학 기초 과정으로 흔히 미시경제학 수업이 진행된다.
••• 영국의 대학 입학을 위한 예비과정.

를 보낼 수 있다. 또한 다수의 대학들은 학생들이 두 배 이상 오른 수업료를 이미 경험했기 때문에, 시설 업그레이드와 교수의 수업 시간을 늘리는 것을 포함하여 개선할 수 있는 추가 비용을 마련하기 위해서라도 가능한 한 수업료를 높게 책정하는 것이 낫다고 결론지었다.[45]

2010년 데이빗 윌레츠 교육부 장관은 고등교육 분야가 교육에 집중할 인센티브가 너무 적으며, 학생들에게 소비자로서 더 많은 권한을 주면 대학 강의의 질이 나아질 것이라고 주장했다. 학생들을 위한 경쟁에서 대학들은 학생들의 경험 향상에 집중할 것이고, 그러다보면 전반적인 수준이 나아지리라는 것이다. 브라운 리뷰(Browne Review)● 는 '학생들이야말로 고등교육에 참여해서 무엇을 얻고 싶은지 판단하기에 가장 좋은 처지에 있다'라고 제안했다.[46] 하지만 무엇을 원하는지 아는 것과 등록하기도 전에 과정의 질을 평가할 수 있는 것은 다르다.[47] 학교에 친척이나 친구가 없는 한, 교육 과정이 어떻게 진행되는지 미리 알기는 어렵다. 지원자들은 공부를 시작하기 전까지는 해당 주제에 대한 아무런 지식도 없으며, 어떤 접근방식의 콘텐츠나 강의 스타일이 좋은지 사전에 평가하는 것은 사실상 불가능하다. 강의의 질에 대한 정보가 부족하기 때문에 수강생들은 교수의 명성이나 리그 테이블에 나와 있는 틀에 박힌 지표처럼 상징적인 대용물에 의존할 수밖에 없다.

후임 정부는 그런 시스템이 작동하기 위해서는 소비자들이 정보에 입각한 선택을 할 수 있어야 하며, 따라서 선택이 용이하도록 범용 정보가 얼마나 중요한지 홍보해야 한다는 사실을 깨달았다. 그러나 앤드

● 고등교육 기금의 향후 방향을 논의하기 위해 영국 노동당에서 만든 기구. 2010년 10월 '브라운 리뷰'라는 이름의 보고서를 발간했다.

류 맥게티건이 언급했듯, '정보의 신뢰도나 접근 가능성과는 별개로, 교육과정 정보를 습득한다고 해서 교육과 다른 소비재 사이의 근본적인 차이가 사라지는 것은 아니다.'[48] 관련 사례를 하나 들자면, 예비 학생들의 주요 정보원인 대학 리그 테이블의 순위는 대학의 교육 경력보다는 대학의 선발 기준이나 재학생, 연구 순위, 학생 1인당 비용 등에 관한 '정보'를 토대로 정해진다. 이런 정보만으로는 교육의 질을 정확하게 측정하기 어려우며, 따라서 제2장에서 다루었던 경제학 과정의 다수가 분명한 결점을 지님에도 불구하고 리그 테이블에서 높은 점수를 받았다.

학생들이 일단 입학하면 소비자로 대우를 받고 있는지, 혹은 강의의 질을 높이기 위해 대학에 압력을 행사하고 있는지 여부를 알 수 없다. 매 학년 말에 수행하는 대학교육 만족도조사(National Student Survey, NSS)는 학생들의 피드백을 집계하는 가장 중요한 수단이다. 이 피드백 과정이 중요한 이유는, 소비자의 의견에 긴급하게 응대해야 하기 때문이 아니라 만족도 조사의 결과가 리그 테이블에 제공되고 다음 년도의 대학 및 학과 순위에 영향을 주기 때문이다. 대학교육 만족도조사가 실시되는 시기에 영국 전역의 대학 캠퍼스에서 대학 당국이 학생들의 긍정적인 답변을 유도하기 위해 펼치는 소동을 보면 실로 놀랍다. 초콜릿과 피자를 무료로 나눠주고, 경품 추천을 통해 아이패드나 현금을 제공하기도 하며, 대학과 학과에서 수행한 모든 업적을 적은 배너가 학교 곳곳에 설치되어 학생들의 시선을 끈다.

대학교육 만족도조사 결과가 리그 테이블에 제공되면서 학생들의 부정적인 답변이 줄어들었는데, 자기 대학의 순위를 낮추고 결과적으로 자신의 위상을 끌어내리는 것으로 귀결되었기 때문이다. 게다가 피드백 체계에 따르면 학생들은 대학을 졸업한 뒤에야 결과를 열람할 수 있게 된다. 이는 '도대체 뭐야? 나를 위해 바뀌는 건 아무것도 없잖아' 식의 태도를 낳게 된다. 결국 학생 대부분이 '단지 귀찮게 굴기 싫어서' 조사에 응한다고 한 교수는 말했다.[49]

대부분의 대학은 학기말이 되면 수업 만족도조사를 실시한다. 이런 조사는 교과 과정이 끝난 뒤에 실시되므로 학생들이 교과 과정에 개입할 기회는 사실상 없다. 개별화된 익명의 조사는 교수를 향한 구조화되지 않은 비판이나 팟캐스트 같은 강의를 요구하는 것으로 귀결되기 십상이다. 이런 식의 학생 참여는 학생들이 다른 이해관계자들과 열린 대화를 통해 협력하면서 교과 과정과 대학을 긍정적으로 만들 수 있다는 사고를 약화시키며, 소극적이고 방관적인 문화를 재현할 수 있다.

학생들 사이에서 교육을 재정적인 투자로 보는 관점이 증가함에 따라 만족스러운 점수를 받기 위한 최소한의 노력과 참여가 장려되고 있으며, 이는 교양교육의 핵심 원칙을 위태롭게 하는 원인이 되고 있다.[50] 우선 이 경우에 학생들은 실패하지 않기를 기대하며, 학생과 학교 당국 양쪽에서 시험을 쉽게 출제하고 점수를 후하게 적용하라는 상당한 압력이 생겨날 수 있다.[51] 하향식 성과 관리나 상향식 소비자 압력 모두 부적절하며, 이는 대학이 교육 수준의 개선에 실패했음을 의미한다. 대신 대학들은 똑같은 제품을 새 제품처럼 보이도록 포장지만 바꿔 출시하는 초콜릿 회사들처럼, 교과 과정의 포장만 살짝 바꾸는 것으로 개선을 대신한다.

만족도조사 같은 것으로는 학생들이 배운 것을 제대로 측정하기 힘들기 때문에 이는 교육의 질을 재는 대용물로 삼기에는 적당하기 않다. 대학들은 심지어 학생들이 점수를 잘 받고 싶어 하는 과목이나 시험에서 너무 어렵다는 불평이 제기되면 교육 과정을 더 쉽게 만들어 학생들의 만족도를 높임으로써 교육의 질을 하향 평준화시킬 수도 있다.[52] 결과적으로 미래의 학생들은 대학이 제공하는 다양한 교육 과정의 가격과 품질을 조사할 수 있을 만큼 충분한 정보를 얻을 수 없으며, 따라서 현재와 미래의 학생들을 이어주는 끈은 사라진다. 대학들로서는 학생들이 입학 전 자신이 제공받을 교육 내용을 제대로 평가할 수 없다는 것을 알고 있기 때문에 수업료를 높게 책정하는 것이 대학의 명성과 이미지를 제고하는 간단한 방법이며, 이는 최고 수준의 수업료 책정으로 이어진다.

경제학은 대학에서 점점 인기 과목이 되고 있다. 2003~2004학년도와 2011~2012학년도의 경제학 수강자를 비교해보면 26,000명에서 39,000명으로, 다른 과목에 비해 큰 폭으로 증가했다(49% 증가).[53] 사업적인 관점에서도 경제학의 인기 현상은 바람직한데, 실습이 필요한 과목이나 의대 등과 비교할 때 교습 비용이 적게 들기 때문이다.

〈표 5.1〉에서 2010년 개혁 조치가 실시되기 전과 후의 과목별 수업료와 정부 보조금을 비교할 수 있다. 경제학 과목은 'D 그룹'에 속하기 때문에 대학들은 2010년 개혁 이후에 학생 1인당 기금으로 2,916파운드씩을 더 지원받는다. 경제학 전공 학생 1인당 9,000파운드의 수업료를 부과하는 모든 대학은 대학의 다른 부문에 보조금을 사용할 수 있도록 상당한 잉여금을 창출할 수 있어야 한다. 이것은 경제학 교육에 대한 수요와 합쳐져서, 대학당국이 경제학 전공 학생 수를 늘리려는 강한 동기로 작용한다.

경제학 전공학생 수를 늘리라는 압력은 최소한 1990년대 초반부터 있었다. 맨체스터 대학 경제학과의 1992년 연례 보고서에는 '부총장의

표 5.1 2010년 개혁 전후의 학생 1인당 대학 정규과정을 위한 기금 비교

과목	그룹	2011~2012학년도 정부보조금	보조금에 £3,375의 수업료를 더한 금액	2012~2013학년도 정부보조금	보조금에 최대 £9,000의 수업료를 더한 금액
임상의학 및 치과의학, 수의학	A	£14,601	£17,976	£10,000	£19,000
실험이 필요한 과목 (과학, 임상전 의학), 공학 및 기술 과목	B	£5,484	£8,859	£1,500	£10,500
미술, 디자인, 수학 등	C	£3,898	£7,273	없음	£9,000
집중 교육 및 스튜디오, 현장학습이 필요한 과목 인문학, 법학, 경제학	D	£2,709	£6,084	없음	£9,000

자료 출처: Andrew McGettigan, *The Great University Gamble: Money, Markets and the Future of Higher Education*, London: Pluto Press, 2013, 27p

인센티브 계획(수업료 수입의 50% 보너스 지급)'에 자극받은 '학생 수의 대규모 팽창'이 있었음이 강조되어 있다.[54] 그 결과 1992년 경제학과에 522명이 입학했는데, 이는 1991년의 375명보다 크게 늘어난 숫자이다.[55] 경제학과가 강세인 영국 전역의 대학에서 비슷한 사례를 찾을 수 있는데, 이에 따른 교수-학생 비율의 지속적인 상승은 맞춤형 비판적 교양교육을 도입하는 데 큰 장벽으로 작용했다.

이런 맥락에서 경제학 교육이 기술적으로 변해가고, 객관식 유형의 시험이 자리를 잡고, 칠판에 정답을 적어놓은 채 튜토리얼을 진행하는 것 또한 양적 확대에 적응하는 방식으로 볼 수 있다. 우리가 말하고자 하는 것은, 이런 현상이 경제학이라는 학문의 내적 발전에 어떤 영향

도 끼치지 못했다는 것이 아니라, 이런 경향으로 인해 대학들이 적은 자원으로 더 많은 학생을 가르칠 수 있게 되었다는 것이다. 튜토리얼 시간에 에세이와 토론을 다시 도입해야 한다는 주장이 주요 경제학자들 사이에서 넓은 지지를 받고 있지만, 대학이 처한 상황에서 이를 현실화하는 것은 어렵다.[56] 25년 전에는 학생 세 명이 당대의 경제 이슈를 놓고 여러 경제 이론을 비판적으로 검토하는 튜토리얼이 일반적이었지만, 이런 수업이 지금은 거의 불가능해 보인다. 교수-학생 비율이 1:8에서 1:18로 상승했음에도 불구하고 인건비는 2014~2015학년도 고등교육 총비용의 55%에 지나지 않는데도, 이는 효율성 제고의 장애물로 간주되었다.[57] 많은 대학이 임금을 삭감하고 고용 조건을 변경하여 인건비를 줄이려고 시도했는데, 평론가들은 이 과정을 '비정규직화'로 부른다. 비정규직 교수는 흔히 단기계약으로 채용되고, 자기계발과 교육훈련을 지원하지 않으며, 수업을 위한 준비시간 또한 고려되지 않는다. 2014년까지 고등교육을 담당하는 전체 교수의 최소 15.5%가 비정규직으로 채용되었다.[58]

현재 많은 대학에서 충분한 훈련을 거치지 않은 대학원생 강사가 20여명의 학생을 지도하는 튜토리얼을 찾아볼 수 있는데, 우리가 제2장에서 언급한 경제학 교육의 상당수가 이런 수업을 통해 진행된다. 맨체스터 대학의 강의를 살펴보면 핵심 1~2년차 경제학 교과 과정에만 500여 명의 학생들이 출석했다. 이런 맥락에서 객관식 시험은 전 과정을 자동화할 수 있기 때문에 에세이 시험보다 채점비용이 적게 든다. 7~8명의 대학원생이 각각 20~30명의 학생들로 구성된 튜토리얼을 맡아야 한다. 대학원생 강사는 교수 능력보다는 연구 능력에 의해 선발되며, 교수를 위한 훈련이나 지원은 거의 받지 못한다. 충분한 훈련을 거치지 않은 대학원생 강사와 대규모 수강생이 만났을 때 칠판에 적힌 내용에서 문제를 출제하는 것이 가장 매력적인 옵션이 되는 일은 당연하다. 수학적 문제와 객관식 질문은 '정답'과 '오답'을 채점하기 위한 정답지를 조교들에게 제공하기 용이하며, 비판적 그룹 토의를 이끌기 위한 값비싼 훈련 및 지원 요구를 회피할 수 있다.

경제학 교과서에서 강의 슬라이드, 문제은행에 이르기까지 수십억 파운드 규모의 국제적인 시장이 이런 추세를 뒷받침하는데, 이 덕분에 교수들은 준비 시간을 줄일 수 있으며 경험이 적은 교수들도 강의 및 튜토리얼을 맡을 수 있게 되었다. 제2장에서 다루었듯, 이들 교과서는 일정 부분 전 세계 학생들에게 판매할 수 있도록 구성된 탓에 특정한 현실 세계의 맥락에서 볼 때는 상당히 추상적으로 서술되어 있다. 정치학 교과서나 사회학 교과서에는 국가별 구체성이 필요한 반면 경제학 교과서는 글로벌 시장이 형성되어 있기 때문에 성공적인 저자에게는 엄청난 사례가 지급된다. 그레고리 맨큐는 그의 『경제학 원론』을 7판 찍고 100만 부 이상 판매하여 4,200만 달러의 로열티를 받았으며, 교과서 집필로 많은 돈을 번 리차드 립시는 그 돈으로 무엇을 해야 할지 망설이다가 결국 양계장을 샀다는 소문이 났다.[59] 교수들이 경제 현안에 관한 사례 연구를 준비하거나 학생들이 이론을 적용할 수 있는 실제 사례를 다루는 것은 너무 사치스럽게 여겨진다.

여기에는 필수적으로 '만약'이 따라 붙는다. 만약 경제학 코스를 설치할 수만 있다면 대학으로서는 돈을 버는 것이다. 경제학을 공부하는 학생 수가 49% 늘어난 반면, 경제학과가 설치된 대학의 숫자는 그에 상응하게 감소했다. 2003~2004학년도와 2011~2012학년도를 비교하면 16개 대학(그중 14개 대학은 1992년 이후 설립된 대학임)이 그들의 학교

안내서에서 경제학 과정을 삭제했다.[60] 이는 고등교육 부문 전반에 걸친 경제학 공급의 계층화로 이어졌다.

> 올드 유니버시티(old university)*들은 뉴 유니버시티에 비해 경제학 학부 과정을 제공할 가능성이 높다. 실제로 대학을 올드와 뉴로 나누는 가장 명확한 기준이 있다면 아마 경제학 학위 수여 여부일 것이다. 2011~2012학년도에 뉴 유니버시티의 4분의 3에는 경제학 과정이 설치되어 있지 않았다. 가장 일반적인 3종의 경제학 관련 학사 학위 중 하나를 제공하는 66개 대학 가운데 48곳이 올드 유니버시티였고, 18곳만 뉴 유니버시티였다. 프레스턴에서 셰필드에 걸친 북쪽 지역에서는 경제학 학위를 제공하는 뉴 유니버시티가 한 군데도 없었다.[61]

영국의 올드 유니버시티가 요구하는 재정적, 학문적 수준을 기꺼이 맞출 수 있는 이들에게만 대학 수준의 경제학 공부를 허용하는 시스템에서는 이코노크러시 내부의 계층 이동이 더욱 제한될 위험성이 크다. 경제학에 대한 이런 식의 왜곡된 접근은 사회적 취약계층의 경력 전망을 어둡게 할 뿐만 아니라 경제 이슈에 대한 폭넓은 사회정치적 토론을 약화시킬 수 있다.

다시 말하자면 1980년대 중반부터 시작된 연구의 기준을 만드는 작업에서 이런 계층화의 주요 원인을 찾을 수 있다. 경제학 연구성과 평가(RAE)에 응한 대학 숫자는 1992년 60개에서 2008년 35개로 꾸준

● 1992년 이후 대학 명칭을 사용하게 된 모던 유니버시티(뉴 유니버시티)와 대비해서 전통적인 대학들을 가리키는 말.

히 감소했으며, 이 중 뉴 유니버시티는 12개에서 3개로 줄었다.[62] 강력한 연구 기반은 경제학 과정을 유지할만한 명분으로 작용하며, 반대로 연구 기반이 약하거나 없다면 경제학 과정을 유지하기 힘들다. 뉴 유니버시티들은 연속적인 연구 과제를 제대로 수행하지 못했고, 경제학 대열에서 빠져나갔는데, 2008년 조사에 응한 뉴 유니버시티 3곳 모두 32개 올드 유니버시티에 비해 훨씬 나쁜 성과를 냈다.[63] 연구 순위는 현금뿐 아니라 명성이 뒤따르기 때문에 중요하다. 연구 순위는 리그 테이블을 정하는 주요 요인이고, 학생들이 공부할 대학을 결정하는 데 참고자료로 사용되며, 결론적으로 대학의 학생모집을 좌우한다.

고등교육의 지향점이 시간이 지남에 따라 점점 협소해지고 있음에도 불구하고, 바람직한 교육 목표를 제시하는 대학 문서들을 보면 여전히 확고한 교양교육의 원칙을 강조하고 있다. 맨체스터 대학의 학부 과정 교육목표는 '학문을 장려'하고 '졸업생들이 다양한 글로벌 환경에서 시민의식과 리더십을 발휘할 수 있도록 준비'시키는 것이며,[64] 글래스고 대학 졸업생들은 '동료들과 대화할 때 그들의 견해를 존중하면서 학문적 가설에 도전'할 수 있을 것이다.[65] 우리가 공부하는 대부분의 대학이 비슷한 목표를 내걸고 있는데, 이를 통해 최소한 교양교육이라는 수사학은 여전히 살아 있음을 볼 수 있다.

지금까지 살펴봤듯 경제학에서 수사학과 현실의 거리는 멀다. 고등교육은 점차 개인 소비를 위한 미덕으로 변화하고 있으며, 대학의 기금과 비즈니스 모형이 이를 반증한다. 민주주의 증진과 문화 전파, 적극적인 시민의식 함양, 권한에 따르는 책임 등 대학의 기타 공적 목표들은 립 서비스로만 존재할 뿐 현재 대학의 사업 모형이나 정부의 기금 구조 내에서는 존재하지 않는다. 대학이 언제나 이런 역할을 잘 수행한 것은 아니지만, 이런 것들이야말로 교양교육 이념의 핵심을 이루는 것들이며, 현재 시스템이 놓치고 있는 잠재력, 건강하고 부유한 국가라는 위대한 가치를 더할 잠재력을 키워준다.

무엇을 할 것인가?

영국에서 교양교육은 18세까지 학교에 남아 있는 학생들 중에서 겨우 3% 정도만이 대학에 진학하던 엘리트 고등교육 시스템의 산물이다. 이들의 45% 정도가 대학에 진학하는 오늘날에는 교육비 압박이 훨씬 커지고 있다. 완전히 다른 사회였던 제2차 세계대전 이전 시기 대학의 교양교육 모형을 오늘날 대학에 단순하게 이식할 수는 없다. 대신 우리는 새로운 교수 및 학습 모형을 개발하기 위해 교양교육의 원칙을 활용해야 한다.

이 장에서 우리가 교양교육의 역사와 맥락에 두루 초점을 맞춘 목적은, 경제학 교육을 개혁하여 학생들을 비롯한 학문과 사회 모두에 더 나은 서비스를 제공하기 위해서는 대학과 정부의 정책 방향을 바꾸지 않으면 안 된다는 것을 보여주기 위해서였다. 고등교육 기금과 사업 모형을 면밀히 살필 필요가 있으며, 학생 1인당 교육비를 늘리고, 교수-학생 비율을 낮추기 위한 진지한 정치적 대화를 나누어야 한다. 하지만 오늘날 대학 차원에서도 다원주의적이고 비판적인 교양교육을 실시할 수 있는 방법이 있으며, 이를 통해 교육의 질을 개선하고 학생들의 인기를 얻을 수 있을 것이다. 지금부터 우리는 경제학 교육 개혁의 현실적인 접근 방법에 대한 건설적인 아이디어를 적어보고자 한다. 우리의 생각은 고정된 것도 최종적인 것도 아니며 단초에 불과하지만,

믿을만한 대안의 하나로 받아들여지기를 바랄 뿐이다.

　이번 장에서 우리는 학생 1인당 교육비를 줄이면서 대량 교육을 제공하려는 많은 시도들에 대해 설명했다. 이는 기본적으로 가상학습, 모듈식 수업, 대형 강의동 등을 활용하여 생산성을 높이고 대면 시간은 줄이는, 이른바 '한데 묶어 쌓아 올리는' 식의 교육 방식으로 이루어진다. 경제학 교육을 개혁하려면 소수 엘리트를 위해 존재했던 1945년 당시의 교수법에서 출발할 수밖에 없지만, 그런 방식이 지금은 더 이상 작동하지 않는다.

　개혁의 기본 목표는 수동적이고 자판기식 교육에 물들어 있는 학생들의 생각을 바꿔 교육에 적극적으로 참여하도록 만드는 것이다. 지금 방식의 교육이 유지될 수 있는 배경에는 교육은 교사가 학생들에게 '지식을 전수'하는 것이라는 암묵적인 이해가 있기 때문이다. 교육의 '전수'라는 메타포에는 교사가 지식을 기다리는 빈 그릇과도 같은 학생들을 가르치고 이끈다는 뜻이 함축되어 있다. 교육을 여행에 비유하는 것은 유치하긴 하지만 양질의 교육을 묘사하는 더 나은 방법이다. 이런 관점에서 볼 때 교육은 학생과 교사가 함께 탐구하는 과정이며, 성과는 모든 참가자들이 어떻게 헌신하느냐에 따라 달라진다.[66] 따라서 학생들은 강사와 소통하면서 함께 학습목표를 정해야 하며, 자신의 경험을 교실로 가져와야 한다.[67] 학습과 이해는 단순히 전수되는 것이 아니라, 학습자 스스로 혹은 단체 활동을 통해 의미를 짜 맞추고 깨달을 수 있도록 조건을 만들어가는 과정에서 이루어지는 것이다.[68]

　위의 목표에서 한 발 더 나아간다면 여러 세대 경제학자들의 관계를 재구성해보는 것이다. 이는 아무도 당연시하지 않고 있기 때문에, 경제학 전공 과정을 되살리고 발전시키는 데 필수적이다. 또한 폭넓은 비판적 논쟁은 방법론과 이론 분야에서 '파괴적인 혁신'의 가능성을 키운다. 학부 수준의 경제학과 학생들에게 교육에 참여할 수 있는 적극적인 역할을 부여하는 것은 아주 쉽다. 그러나 경제학 학위과정 전반에 걸쳐서 이를 달성하고, 그래서 졸업생들이 성공하기를 바란다면, 현재까지 신고전학파 사고방식을 고수하고 있는 젊은 경제학자들을 둘러싼 제도적 환경뿐 아니라 대학원 교육의 개혁이 필요하다.

지금부터 우리는 다원주의적인 교양경제학 커리큘럼과 교육학의 핵심 특징 몇 가지를 간략하게 설명할 것이다. 지금까지 보았듯이, 현재 거의 모든 경제학 교과 과정들은 경제학 이론을 추상적으로 설명한 다음, 그것이 데이터에 얼마나 잘 부합하고 있는지를 평가한다(그럼에도 대부분은 평가 단계에 이르지도 못한다). 반대로 우리는 교과 과정들이 경험적 증거와 현실 문제에서 시작하여 나중에 이론을 소개하는, 귀납적 접근 방식을 취해야 한다고 믿고 있다. 귀납적이며 문제 중심의 접근법을 활용하는 수업에 참가하려면 정치학과 역사학, 철학 등 다른 학문 분야도 알아야 한다. 이를 통해 (개발 이론이나 경기변동 이론, 금융시장 이론 같은) 경제학의 복잡하고 주요한 이슈들을 소개한 다음, 이런 이슈들을 이해할 수 있는 다양한 접근법 및 정책이 이들에 영향을 미치는 (혹은 미치지 않는) 방식 등을 보여줄 수 있다.

P2P(Peer to Peer) 학습을 활용하는 것이 학생들이 함께 교육 과정을 완성하도록 참여시킬 수 있는 한 방법이다. 영국은 다른 나라에 비해 정규 과정의 교습 시간이 많지 않다. 학생들의 약 3분의 1이 주당 20시간도 공부하지 않는데, 이는 풀타임 학비를 내면서도 파트타임 학생처럼 학교에 다니고 있다는 것을 의미한다.[69] 같은 클래스의 학생들은 동료들 간의 토론을 조직하거나 모든 사람이 참여하는 학습 블로그

를 운영 할 수 있다. 상급생들이 신입생을 위해 수업 진행을 맡을 수 있고, 이는 가르치는 것이 곧 배움의 가장 좋은 방법이라는 점에서 많은 상급생들의 필수과정이 될 수 있다. '학생과 교사의 관계에 이미 중대한 변화가 일어나고 있으며, 학생들은 스스로 탐구하고 학습하는 과정에서 점점 더 동료들에게 의존하게 된다'는 주장이 있는데,[70] 이는 긍정적으로 적극 개발되어야 한다. 잘 이루어지기만 한다면 P2P 학습은 조직과 커뮤니케이션 기술을 향상시키고 그룹 토의 때 권력과 권리에 대한 학생들의 민감성을 높이는 등의 학문 외적 이점을 가지고 있다.

우리는 아직 교수-학생 비율을 큰 폭으로 개선시킬 수 있는 위치에 있지 않기 때문에 경제학 교육에서 강의/튜토리얼 형식의 단점을 해결하기 위한 대담하고 창의적인 실험이 필요하다. 경제학과 학생들을 위한 과제물과 평가는 훨씬 다양해질 수 있는데, 이를테면 학생들이 매주 작성하는 성찰 일지, 소규모 그룹별 정책 브리핑, 다양한 경제 전략을 짜야 하는 정부와 기업을 위한 가상 전략계획, 학생신문에 코멘트 달기, 학생들이 운영하는 팟캐스트와 인터뷰할 지역 참가자 찾기 등과 이런 모든 것들의 프레젠테이션이 포함될 수 있다.

사소한 창의성이 오래가는 법인데, 교수들이 커다란 압박을 받고 있으며 몇몇 교수들이 이런 실험을 시도하고 있지만 그 사례가 너무 적어서 더 큰 제도적 지원과 격려가 필요하다는 점을 우리는 알고 있다. 장기적인 과제로는 모든 학생이 1년 또는 분기별로 특정 국가의 경제 뉴스를 팔로우하고, 보완과 분석이 필요한 주요 자료를 보관하고, 이를 정기적으로 학급에 제공하도록 요구할 수 있다. 이런 과제들은 본질적으로 현실 세계에 연결되어 있으며, 학생들에게 경제학이 실제로 어떻게 작동하는지(혹은 하지 않는지) 이해하는 기회를 줄 것이다.

의학에서 흔히 사용되는 문제중심학습(PBL)은 경제학 교육에서 잘 활용될 수 있다.[71] PBL은 '영국 정부는 유가 하락에 어떻게 대응해야 하는가?' 또는 '다음 세 가지의 실제 일어난 경제적 사실을 조사하고 분석하라. a) 행위자는 어떻게 의사결정을 했는가, b) 시장 구조는 의사결정에 어떤 영향을 미쳤는가, c) 여기서 인센티브와 행동, 취향은 어떻게 설명할 수 있는가' 등과 같은 몇 가지 읽을거리와 함께 구조화된 질문을 던지는 방식으로 경제학 관련 문제를 제시함으로써 학생들이 경제에 집중할 수 있도록 한다. 난이도에 따라 문제 풀이 시간은 다양해질 수 있으며, 개별 연구뿐 아니라 공동 작업도 가능하다. 수업 과정은 수행한 연구와 질문에 대한 답변, 방법론과 한계 등을 비롯하여 과정에 대한 성찰을 자세히 기록한 포트폴리오를 통해 평가할 수 있다. 팀과 함께 효과적으로 작업을 수행하고 복잡하고 골치 아픈 어려운 경제 문제에 대처해야 하는 것은 전문적인 직업과 삶을 위한 훌륭한 훈련이다.

경제학 교육은 학생들의 삶이나 시민 사회와 이어질 수 있고, 이어져야 한다. 학생들은 자기 고향의 지역 경제에 관해 발표할 수 있으며, 성찰 일기를 쓰면서 경제가 자신의 삶에 언제 어떻게 영향을 미쳤는지 생각할 수 있다. 오늘날 고용주들이 경제학과 졸업생들에게서 부족하다고 여기는 것 중의 하나가 경제적인 아이디어의 전달 능력이므로, 단체들은 학교나 사회를 위해서 더 많은 워크숍을 조직하고 운영할 책임이 있다. 이와 같은 방식으로 경제학 교육을 시민사회와 연계시키면 학생들이 자신의 지식이 공동체에 얼마나 중요한지 이해하는 데 도움이 될 것이다.

마지막으로 중요한 것은, 개혁 경제학 교육의 중심에는 비판적 사고와 성찰이 놓여 있어야 한다는 것이다. 대학의 기본적인 존재 의미는 비판적인 사고 능력과 증거를 선택하고 사용할 수 있는 판단력을 키우는 것이다. 이런 목적이 경제학 교육 과정에 빠져있다는 사실은 우스꽝스러운 일이다.[72] 이번 장의 맨 앞에서 논의한 바와 같이 경제학 이론을 비판적으로 사고하는 능력을 개발하기 위해서도 다원주의 교육은 필수적이다. 비판적인 성찰은 여러분 자신이 혹은 그들이 왜 그렇게 생각하는지에 대한 이해를 필요로 하며, 여기에는 여러분 혹은 그들의 가치관과 가설, 지식 체계를 인지하는 것과 이에 대한 강도 높은 비판을 포함한다.[73] 비판적 성찰은 수업 중의 평가 토론이나 반대 토론 과정에서 이루어질 수 있는데, 목표는 상대방이 무엇을 왜 주장하는지 정확하게 이해하는 것이다(이는 듣는 것보다 어렵다).

지금까지의 제안을 종합하면 오늘날 많은 대학 교육에서 진행되는 강의/튜토리얼 형식을 근본적으로 바꾸자는 것이다. 학생들은 적극적인 학습자로서 학업에 통달하기 위해 동료 학생들이나 그들을 둘러싼 세계와 관계를 맺어야 한다. 교수는 대량생산 강의의 전달자가 아니라 조력자이자 안내자이며, 학문은 추상적으로 암기해야 할 난해한 이론이 아니라 폭넓은 사회에 단단히 뿌리박은 살아 있는 지식이다. 대학의 역할은 학생들에게 강의와 시험을 기계적으로 제공하는 곳이 아니라 배움에 대한 자극을 주는 곳이다.

이런 것들이 평가 항목에 들어있다고 생각하지 않는 한, 많은 학생들이 이런 식의 공부 방식을 꺼리는 것 또한 우리는 알고 있다. 개혁에 대한 찬반 논쟁을 회피하기 위한 변명에서 하는 말이 아니라, 자격증이 전부라는 풍조에 도전하고 좀 더 전체를 아우르는 교육문화를 만드는 것은 교사와 학교의 책임이다. 하지만 제2장에서 기술한 경제학 교육 평가 과정은 뿌리는 물론 가지까지 분명하게 개혁해야 하며, 이런 개혁을 통해 대학의 문화는 즉각 바뀔 수 있다. 교과 과정은 가능한 한 심도 깊은 학습을 위해 연중 실행되어야 하며, 반복적인 소규모 백분율 평가를 실시해야 한다. 예를 들어 하나의 교과 과정은 총점의 10%를 차지하는 5개의 과제물과 20%를 차지하는 에세이, 30%를 차지하는 시험으로 평가할 수 있다. 이 모든 평가에 드는 비용이 장애가 될 수도 있다. 물론 다섯 가지 과제물 중에서 두 가지만 무작위로 선택해서 평가하는 것도 해결 방법의 하나이다.

지금까지 우리는 모든 대학의 경제학 전공 과정에서 실험하고 실행해야 하는 긴급한 개혁 과제에 대해 간략히 요약했다. 경제학에는 다원주의와 논쟁이 필요하다는 것이 우리의 희망이다. 더 나은 교육이 더 나은 전문가를 길러낸다는 것만으로는 충분하지 않다. 우리는 이 책의 마지막 장에서 이코노크러시가 더욱 민주적으로 변화하려면 무엇을 해야 하는지 우리의 비전을 제시할 것이다.

주

1   John S. Mill, *Inaugural Address Delivered to the University of St Andrews*, London:
    Longmans, Green, Reader, and Dyer, 1867, 5p. 다음을 참조하라. https://archive.
    org/details/inauguraladdres00millgoog

2   Sue Donelly, 'William Beveridge's advice for new students', London School
    of Economics History, 2014. 10. 7. 다음을 참조하라. http://blogs.lse.ac.uk/
    lsehistory/2014/10/07/william-beveridges-advice-for-new-students/

3   Carl Gombrich, 'Liberal education for a complex world: the challenge of
    remaining open'. 다음을 참조하라. http://www.carlgombrich.org/liberal-
    education-for-a-complex-world/

4   18세기 영국 교육의 핵심 기능 중 하나는 지배 계급의 긴밀한 유대감을 형성하는 것이
    었고, 그 결과 교양교육은 공손함과 사교성을 강조했다. 국경 너머의 정치·사회적 상황
    은 달랐고, 스코틀랜드의 교양교육은 전통적으로 학생들을 다양한 문학적, 철학적, 과
    학적 사고에 노출시키는 것을 강조했다. 다음을 참조하라. Robert Anderson, *British
    Universities Past and Present*, London: Hambledon Continuum, 2006, 41.

5   18세기 영국 학자들에게는 독창적인 연구 능력이 기대되지 않았으며, 학생들의 교사와
    멘토 역할을 하는 것이 유일한 역할이었다. 반면 독일 대학에서는 교수들이 자기 학문에
    독창적인 공헌을 하는 연구자가 되어야 한다는 생각이 무르익고 있었다. 영국의 개혁가
    들은 영국 대학이 독일 대학에 필적하기를 원했고, 교육이 전통과 계승을 증진시켜야 한
    다고 생각하는 이들과 비판적인 사고를 장려하고 지식의 범위를 확장해야 한다고 생각
    하는 사람들 사이에 긴장이 조성되었다. 이들 사이의 논쟁에서 교양교육의 원칙은 현 상
    태를 유지시키는 데 사용되었고, '대학의 과제와 특별한 역할은 과학을 발전시키거나 새
    로운 발견을 하는 게 아니라… 종교적이고 도덕적이며 지적으로 정신을 단련'하고, '과거
    세대의 문명을 미래 세대에게 소개하는 것'이라는 주장이 제기되었다. 다음을 참조하라.
    Anderson, *British Universities*, 42p.

6   Toby Young, 'A classical liberal education', *The Telegraph*, 2013. 4. 19. 다음을 참조
    하라. http://blogs.telegraph.co.uk/news/tobyyoung/100213007/aclassical-liberal-
    education/

7   Association of American Schools and Colleges, 'What Is a 21st century liberal education?' 다음을 참조하라. https://www.aacu.org/leap/what-is-aliberal-education

8   Trevor Hussey and Patrick Smith, *The Trouble with Higher Education: A Critical Examination of our Universities*, Abingdon: Routledge, 2010, ix.

9   실제 슈퍼비전의 수준은 칼리지 별로 상이하다. 다음을 참조하라. Phelim Brady, 'Mind the supervision gap', *Varsity*, 2013. 3. 10. 다음을 참조하라. http://www.varsity.co.uk/news/5787

10 *CSEP Survey of Economics Students: Is it Time for Change at Cambridge?*, report, Cambridge Society of Economic Pluralism, 2014. 6, 6 – 10p.

11 Jack Britton, Lorraine Dearden, Neil Shephard and Anna Vignoles, *How English Domiciled Graduate Earnings Vary with Gender, Institution Attended, Subject and Socioeconomic Background*, report, Institute for Fiscal Studies, 2016.

12 The Economics Network, 'Economics Employers' Survey 2014-15'. 다음을 참조하라. https://www.economicsnetwork.ac.uk/projects/surveys/employers14-15

13 Andrew Ross, 'Message to applicants from Deputy Director GES', The Government Economic Service, 날짜 미정. 다음을 참조하라. https://www.jiscmail.ac.uk/cgi-bin/webadmin?A3=ind1209&L=CHUDE&E=base64&P=4477856&B=---_003_799B56EC23F30340810F2D7B762611FD10F92CMBXP09dsmanacuk_&T=application%2Fmsword;%20name=%22Message%20to%20Applicants%20from%20Deputy%20Director%20GES.doc%22&N=Message%20to%20Applicants%20from%20Deputy%20Director%20GES.doc&attachment=q.

14 Andrew Haldane, 'The revolution in economics', foreword to the Post- Crash Economics Society *Report Economics, Education and Unlearning*, 2015. 4, 3-6p. 다음을 참조하라. http://www.post-crasheconomics.com/economics-education-and-unlearning/

15 현대의 교양교육 옹호자들은 다양성과 건강함을 갖춘 교실에서 배운 기술의 가치도 분명하게 깨닫고 있다. 이와 관련한 사례는 다음을 참조하라. Martha Nussbaum, *Not for Profit: Why Democracy Needs the Humanities*, Princeton, NJ: Princeton University Press, 2012.

16 사회복지사 등 다른 직업군들은 그들의 직업행동강령에서 이런 식의 윤리적 인식이 중요

함을 공식화했다. 다음을 참조하라. British Association of Social Workers, 'The Code of Ethics for Social Work Statement of Principles', 2012. 다음을 참조하라. https://www.basw.co.uk/codeofethics/

17 마틴 울프, 어데어 터너, 앤디 할데인은 최근 몇 년간 경제학 교육 개혁을 주장한 주요 인사들 가운데 일부이다. Haldane, 'The revolution in economics', 3-6p, Martin Wolf, *The Shifts and the Shocks: What We've Learned-and Have Still to Learn-from the Financial Crisis*, London: Penguin, 2014, Adair Turner, 'Preface', in Cambridge Society for Economic Pluralism, CSEP Survey of Economics Students, 2p.

18 더 자세한 내용은 다음을 참조하라. Sara Gorgoni, 'University of Greenwich revises its economics programmes to enhance pluralism and real world economics', Rethinking Economics blog, 2014. 12. 14. 다음을 참조하라. http://rethinkingeconomics.blogspot.co.uk/2014/12/university-of-greenwich-revises-its.html, Yuan Yang and Costas Repapis, 'Pluralism & real-world economics: a new curriculum at Goldsmiths', Rethinking Economics blog, 2016. 10. 16. 다음을 참조하라. http://www.rethinkeconomics.org/news/2015/10/pluralism-real-world-economics-a-new-curriculum-at-goldsmiths/, Steve Keen, 'For a pluralist education, come to Kingston', *Steve Keen's Debtwatch*, 2014. 5. 8. 다음을 참조하라. http://www.debtdeation.com/blogs/2014/05/08/for-a-pluralist-education-come-to-kingston/

19 새라 고르고니는 이 책을 위해 인터뷰에 응했다.

20 이 학생은 이 책을 위해 인터뷰에 응했다.

21 Michael Shattock, *Making Policy in British Higher Education 1945-2011*, Maidenhead: Open University Press, 2012, 6p, Department for Business, Innovation & Skills, *Participation Rates in Higher Education: Academic Years 2006/2007-2013/2014 (Provisional)*, report, 2015. 9.

22 Holly Watt and Peter Dominiczak, 'Ed Miliband: school funding to rise under Labour', *The Telegraph*, 2015. 2. 12. 다음을 참조하라. http://www.telegraph.co.uk/news/politics/ed-miliband/11408627/Ed-Miliband-School-funding-to-rise-under-Labour.html

23 Shattock, *Making Policy*, 6p.

24 Anderson, *British Universities*, 133-138p.

25 앞의 책, 152p.

26 Shattock, *Making Policy*, 12p.

27 앞의 책, 5p.

28 앞의 책, 125p.

29 앞의 책, 105p.

30 교육적 맥락에서 내생적 성장 모형에 대한 상세하면서도 이해하기 쉬운 설명을 원한다면 다음을 참조하라. Geraint Johnes, 'Education and economic growth', *Lancaster University Management School Working Paper 19*, 2006. 다음을 참조하라. http://www.lancaster.ac.uk/media/lancaster-university/content-assets/documents/lums/economics/working-papers/EducationEconomicGrowth.pdf

31 Mick, Moran, *The Regulatory State: High Modernism and Hyper-Innovation*, Oxford: Oxford University Press, 2003.

32 Shattock, *Making Policy*, 152.

33 앞의 책, 152-154p.

34 앞의 책, 5p.

35 학생 1인당 기금 지원이 얼마나 감소했는지는 로날드 디어링의 그래프에서 잘 나타나 있다. *The Dearing Report: Higher Education in the Learning Society*, London: Her Majesty's Stationery office, 1997, 45p. 다음을 참조하라. http://www.educationengland.org.uk/documents/dearing1997/dearing1997.html 폴리텍 대학의 교수 대 학생 비율은 평균적으로 높아서, 대학 시스템 통합 이후 이 비율이 상승하는 데 일조했다. 다음을 참조하라. Anderson, *British Universities*, 169p.

36 Shattock, *Making Policy*, 163-164p.

37 이에 관한 사례는 다음을 참조하라. Nicholas Barr, 'Income-contingent student loans: an idea whose time has come', G. K. Shaw (ed.), *Economics, Culture and Education–Essays in Honour of Mark Blaug*, Aldershot: Edward Elgar, 1991, 155-170p.

38 인적자원과 교육에 관한 더 자세한 토론은 다음을 참조하라. Milton Friedman, 'The role of government in education', Robert A. Solow (ed.), *Economics and the Public Interest*, New Brunswick, NJ: Rutgers University Press, 1955, 123-144p.

39 다음 책에 나오는 그림2를 참조하라. *Guide to Funding 2015–16: How HEFCE Allocates its Funds*, report, Higher Education Funding Council England, March

2015, 16p.

40 우리가 보기에 이런 복잡한 개혁을 가장 이해하기 쉽게 설명한 이는 앤드류 맥게티건이다. 그가 쓴 다음 책을 참조하라. Andrew McGettigan, *The Great University Gamble: Money, Markets and the Future of Higher Education*, London: Pluto Press, 2013.

41 앞의 책, 4p.

42 *The Teaching Excellence Framework: Assessing Quality in Higher Education*, Business Innovation and Skills Committee, Third Report of Session 2015-16, London: The Stationery Office, February 2016, 3p.

43 McGettigan, *The Great University Gamble*, 27p.

44 앞의 책, 25p.

45 앞의 책, 34p.

46 *Securing a Sustainable Future for Higher Education*, report, Independent Review of Higher Education Funding & Student Finance, 2010. 10, 25p.

47 McGettigan, *The Great University Gamble*, 60p.

48 앞의 책, 59p.

49 Frank Furedi, 'Satisfaction and its discontents', *Times Higher Education*, 2012. 3. 8. 다음을 참조하라. https://www.timeshighereducation.com/features/satisfaction-and-its-discontents/419238.article

50 McGettigan, *The Great University Gamble*, 64p.

51 Furedi, 'Satisfaction and its discontents'.

52 이에 대한 비판은 다음을 참고하라. Universities and College Union, 'The impact of student satisfaction surveys on staff in HE and FE institutions', 2010. 10. 다음을 참조하라. https://www.ucu.org.uk/brief_satissurveys

53 James Johnston, Alan Reeves and Steven Talbot, 'Has economics become an elite subject for elite UK universities?', *Oxford Review of Education*, 40(5) (2014): 591-592p.

54 University of Manchester Archives, 'Faculty of Economic and Social Studies - Whole Faculty Overview - Report of Council to the University Court 1992', 1992, 166p.

55 앞의 책, 166p.

56 2015년 3월 17일 영국은행 주관 '경제학 교육의 현재를 재탐색하다' 주제의 컨퍼런스에

참석한 경제학자들이 이런 견해에 널리 공감했다.

57 Higher Education Statistics Authority, 'Income and expenditure of UK Higher Education providers 2014/15'. 다음을 참조하라. https://www.hesa.ac.uk/stats-finance

58 Will Pickering, 'Zero-hours contracts: a UCU briefing', University and College Union, 2014. 3, 4p.

59 Richard Read, 'A $280 college textbook busts budgets, but Harvard author Gregory Mankiw defends royalties', *The Oregonian*, 2015. 2. 12. 다음을 참조하라. http://www.oregonlive.com/education/index.ssf/2015/02/a_280_college_textbook_busts_b.html

60 Johnston, Reeves and Talbot, 'Has economics become an elite subject', 597p.

61 James Johnston and Alan Reeves, 'Economics is becoming an elite subject for elite UK universities', Politics and Policy blog, London School of Economics, 2014. 11. 11. 다음을 참조하라. http://blogs.lse.ac.uk/politicsandpolicy/the-growth-of-elitism-in-the-uks-higher-educationsystem-the-case-of-economics/

62 앞의 책.

63 앞의 책.

64 University of Manchester, 'The purposes of a Manchester undergraduate education'. 다음을 참조하라. http://documents.manchester.ac.uk/display.aspx?DocID=9804

65 University of Glasgow, 'University of Glasgow graduate attributes'. 다음을 참조하라. http://www.gla.ac.uk/media/media_183776_en.pdf

66 Hussey and Smith, *The Trouble with Higher Education*, 63p.

67 Nussbaum, *Not for Profit*, 55p.

68 Hussey and Smith, *The Trouble with Higher Education*, 68p.

69 앞의 책, 115p.

70 앞의 책, 107p.

71 Diana Wood, 'Problem based learning', *British Medical Journal*, 2003. 2. 8. 다음을 참조하라. http://www.bmj.com/content/326/7384/328

72 Hussey and Smith, *The Trouble with Higher Education*, 104p.

73 전의 책, 103p.

제6장
모두를 위한 경제학

민주주의 되살리기

우리는 마지막 장을 경제 전문가 교육의 개선 방향에 대한 우리의
비전을 제시하는 것으로 마무리할 수도 있다. 하지만 이는 기껏해야
문제의 절반만 해결하는 것과 같다. 우리가 중요한 결론에 이르는 길
을 따라가고 있는 동안, 우리 옆에는 바로 보이지는 않지만 그 동안의
전개 과정과 복잡하게 얽혀 있으며 최후 결론을 소홀히 다룬다면 우리
를 막다른 골목으로 데려가 버릴 수도 있는 또 다른 길이 놓여 있다.

지금까지 우리는 시민을 소외시키고 경제 문제에 참여하지 못하도
록 가로막는 기술관료 체제를 경제학이 어떻게 떠받치고 있는지 살펴
보았다. 이코노크러시는 경제적 지식과 권위에 접근할 수 있는 이들과
그렇지 못한 이들이 함께 살아가는 체제이다. 전문가의 수준을 제고하
는 것이 사회를 위해 바람직하다는 점은 의심할 나위가 없지만, 이 체
제가 민주주의 및 우리가 가장 소중히 여기는 정치적 신념과 양립하기
는 여전히 어려울 것이다. 그러므로 마지막 장에서 우리는 단지 더 나
은 전문가가 아닌 그 이상이 필요하다는 것을 보여주는 폭넓은 사회

정치적 질문으로 돌아가야 한다. 전문가와 사회를 이어주는 새로운 관계가 필요하다. 모든 시민이 참여할 수 있는 개방적이고 포괄적인 경제 토론이라는 새로운 문화 또한 여기 포함될 수 있을 것이다.

이코노크러시에 대한 우리의 비판이 모든 전문지식에 대한 회의론으로 해석되어서는 안 된다. 우리는 이 책에서 경제 전문가에 대한 신뢰가 맹목적이어서는 안 된다는 것을 보여 주려고 노력했다. 경제학은 태생적으로 정치학이나 윤리학과 떨어질 수 없다. 나아가 앞에서 살펴본 것처럼 경제학자들은 여러 차례 사회의 기대와 요구에 부응하지 못했다.

문제는 사회학자 미셸 칼롱이 지적했듯, '시민들로서는 전문가들도 예측하거나 피할 수 없었던 문제를 해결하기 위해 다시 그들의 손을 빌릴 수밖에 없다'는 점이다.[1] 사회는 경제 전문가 없이는 유지될 수 없지만, 시민들로서는 그들에 대해 회의적이어야 할 모든 이유가 있다. 그럼 이제 우리는 어떻게 해야 할까? 우리는 경제학이 민주주의적인 감시의 스포트라이트 안으로 복귀해야 한다고 믿는다. 경제적인 결정은 공개토론을 통해서 내려져야 한다. 사람들은 동등한 지분을 가지고 어떤 경제 체제에서 살고 싶은지 결정해야 하며, 시민들은 장하준 교수의 말처럼 '다른 누군가의 결정에 따르는 소극적인 희생자가 되지 않으려면'[2] 이런 지분을 주장해야 한다.

민주주의는 다수결의 원칙으로 개념화할 수 있지만, 이는 공공 문화의 형식으로서만이 아니라 특정 제도의 관점으로 생각할 수도 있다. 이코노크러시가 제기한 문제에 대한 최선의 해결책을 민주주의 속에서 찾기 위해서는 '약한(thin)' 민주주의와 '충분한(broad)' 민주주의를 구별하는 것이 필요하다. 약한 민주주의에서는 민주주의를 일반 대중이 그들의 이익을 대변하는 정당에 투표하는 제도적 장치의 하나로만 간주한다. 민주주의란 소극적인 시민의 표를 얻기 위한 정치 엘리트들의 투쟁에 불과하다고 주장하는 조지프 슘페터의 이론은 약한 민주주의의 극단을 보여준다.[3] 사람들의 투표 행위는 단지 엘리트들에게 유권자를 위한 봉사의 인센티브를 제공할 뿐이다.

충분한 민주주의에서는 제도와 의사 결정 과정에 시민이 더욱 적극적으로 참여하며, 민주적 토론이라는 강력한 공공 문화가 존재한다. 대표자에게 위임되는 권한은 많지 않으며, 개인과 공동체가 포괄적이고 참여적인 민주주의 제도를 통해 더 많은 권한을 행사한다. 정치는 누구 한 사람에게 위임하는 것이 아니라 모두 함께 참여하는 것이다. 약한 민주주의와 충분한 민주주의라는 사고를 통해 우리는 한 사회의 제도와 과정, 공공 문화가 얼마나 민주적인가를 평가하는 데 사용할 수 있는 스펙트럼의 양 끝을 볼 수 있다.

현재의 상황이 지속되는 것은 약한 민주주의를 위해서도 위험하다. 경제학이 시민사회와 분리되어 있고 경제학을 이해하는 사람이 많지 않다는 것은 엘리트들이 제대로 일하는지의 여부를 시민들이 평가할 수 없음을 뜻한다. 대중들은 GDP에 관한 설명을 듣지도, 그게 무엇을 의미하는지 잘 알지도 못하지만, GDP 증가를 경제 성장으로 받아들이고 있다는 점을 기억하자. 경제 문제를 둘러싼 아이디어와 통계들은 논쟁의 여지가 있는 정치적 결정을 감추거나, 명료함보다는 혼란을 야기하고자 하는 목적으로 사용될 수 있다.

약한 민주주의가 작동하는 것이 현재 상태를 유지하는 것보다는 낫지만, 완벽하다고 말할 수는 없다. 따라서 우리는 이번 장에서 충분한 민주주의와 양립할 수 있는 경제적 결정 방식의 사례를 제시하고자 한다. 경제에 관해 질문하는 것은 개인과 사회의 가치는 물론 사회를 어떻게 구성할 것인가라는 핵심 문제에 바로 접근하는 것이며, 우리는 그렇게 할 권리를 가지고 있다. 약한 민주주의는 이런 가능성을 제공하지 않고 정당과 전문가에게 책임을 위임해버린다.

우리는 경제학이라는 학문이 거듭나고 있으며 성장하는 중이고, 따라서 공공 문화를 위한 실제적인 잠재력이 충분하다고 믿는다. 이 문화는 경제 토론과 의사 결정에 훨씬 많은 사람이 참여할 수 있도록 참여적이고 민주적인 제도를 만들어나가는 토대를 제공할 수 있다. 수많은 경제적 결정이 폐쇄적으로 이루어지고 이것이 의심할 여지없이 일상생활과 국가에 상당한 변화를 초래하여, 냉소주의자들이 유토피아라고 비아냥거릴만한 상황이 계속되는 현실에서 변화를 상상하기는 어려울 수 있다. 하지만 우리는 이미 이런 열망을 성취하기 위해 학생운동을 시작했으며, 이번 장에서 이에 대해 설명할 것이다.

스스로 결정하고 자율적인 삶을 사는 것은 본질적으로 가치가 있다. 이것이 우리가 생각하는 자유의 핵심이다. 우리가 쓰는 '바보(idiot)'라는 말은 공공의 의사결정에 참여하지 않는 순수한 개인을 뜻하는 고대 그리스어 idiotes에서 유래했다. 우리 모두는 생래적으로 무엇이 도덕적이고 공정한지 알 수 있으며, 이는 사회 정치적 삶을 살고자 하는 욕구로 이어진다. 인간은 '정치적 동물'이라는 아리스토텔레스의 말 속에 이런 의미가 잘 함축되어 있다.[4]

지금은 상상하기 어렵지만, 이에 대한 강력한 욕구야말로 참여 민주주의 제도를 구축하는 데 필요한 요소이다. 충분한 민주주의를 효과적으로 작동시키기 위해 시민들에게 필요한 기술과 자질은 타고 나는 것이 아니라 연습을 거쳐 숙달되는 것이다. 이런 기술과 자질에는 경청과 타협, 구두 및 수치를 동원한 논쟁을 비평하는 능력, 독립적인 판단력을 개발하는 것 등이 포함된다. 이런 기술과 자질은 참여 민주주의 제도 아래서 실제 경험을 쌓아야만 가능하다. 따라서 충분한 민주주의 체제로 이행하는 것은 실천을 통해 배우는 과정이기도 하다.

충분한 민주주의에 관한 강력한 경제학적 주장도 있다. 프리드리히 하이에크는, 사회주의 계획에는 기획자들이 전체 경제를 합리적으로 계획할 수 있을 만큼 현재와 미래의 포괄적인 지식을 구할 수 있다고 설정하는 '치명적 자만(fatal conceit)'이 있었다고 주장했다. 하이에크에 따르면 경제를 효과적으로 조직화하고 진보로 나아가는 것은 '어느 누구도 전체적으로 취할 수 없으며' 본질적으로 불완전한 지식을 어떻게 사용하느냐에 달려 있다.[5] 그는 시장이야말로 가격을 통해 여러 주체들 사이에 분산되어 있는 지식을 확산시킬 수 있는 최선의 해결책이라고 주장했다.

경제 전문가들이 경제를 성공적으로 해석하고, 예측하고, 설계하기 위한 필요 지식과 전문성을 스스로 갖추고 있다고 생각한다는 점에서 이코노크러시를 지탱하는 경제에 관한 가설들은 하이에크가 비판했던 것들과 매우 유사하다. 지난날의 사회주의 기획자들과 마찬가지로 오늘날의 경제 전문가들도 시스템을 관리하는데, 이 시스템으로는 사회를 형성하거나 지역 특성에 맞는 지식과 전문성을 부여하는 것을 포함하여 다양한 선호도를 고려하는 것이 불가능하다. 그 결과는 비민주적인 결정으로 나타날 뿐이며, 신고전학파 언어를 사용하는 것은 사회적인 차선책에 불과하게 된다.[6]

충분한 민주주의에서는 우선 사회와 경제를 구성하는 방식에 대해서 지역적으로, 그리고 국가적으로 협약을 맺는 식의 민주적 절차를 개발해야 한다. 이는 궁극적으로 개인과 공동체가 지방과 중앙 정부의 진정한 '소유권'을 갖는 시스템으로 귀결될 것이다. 충분한 민주주의에서는 개인이 정부의 다양한 영역에 참여하고 있기 때문에 국가와 대중 사이의 경계는 불분명하고 유동적이다. 이는 엘리트만이 아닌 훨씬 더 광범위한 사람들이 정책 문제에 관여하고 있음을 의미한다. 기술이 발전함에 따라 지식과 경험이 정책 발전에 영향을 미칠 수 있도록 시스템을 설정할 수 있다. 이렇게 운영되는 국가는 스마트하고, 효율적이며, 문제를 좀 더 잘 해결할 수 있을 것이다.

충분한 민주주의로 가는 길은 20세기의 좌우 정치를 모두 장악한 기술주의적 합의에서 벗어나는 것이다. 전문가들과 엘리트들이 합리적이고 과학적인 기준에 따라 사회를 설계하고 운영할 수 있다는 견해는 대부분 국가에서 지지를 받았다.[7] 이코노크러시를 지탱하는 이데올로기가 바로 이것이다.

반대로, 권위와 권력은 다수의 시민에게서 비롯하여 명시적인 합의를 통해 특정 전문가에게 위임되어야 한다. 대중은 의회나 다른 방법으로 감독과 통제권을 행사하고, 권력을 위임받은 이들과 지속적으로 긴밀한 관계를 유지하며, 필요시 실제로 권력을 회수할 수 있는 옵션을 가진다. 전문가들은 위임받은 권력에 대한 보답으로 사회적 의무를 이행해야 한다.

거창한 계획만 제시하고 제안을 구체적으로 설명하는 데 실패하는 책이 너무 많아서 독자들로서는 필자들이 무슨 말을 하려고 하는지 이해하기 힘든 경우가 많다. 그래서 우리는 '시민경제학'과 '공익경제학'이라는 두 개념을 발전시켰다. 이 용어가 거창하게 보일 수 있지만, 우리는 이 용어들을 통해서 경제 전문가의 사회적 역할을 어떻게 바꿀 수 있는지에 대한 우리의 비전을 제시하고, 나아가 시민을 더욱 잘 지원하고 일상생활에서 늘어나는 경제적 의사 결정에 참여하도록 장려할 수 있다고 생각한다.

시민 경제학자라는 새로운 세대

우리는 우리가 '경제'라고 부르며, 우리의 개인과 집단생활에서 중심 역할을 하는 것처럼 보이는 것이 사실은 상당히 최근의 발명품임을 보여주려고 노력했다. 흔히 경제라고 불리는 것이 보편적이고 자연스럽게 존재하고 있다고 생각하지만, 사실은 특정 형태의 사회 구조에 대한 설명에 불과하다. 경제학이 다른 의미에서 정치의 연속이라는 말이 나오는 이유는 이 때문이다. 중요한 점은 경제가 항상 존재했을 수도 있고, 뭔가 다를 수도 있었다는 점이다. 공개 토론으로 우리가 무엇을 원하는지 결정할 수 있지만, 토론을 하기에 앞서 우선 모든 사람들이 토론의 언어를 이해해야 할 필요가 있다.

따라서 우리는 정치나 뉴스, 지역 사회의 경제 담론에 비판적으로 참여할 수 있는 기본적인 지식과 자신감, 관심을 지닌 개인으로서 '시민 경제학자'라는 아이디어를 제안한다. 시민 경제학자들은 자신들의 개별적인 상황과 경제가 체계적으로 작동하는 것은 어떤 관련을 맺고 있는지 알 수 있다. 그들은 정치인과 경제학자, 언론 비평가들이 말하거나 글로 쓴 경제에 대한 언급들에 개입하고 그들의 주장에 숨어 있는 가치와 추론들을 평가할 수 있다. 시민 경제학자의 사회는 개인이 자신이 처한 상황을 더 많이 이해하고 통제할 수 있는 사회이다. 항상 대안이 준비되어 있고, 사회의 모든 이들이 그것을 제안하고, 토론하고, 면밀히 조사하고, 궁극적으로 해결 방식을 집합적이면서 개인적으로 결정하기 위한 적극적인 역할을 하는 사회이다.

시민 경제학자들의 새로운 세대를 건설하는 것이 리싱킹 경제학의 현재 핵심 목표이며, 우리는 열린 경제학을 위한 다양하고 실질적인 프로젝트를 개발하고 있다. 우리는 11~18세 학생들을 대상으로 비판적이고 다원주의적인 경제학을 소개하는 학교 워크숍을 개발했다. 워크숍에서 우리는 학생들에게 경제학자들의 모습을 그려보라고 요구하는데, 학생들이 그린 경제학자들은 대개 백인 남성이거나, 실크 모자(top hats)를 쓰고,《파이낸셜 타임스》를 읽고 있는 모습이었다. 외알 안경(monocle)을 쓰거나 세상의 꼭대기에 서 있는 모습까지 있었다. 시민 경제학자의 세상을 만들고 좀 더 다양한 미래 세대의 경제 전문가들을 배출하기 위해서는 경제학자에 대한 이런 고정관념에 도전해야만 한다. 우리는 우리 메시지를 전달하기 위한 소도구로 '이것이 바로 경제학자의 모습이다'라고 적힌 거울을 워크숍 현장에 들고 간다.

2015년 9월 맨체스터에서 우리는 일상에서 마주치는 경제학을 비판적으로 소개하는 6주짜리 야간 강좌 '시민 경제학 커뮤니티 크래시 코스•' 파일럿 프로그램을 시작했다. 학생 신분이었던 우리는 스스로 전문가와 시민의 중간쯤에 위치하고 있으며, 양 진영에 한 발씩 걸치면서 시민 경제학이라는 새로운 경제학의 공간을 열 수 있으리라고 느꼈다. 첫 번째 크래시 코스의 주제는 '경제학이란 무엇인가?'였으며, 빈곤과 불평등, 일과 세금, 호황과 불황, 금융, 부채 등이 이 주제에 포함되었다.

• 강좌 명칭은 저자들이 속한 포스트 크래시 경제학회에서 따온 것이다. '크래시'(crash)는 2008년 금융위기에 전혀 대처하지 못하고 무력했던 주류 경제학의 와해를 뜻한다.

크래시 코스의 높은 인기는 경제에 대해 더 많이 알고 싶어 하는 사람들의 욕구를 드러냈다. 한 참가자는 '오늘날에는 경제학이 매우 중요하다고 느끼지만 나 같은 사람들은 힘이 너무 없다. 이 코스는 제가 기본적인 경제 개념을 이해하고, 세상에 대해 갖고 있는 선입견을 지지하거나 혹은 그에 맞설 수 있도록 기회를 제공한다'라며 코스를 수강하는 이유를 설명했다. 이러한 욕구는 유고브가 실시한 설문조사에서도 나타났다. 경제학에 대해 더 많이 알고 싶어 하는지를 물었을 때 응답자의 13%만이 '아니오'라고 답했다. 나머지 응답은 '그렇다'(14%), '그렇지만 다음에'(24%), '모르겠다'(21%) 등이었다. 현재 우리는 학생 그룹이 소속 대학의 교수나 조력자의 도움으로 자신의 지역에서 크래시 코스를 운영하는 모형을 개발하고 있으며, 리싱킹 경제학 또한 학생들을 훈련시키고 자원을 제공하면서 자신들의 코스를 운영하고 있다.

시민 경제학자 세대를 위해 중요한 것은 공공 문화와 공동체를 창출하는 것이다. 크래시 코스에 등록한 한 참가자는 '우리는 수업에 기꺼이 함께 참여했다. 다양한 계층의 사람들이 경제학에 도움을 주거나 얘기를 나누고자 수업에 참여한다는 것이 신선했다. 야간 수업이었고, 저렴한 비용 덕분에 가능했던 것 같다'고 회고했다.

우리는 또한 콘퍼런스를 개최하고, 지역 그룹들로 하여금 대중들이 경제 아이디어에 참여하고 토론과 논쟁을 할 수 있도록 대중 강연회를 여는 한편, 성장하는 시민 경제학자 커뮤니티와 유대관계를 유지하도록 장려했다. 해마다 우리는 런던에서 학생들과 교수, 대중이 함께 모여 경제학에 대해 토론하고 반성해보는 리싱킹 주간 행사를 개최한다.

2015년 3월과 2016년 4월, 우리는 맨체스터에서 '왜 모두를 위한 경제학인가'라는 이름으로 콘퍼런스를 열었는데 그때마다 수백 명의 일반 시민이 참석했다. 우리는 강의 형식을 최대한 피하고 청중과 발표자의 구분이 불분명한 토론과 워크숍으로 콘퍼런스를 진행했다. 발표자들에게 청중들의 참여를 이끌어낼 수 있는 구체적인 지침을 제공하고, 최대한 청중들과 상호 교감할 것을 요구했다. 또한 사람들이 아무리 간단한 내용이라도 편안하게 질문할 수 있고 경제학을 모르더라도 자신의 견해를 말할 수 있는 환경을 만들려고 노력했다.

리싱킹 경제학에서도 2016년 3월 'Economy'(www.ecnmy.org)라는 이름으로 시사 웹 사이트를 열었다. 모든 시민이 경제를 논할 수 있는 자신감과 이해력을 지니며, 자기 주변의 경제적, 정치적 담론에 비판적으로 참여할 수 있는 세상을 만들자는 것이 목표였다. 웹 사이트는 사용자들에게 다양한 경제적 아이디어를 소개하는 비디오와 애니메이션을 포함한 '학습' 섹션을 포함하고 있다. 이 웹 사이트의 중심은 '참여' 섹션인데, 이 공간을 통해 전 세계의 시민 경제학자들이 자신의 견해를 밝히고, 사연을 공유하거나 질문을 나누기도 한다. 마지막으로 '실천' 섹션은 널리 대중화된 경제학 프로젝트와 연결되며 사람들이 스스로 토론 그룹과 이벤트를 기획할 수 있도록 자원을 제공한다.

우리는 웹 사이트를 '경제'(Economy)라고 불렀는데, 이 단어가 사람들에게 주는 함의를 다시 생각해보고 싶었기 때문이다.[8] 경제라는 개념은 두렵고 복잡하고 추상적이지만, 우리는 사람들이 경제에 개입할 수 있고, 전문용어를 극복할 수 있으며, 사소한 방식일지라도 경제에 영향을 끼치고 있다고 느끼기를 원한다. 경제학이란 사실 70억에 이르는 사람들의 사연과 경험, 선택을 모아놓은 것일 뿐이라는 게 웹 사이트가 표방한 메시지이다. 다시 말하면 경제학이란 우리가 무엇을 하고, 만들고, 선택하는가에 관한 학문이다. 우리는 이 웹 사이트가 시민 경제학자들의 글로벌 커뮤니티를 활성화시키고, 대부분의 사람들이 오랫동안 관심을 두지 않거나 반감을 가졌던 경제 문제에 대한 활발한 대화의 장을 여는 데 도움이 되기를 바란다.

우리는 대중 교육에 대한 방식을 고민하느라 상당한 시간과 노력을 기울였는데, 비판적 성찰과 다원주의를 중심으로 프로그램을 짜기가 쉽지 않음을 알고 있었기 때문이다. 경제학을 우리가 배운 방식대로 가르친다면 쉬울 테지만, 그렇게 하는 것은 아무리 학생이라고 하더라도 경제 전문가로서 가지는 권위에 우리를 쉽게 의탁하는 것이다. 결과적으로 우리는 특히 교사와 학생 사이의 관계를 재편하고, 모든 참가자가 수업에 동참하고 기여하도록 하고 싶었다.

고정된 지식을 의심 없이 배우도록 하는 공식적 문해력(formal literacy)과 묻고 비평하면서 자신의 독자적인 판단을 개발하도록 하는 실질적 문해력(substantive literacy) 사이에는 결정적인 차이가 있다.[9] 대학의 경제학 교육은 졸업생들에게 신고전학파 경제학에 대한 공식적 문해력을 부여한다. 우리는 시민 경제학자들이 경제 담론과 논쟁에 비판적으로 참여하고, 경제학자나 정치인, 언론인들과 관계를 재정립할 수 있도록 실질적인 경제 문해력을 갖출 수 있기를 바란다.

얼마나 많은 사람들이 경제학을 알아야 하는지는 중요한 논쟁 주제이다. 경제는 매우 복잡하며, 우리는 하나만이 아닌 다양한 경제학파에 대해 배우고 알아갈 것을 요구하고 있다. 우리는 대부분의 시민 경제학자들이 고급 이론 수준에서 다양한 경제학파를 배울 수 있는 시간과 비용이 부족하다는 것을 알고 있다. 따라서 시민 경제학은 (신고전학파나 다른 경제학파의) 추상적인 이론에 대한 정교한 지식을 쌓기보다는,

사람들의 삶의 경험과 경제 환경을 경제와 체계적으로 연결시키려고 노력하고 있다. 경제 변화가 생활비와 자녀 교육에 어떤 영향을 끼치는지, 그리고 자신과 이웃들이 얼마나 벌고 있는지 아는 것이 추상적이고 난해한 IS-LM 모형과 효용함수를 배우는 것보다 경제학에 접근하기 위한 훨씬 더 쉬운 방법이라고 우리는 생각한다.

이 책의 정신에 따라 우리는 경제학자와 정치인, 언론인들은 일반적으로 경제가 어떻게 움직이는지 잘 모를 뿐더러 보기보다 확실하게 아는 것도 아니기 때문에 시민 경제학자들이 자신감을 가지고 그들과 상대해야 한다고 강조해 왔다. 우리가 시민 경제학자들에게 제공하려는 지식은 경제의 작동 방식에 대한 특정 규칙이나 법률 지식이 아니며, 우리가 보기에는 전문가들조차도 이런 것은 잘 모른다. 대신 우리는 경제를 설명하는 서사나 이론, 통계를 이해하고 이에 관여하기 위한 다양한 방법과, 경제를 더 낫게 만들기 위해 무엇을 해야 하는지에 대한 논의를 공식화하기 위한 방법 등을 제공한다. '경제학을 공부하는 목적은 경제 문제에 대한 준비된 해답을 얻기 위해서가 아니라 경제학자들에게 속지 않는 법을 배우기 위해서이다'라는 조안 로빈슨의 냉소적인 말 속에 우리가 말하려고 하는 완벽한 답이 들어 있다.[10]

이렇게 된다면 개인과 집단은 다양한 정치적 행동을 통해 경제에 영향을 미치는 거대한 대리인 그룹을 가지게 될 것이다. 시민 경제학자들의 사회 건설을 약속함으로써 우리는 기능적이고 효과적인 민주주의를 위한 전제조건 중 하나를 마련했다.

새로운 유형의 전문가가 필요하다

대학의 경제학 교수진과 교과 과정을 근본적으로 재구성하지 않고서 시민 경제학자들의 사회를 열 수 없다는 사실은 분명하다. 경제 전문가들은 시민들에게 경제학 교육을 제공하고, 더욱 개방적이고 포괄적인 경제 토론이 사회 전반에서 진행되도록 핵심 역할을 해야 한다. 하지만 현재의 경제학계는 시민 경제학자들의 사회가 발전하는 것과 근본적으로 양립할 수 없는 네 가지 이유를 가지고 있다. 첫째, 경제 전문가들이 시민의 신뢰를 얻을 만큼 충분히 노력하지 않았으며, 둘째, 그들은 시민을 동등하게 대우하기보다는 자신들의 경제 분석을 전달하는 대상으로만 여겼고, 셋째, 그들은 전문지식의 한계를 거의 인정하지 않았으며, 넷째, 대학에 적을 둔 경제학자들이 전체 경제학계를 대표한다고 보기 어렵다는 점이다.

우리는 유고브에 의뢰해서 사람들에게 득이 되도록 결정한다는 경제학자들의 말을 얼마나 신뢰하는지 묻는 설문조사를 실시했다. '매우 믿는다'는 응답이 2%, '상당히 믿는다'는 응답이 33%였고, '별로 믿지 않는다'는 응답은 40%, '전혀 믿지 않는다'는 응답은 11%였다(나머지는 모른다거나 대답하지 않았다). 경제학자들에 대한 전반적인 신뢰 부족은 경제 전문가들이 시민 경제학자 교육의 핵심 역할을 수행하도록 기초를 튼튼히 다지는 데 문제점으로 작용하고 있다. 비윤리적이고 부도덕하게 행동하는 경제 전문가들의 널리 알려진 사례들이 있는데, 이는 신뢰를 다시 쌓기 위해서도 투명하게 다루어져야 한다.

미국에서 경제 전문가들은 대중의 신뢰를 크게 잃었는데, 이를 다룬 영화 〈인사이드 잡〉이 널리 인기를 끌면서 직업적 평판이 땅에 떨어졌다. 예를 들어 2010년 의회를 통과한 도드-프랭크 금융 규제 개혁법(Dodd-Frank Wall Street Reform and Consumer Act)은 금융시장과 금융 기관의 규제를 주 내용으로 하는데, 금융계는 이 법안의 통과를 막기 위해 강력한 로비 활동을 벌였다. 82명의 경제학자들이 96회나 의회에 출석하여 선서하고 증언했는데, 이들 가운데 3분의 1은 도드-프랭크 법에 따라 규제를 받게 되는 금융회사들로부터 컨설팅 비용을 받았다는 사실을 공개하지 않았다.[11]

미국의 금융 개혁을 다룬 저명한 경제학자 15명이 공동 저술한 『스쾀 레이크 리포트』(Squam Lake report)•가 좀 더 학술적인 심층 분석을 게재했는데, 이에 따르면 경제학자들이 일하는 시간 중에서 연구에 투여하는 시간은 2.3%에 불과한 반면 언론을 위해 할애하는 시간은 28%에 달했다.[12] 찰스 퍼거슨••은 미국 사회를 모든 것이 '경제학 교수들과 월 스트리트, 정치권력으로 수렴'되는 '세 방향으로 열리는 회전문'에 비유했다.[13] 영국에서는 비슷한 기록이 없지만, 경제 전문가들의 명예는 이런 스캔들로 인해 여러 곳에서 실추되었다. 경제학은 더욱 강력한 직업윤리강령을 필요로 하며, 이런 윤리는 학부 과정 경제학 교육의 핵심이 되어야 한다.[14]

시민 경제학이 대중적으로 자리 잡기 어려운 두 번째 중요한 이유는 경제학자와 시민 사이의 불평등한 지적 관계 때문이다. 『괴짜 경제학: 상식과 통념을 깨는 천재 경제학자의 세상읽기』•••, 『이코노믹 씽

• 미국의 경제학자 15명으로 구성된 스쾀 레이크 그룹이 2008년 금융위기의 원인과 대책을 분석한 보고서. 첫 모임을 가진 미국 뉴햄프셔 주 스쾀 호수에서 명칭을 따왔다.
•• 영화 〈인사이드 잡〉의 감독.
••• 원저에는 '모든 것의 이면을 탐구하는 건달 경제학자'(A Rogue Economist Explores the Hidden Side of Everything)라는 부제가 붙어 있다.

킹: 핵심을 꿰뚫는 힘』•,『경제학 콘서트』•• 같은 대중적인 경제학 책들은 대중과 함께하려는 노력을 분명하게 보여준다. 우리는 이렇게 읽기 쉽도록 책을 쓴 저자들의 노력에 박수를 보내면서도 그들이 대중들과 함께하기보다는 경제학 알리기에 치중했다는 점을 지적하지 않을 수 없다. 후자가 대중들에게 '그게 어떤 것인지' 알려주는 전문가의 모습이라면, 전자는 대중과 전문가가 똑같이 중요한 위치에서 대화를 나누는 모습이다.

'모든 것의 이면을 탐구하는 건달 경제학자'라는 부제로 시작하는 『괴짜 경제학』을 읽는다고 생각해보자. 부제는 독자들에게 경제학자를 '모든 것의 이면'을 보여줄 수 있는 특별한 도구를 가진 사람이라는 이미지로 상상하도록 유도한다. 공동저자인 경제학자 스티븐 레빗은 '경제학은 해답을 얻기 위한 훌륭한 도구를 가졌지만 질문이 심각하게 부족한 과학이다'라고 생각한다(그가 시사문제에 별로 신경 쓰지 않는다는 점은 분명하다).[15] 경제학의 도구 가운데 하나가 '사람들은 인센티브에 반응한다'는 아이디어이며, 저자들은 '전형적인 경제학자들은 적절한 인센티브 도식을 만들 수만 있다면 이 세상에 해결할 수 없는 문제란 존재하지 않는다고 믿는다'고 썼다.[16] 이런 접근법은 본질적으로 가부장적이며, '문제'가 무엇이고 이를 해결하기 위해서는 시민들이 어떻게 행동하도록 해야 하는지를 모두 결정할 수 있는 자유를 경제학자들에게 부여한다. 여기에서 시민은 경제 전문가들만이 알고 있고 과학적인 것으로 보이는 분석을 전해 듣는 수동적인 존재일 뿐이며, 이런 분석들

• 원제는 『경제학 박물학자: 경제학은 왜 모든 것을 설명하는가』(The Economic Naturalist: Why Economics Explains Almost Everything)이다.

•• 원제는 『삶의 논리: 모든 것의 새로운 경제학』(The Logic of Life: Uncovering the New Economics of Everything)이다. 국내에는 『경제학 콘서트2』라는 제목으로 번역되었다.

이 독자들도 논박할 수 있는 방법론적이고 윤리적인 가정에 기초하고 있다는 언급은 없다.[17]

세 번째 이유와 관련하여 경제 전문가들은 그들이 경제 문제에서 합법적으로 의견을 제시할 수 있는 유일한 자격자이며, 적극적으로 의견을 개진하고 있다는 환상을 깨기 위해 더욱 노력해야 한다. 폴 크루그먼과 조지프 스티글리츠, 토마 피케티 등 세계에서 가장 유명한 경제학자 세 사람이 얼마 전 뉴욕에서 가진 대담이 대표적이다. 이 사례는 우리가 주장해온 겸손한 경제학과 현재의 전문기술에 대한 믿음 사이의 간극이 매우 위험하다는 것을 보여준다. 크루그먼과 스티글리츠는 진행자가 그들의 노벨상 수상 사실을 언급하며 '경제학 분야의 천재로 불린다'라고 소개하자 매우 만족한 반응을 보였다. 그런 다음 크루그먼은 2008년 금융 위기를 미리 예측하지 못한 자신과 경제학계를 변명하면서 '뭔가를 놓치는 경우는 항상 있을 수 있다'고 주장했다.

반면에 놀랍게도 피케티는 '이건 농담이다'는 전제 아래 '경제학자들은 많은 시간을 들여 복잡한 수학 모형을 풀고 있는데… 이는 다른 이들에게 깊은 인상을 남기기 위해서'이며, '아무도 이해할 수 없을 만큼 정교한 과학을 개발하는 것이 [경제학자로서] 그들의 목적이다'라고 힐난한 뒤, 마지막으로 '우리는 겸손해져야 한다… 우리는 쓰임새가 많기를 바라지만, 경제학자들의 쓰임새가 많다는 것이 항상 맞는 말은 아니다'라고 주장했다. 그러자 스티글리츠는 '우리가 유럽을 경영한다면, 곤경에서 벗어나는 법을 알 수 있을 것이다'라고 장담했고, 이를 장난스럽게 이어받아서 크루그먼은 '우리는 철인왕(philosopher king)이지 천재가 아니다'라고 덧붙였다.[18]

이런 생각에서 벗어나려고 노력하는 경제학자들도 있지만, 그들이 경제학계의 현재 구조를 수용하는 한 변화에는 한계가 있다. 아마 최근의 위기에 대한 경제학계의 가장 중요한 반응 중 하나는 대니 로드릭이 쓴 『그래도 경제학이다: 우울한 과학의 성공과 실패』•일 것이다. 로드릭은 동료 경제학자들이 자신들의 경제 모형과 정치적 선언을 지나치게 신뢰한다고 비판하면서도, 경제학은 여전히 세계를 분석하는 유용하면서도 준과학적인 도구라는 말로 경제학을 옹호한다. 로드릭의 주장은 합리적인 부분이 있음에도 우리가 이 책에서 지적한 단일한 경제학적 접근방법의 틀 내에 머물고 있다. 로드릭이 신고전학파 경제학의 틀 내에서 다양한 모형화 기법을 채택하고 있고 이들 모형이 구체적인 상황과 맥락을 고려하고 있다는 점을 인정하지만, 어떤 비 신고전학파 이론도 명시적으로 거론하지 않았다는 점에서 그는 다원주의를 거부하고 있다.[19] 경제학이 엘리트주의에 빠져 있다는 그의 인식에도 불구하고 그는 경제학이 너무 막강하고 책임질 수 없게 되어버렸을 가능성이나 대중들의 감시에 더욱 문호를 개방해야 한다는 사실을 진지하게 고려하지 않는다.

로드릭은 경제학이 도전받을 수 있는 윤리적 가정에 기초하고 있다는 점을 인정하면서도 가치와 가정에 의문을 제기하는 대신 학문의 권위를 거듭 주장하는 쪽으로 재빨리 복귀한다. 그는 '경제학자가 아닌 이들을 위한 십계명'에서 '경제학은 결론을 사전에 정해놓지 않은 모형들을 모아놓은 것이다. 다른 어떤 논의도 거부하라'고 독자들에게 일러주고, **'가정을 이유로 경제학자의 모형을 비판하지 마라. 문제가 있는 가정을 좀 더 현실적으로 바꾸면 결과가 어떻게 달라질 수 있는지**

• 원제는 『경제학 법칙: 우울한 과학의 옳은 점과 그른 점』(Economics Rules: The Rights and Wrongs of the Dismal Science)이다.

질문하라'고 조언하며, '경제학자들이 (모두) 시장을 숭배하지는 않지만, **그들은 시장이 어떻게 움직이는지 여러분보다 더 잘 안다**'고 납득시킨다(강조는 필자가 하였음을 밝힌다).[20] 로드릭의 발언 근저에는 경제학에 대한 믿음과 이코노크러시 안에서 경제학의 특징이기도 한 대중을 무시하는 태도가 동시에 드러나고 있다.

마지막으로, 대학에 있는 경제학 교수들이 사회를 대표한다고 보기 어려우며 그들에게 다양한 계층의 사람들을 이해하고 함께하라고 바랄 수는 없다. 영국의 경제학과 교수 네 명 중 한 명만이 여성이며, 경제학과 학생의 비율도 비슷하다.[21] 반면 2013년 영국의 전체 대학생 가운데 56%가 여성이었다.[22] 한편, 2010년 왕립경제학회가 학계에서 활동하는 경제학자들을 대상으로 조사한 결과에 따르면, 응답자의 82%와 교수의 88%가 백인이었다.[23] 2012년과 2014년 조사가 성별 균형에만 초점을 맞췄고, 인종 분류는 2010년 조사가 마지막이었던 것으로 보인다.[24] 놀랍게도 노벨 경제학상 수상자 75명 중에서 한 명만이 여성이고, 백인이 아닌 수상자도 두 명밖에 없다. 우리 사회가 새롭고 더 나은 경제 전문가를 바란다면 이런 다양성 부족은 시급히 해결되어야 한다.

현재 경제학은 모든 시민이 경제 토론과 경제적 의사 결정에 참여할 권리가 있음을 진지하게 받아들이지 않는다. 경제 전문가들은 흔히 경제학 이론을 과학적 진리로 여기면서도 그 이론의 뿌리인 가치와 가정들은 무시하는데, 이는 전문가들과 시민의 불평등한 권력 관계를 심화시킨다. 경제학은 어떤 경제를 만들 것인지에 대한 정치 토론에 참여해본 적도, 주요 의사결정 과정에서 공익을 명시적인 기준으로 채택한 적도 없다. 경제학은 민주적인 사회를 되살리는 길에서 장벽이 될 수도 다리가 될 수도 있는데, 현재까지는 장벽이다. 다음 챕터에서는 경제학이 어떻게 변화하면 다리가 될 수 있는지 설명할 것이다.

공익 경제학

신고전학파 경제학과 경제학자의 교수 방법, 이코노크러시 사이에는 깊은 연관이 있다. 우리는 신고전학파 경제학 이론이 경제에 관한 특정한 이해와 의사결정의 기술적 접근법을 정당화하면서, 이코노크러시의 중요한 지적 토대를 제공하고 있다고 주장했다.

경제학 교육은 명확하게 정의된 문제와 답을 통해 경제 이슈를 만들어 내고, 경제학을 탈정치화시키고, 비경제학 형태의 지식을 평가절하하고, 우리가 현재 알고 있는 것과 근본적으로 알 수 있는 것의 한계를 강조하지 않는다. 이런 특징들을 모아보면 경제가 정치나 사회로부터 분리되어 소수의 전문가들에 의해 객관적으로 자리를 잡고, 측정되며, 모양을 갖추어나갈 수 있다는 견해가 뒷받침된다. 고등교육의 확대는 오늘날 영국 경제학 교육의 근본적인 결함들을 증폭시켰으며, 다원주의와 비판 기술이 교과과정 안으로 다시 편입되는 것을 어렵게 만들면서 현상 유지를 고착화시켰다.

비판적이고 사회 참여적인 새로운 세대의 경제 전문가들이 우리가 구상하는 체제의 핵심을 형성할 것이다. 따라서 우리는 경제학자가 된다는 것의 의미를 바꾸고, 경제학자들에게 주어지는 권위에 대한 보상으로 분명한 사회적 의무를 명시하는, 경제학에 대한 새로운 이론적 해석을 제안하고자 한다. 우리는 이를 '공익 경제학'이라고 명명한다.

공익 경제학자들은 책임감을 가져야 한다. 활동을 하면서 그들은 법적 관행과 이론을 활용할 수 있을 것이다. 영국은 법률을 발의하는 내각과 통과 여부를 표결하는 의회, 이를 해석하고 적용하는 법률 시스템 등 3권 분립 체계를 갖추고 있다. 법률 시스템의 중요한 역할은 법정에서 개인을 대표하거나 정책의 근거와 결과에 대한 법률적 의견을 통해 다른 정부 부서들이 책임을 다하게 하는 것이다. 재판관들은 의회에서 제정한 법을 해석하고 판결에 앞서 종종 공익을 고려한다. 이런 시스템은 권력을 쥔 사람들이 제대로 판단할 수 있도록 권력에 대한 견제와 균형이 필요하다는 생각에 기초하고 있다.

탐사보도국(TBIJ) 같은 언론기관도 공공의 이익을 추구한다. 탐사보도국은 '오늘날 세계 권력의 실체를 대중에게 알리기' 위해 '공공, 민간 및 제3섹터 조직의 지배구조와 영향력을 심층 연구하여 공공의 이익이 되는 연구와 조사, 기사, 분석' 등을 펴낸다.[25] 공익에 대한 이런 이해는 에드워드 사이드의 공적 지식인관과 매우 흡사한데, 사이드가 말하는 공적 지식인은,

> 정통과 교리에 맞서고(그것을 생산하는 것이 아니라) 정부나 기업에서 쉽게 채용할 수 없는 사람이 되기 위해 난처한 질문을 공개적으로 제기하는 사람이다. 또한 일상적으로 잊히거나 비밀에 부쳐지는 모든 사람들과 사건을 대변하는 것이 존재 이유(raison d'être)인 사람이다.[26]

공익 경제학의 핵심 목표는 권력을 가진 공공 및 민간 경제기관들의 결정과 행동을 조사하고, 그들이 책무를 다하도록 경제 분야에서 유사한 견제와 균형 시스템을 개발하는 것이다.

공익 경제학자들은 또한 민주적인 경제 제도를 만들기 위해 진지하게 도전에 임해야 한다. 예를 들어, 영국 의회는 중앙은행의 독립을 철회할 공식 권한이 있지만 실제로 그렇게 할 수 있을까? 신고전학파 경제학의 영향력 덕분에 독립적인 중앙은행에 정치적 간섭을 하면 독립성이 훼손된다는 견해가 퍼져있다. 이런 견해는 중앙은행을 조사하고 감독하려는 민주적인 시도가 결국은 금융시장의 신용 손실을 초래한다는 자기 완결적 예언(self-fulfilling prophecy)으로 이어진다.[27] 따라서 의회에 중앙은행의 독립을 철회할 공식 권한이 있다는 것과는 별개로, 현실에서 중앙은행은 독립성의 원칙에 따라 정치권의 영향력 바깥에서 결정을 내릴 것을 요구받는다. 공익 경제학자들은 이러한 현상 유지에 도전할 것이며, 중앙은행을 더 책임감 있고 개방적이며 더 많은 대중이 접근할 수 있는 기관으로 만들기 위해 창의적인 방법을 모색할 것이다.

공익 경제학자는 폐쇄적으로 일하는 테크노크라트가 아닌 시민들이 경제학을 이해하고 대중토론에 참여할 수 있도록 돕는 전문가여야 한다. 이렇게 되기 위해서 그들은 과학 커뮤니케이션 운동에서 배우거나 자체적으로 '경제학 커뮤니케이션'을 열 수 있다. 과학 커뮤니케이션은 지난 수십 년 간 성장해 왔으며, 대중교육과 지식공유, 과학 자체를 좀 더 민주적으로 만드는 활동 등을 통해 주요 과학 분야의 공공교육을 꾀하고 있다. 이 운동은 과학 분야와는 별개 주제로 '과학 커뮤니케이션' 석사 과정을 개설할 수 있게 되면서 크게 활성화되었다.

과학 커뮤니케이션 운동은 전문가가 일반 대중에게 일방적으로 전달하는 대중교육도 좋지만, 양쪽이 쌍방향의 상호 작용을 할 경우 모두에게 득이 된다는 것을 오랜 시간에 걸쳐 깨달았다. 이는 사람들이 서로 함께 한다고 느낄 때 더 많은 것을 배울 수 있기 때문만이 아니라, 과학자 스스로가 중요한 이슈에 대한 사람들의 의견을 구하고, 연구 아이디어와 새로운 통찰력을 모으고, 나아가 데이터를 수집하고 해석하는 데까지 직접 도움을 받는 등의 이득을 취할 수 있기 때문이다. 과학 커뮤니케이션은 대중과 함께하기 위한 다양한 혁신 아이디어를 만들어냈으며, 여기 동참한 과학자들은 그 경험을 통해 큰 이득을 얻었다고 보고되고 있다.[28]

공익 경제학자의 핵심 역할 또한 적극적으로 대중교육에 나서고, 그들과 함께하고, 그들의 의견을 경청하면서 시민 경제학이 문화로 발전하도록 지원하는 것이다. 이를 위해서는 야간강좌를 운영하는 대학과 더 많은 경제교육 프로그램 및 접근하기 쉬운 경제 분석 뉴스를 제작하는 방송사가 필요할 수 있다. 대학들이 곳곳에서 크래시 코스 스타일의 워크숍을 운영한다면 많은 수의 시민 경제학자를 빠른 시일 내에 길러낼 수 있으며, 경제 전문가군의 다양성과 관점을 넓히는 차원에서 이들을 학계와 정책 입안부서, 경제 저널리즘 분야에 일부 채용할 수도 있다. 이런 이야기가 너무 이상적이라고 믿는 이들에게는 최고 수준의 경제학 저널이 존경받는 경제학 석학으로 선정한 알란 커먼의 사례를 들려주고 싶은데, 원래 지리 교사였던 커먼은 지역 내 노동자교육협회에서 경제학을 처음 접한 것이 계기가 되어 경제학자로 직업을 바꾸었다.

공익 경제학 역시 경제학 수업 과정의 핵심적인 부분으로 자리를 잡을 수 있는데, 이 과정을 통해서 학생들은 지역 공동체와 손발을 맞추고 지역 내 경제 토론에 참여하는 등 경제학자가 아닌 사람들과의 협력 활동을 경험할 수 있다. 대학의 교과 과정으로 공익 경제학 및 경제학 커뮤니케이션 과정을 설치하는 것은 현실적으로 가능한 일이다. 경제학자들은 공익 경제학자가 되겠다는 서명을 하고, 대중과 함께하기 위한 다양한 계획들에 참여할 수 있다. 물론 오늘날 대학을 지배하는 '논문을 쓰지 않으면 그만 둬야'(publish or perish) 하는 문화에 맞서기 위해서는 제도 변화 등이 선행되어야 할 것이다.

경제학자라면 사람들이 자신의 학문적 위상, 경험적 지식의 한계와 불확실성, 가치와 가정 등에 동의하지 않을 때 자신의 주장 너머 이론의 뒤편으로 숨지 말아야 한다는 것이 공익 경제학의 핵심적인 메시지이다. 그래야만 시민과 전문가의 관계가 근본적으로 바뀔 수 있다. 공익 경제학자들은 '경제는 이렇게 작동한다'라고 말하는 대신, '나는 경제가 이렇게 작동한다고 믿지만, 다른 이들은 X를 이유로 다르게 생각한다. 이를 경험적으로 증명하는 것은 어렵지만, 내 주장은 인간이 이런 식으로 행동한다는 믿음에 바탕을 둔 것이다'라는 식으로 말한다.

몇몇 저널리스트와 교수들이 이미 공익 경제학을 실천 중인데, 이들은 전문 용어를 섞지 않고 접근하기 쉬운 방식으로 경제학을 소개하고 자신의 견해와 관점을 분명하게 밝힌다.[29] 하지만 공익 경제학이 하나의 학문 분야로 성공적으로 안착하기 위해서는 대중과 함께하는 경제학자들을 지원하고, 다원주의와 교양교육을 대학 교과 과정에 포함시키는 등의 제도 발전이 필요하다. 영국에서는 고등교육을 위해 매년 40억 파운드의 공적 자금이 지출되고 있으며, 학생 대출 시스템을 통해 유입되는 학비 또한 대학 소득의 상당부분을 차지한다.[30] 영국의 납세자로서 우리는 대학의 경제학 교육 자금을 지원하고 있으며, 그 대가로 무언가를 요구할 권리가 있다. 우리는 공익 경제학을 요구해야 한다고 믿는다.

공익 경제학이 만병통치약이 아님을 기억하는 것은 중요하다. '공익'이라는 개념은 종종 무시해도 되거나 엄청난 부정을 정당화할 때 사용된다. 하나의 통일된 '공익'을 추구한다는 것은 환상에 불과하며, 명확하게 밝히고 공개적으로 논의해야 하는 공익적 사안들은 수없이 많다. 이렇게 보면 공익이란 어떤 특정 목표를 추구하는 것이라기보다 과정을 투명하게 만들고 서로 충돌하는 이해관계를 해소하는 행위일 수 있다. 우리는 공익 경제학자들이 진실의 보루가 되기를 바라지 않는다. 분명한 사회적 책무 의식과 윤리적 틀을 갖추고, 투명하고 민주적으로 일하며, 사회적으로 필요한 연구 주제를 다루는 유능한 경제학자가 되기를 원할 뿐이다. 공익 경제학자는 자신이 편견을 가지고 있으며 경제학 자체도 한계가 있음을 알고 있어야 한다.

경제학은 잠시 잊고 민주주의를 다시 배우자

이 책에서 우리는 경제학을 전문가들에게만 맡겨놓는 것은 매우 위험하다는 점을 강조했다. 이코노크러시에서 경제학은 매우 중요하기 때문에 시민들은 의사 결정자의 행동을 감시하고 자신의 정치적 견해를 분명히 하기 위해서도 경제학을 이해하는 것이 반드시 필요하다. 하지만 이런 논의를 전개하다보면 경제에 대한 맹목적인 숭배가 더욱 조장되고 이코노크러시가 더 탄탄해지는 위험성도 존재한다. 우리는 '경제'가 정치나 사회와 분리되어 있으며, 경제적 문제를 풀기 위한 단 하나의 접근법만이 존재한다는 사고에 도전해 왔다. 그러나 사회적 관심이 경제에 집중되어 있고 경제학 교육이 이를 더욱 부추기는 상황이기 때문에 이런 사고방식에서 벗어나기는 어렵다.

뒤집어서 생각해보면, 시민들이 경제학을 배우는 까닭은 일상의 경제적 가치를 판단하고 결정하거나 자신의 생각이 적절하지 않다는 점 등을 분명하게 표현할 수 있기 때문일 수도 있다. 전문가들이야 당연히 모든 이슈를 경제학적으로 다루도록 훈련되어 있는 사람들이기 때문에, 시민들이 경제토론에 참여하려면 그런 능력을 키우는 것이 중요하다. 지금부터는 경제학적 사고가 우리의 정치적 결정을 어떻게 지배하는지 두 가지 현안을 통해 살펴볼 것이다.

2014년 스코틀랜드 독립 국민투표의 중심 이슈는 경제였는데, 특히 독립에 반대하는 진영은 여러 경제적 이유를 들며 '독립 반대' 캠페인을 벌였다. 그들은 독립국 스코틀랜드는 파운드화는 물론 EU 회원국 자격을 상실할 것이며, 그렇게 되면 주요 기업들이 영국으로 이전하고, 스코틀랜드는 세금을 대폭 인상하지 않으면 공공 지출에 대한 자금 지원조차 어려워질 수 있다고 주장했다. 국민투표 직후 실시한 여론조사는 응답자들의 선택을 결정한 가장 중요한 이슈 2~3개를 묻는 방식으로 진행되었는데, 반대표를 찍은 응답자 대부분이 경제 문제를 자신의 투표 이유로 들었다. 파운드화를 사용할 수 없게 된다는 것이 57%로 가장 높았고, 21%는 일자리 문제를, 32%는 세금과 공공지출 문제를 꼽았다.[31]

제1장에서 살펴보았듯이 2016년 6월 EU 국민투표 당시의 정치논쟁 또한 경제적 문제가 이슈를 지배했다. 경제적 이슈가 이런 논쟁의 중심을 차지하는 것은 분명 중요한 일이지만, 우리가 이 책을 쓴 주요 목적은 이런 토론들이 좀 더 포괄적으로 진행되어야 하며 접근이 용이해야 한다는 점을 지적하기 위함이었다.

말이 나온 김에 계속하자면, 경제학으로 초점이 모아지면 이에 못지않게 중요한 많은 비경제적 논의들이 일시에 소거되어 버린다. 다음은 한 리싱킹 경제학 회원의 말이다.

> EU의 설립조약은 '다원주의, 차별 금지, 관용, 정의, 연대, 여성과 남성이 평등한 사회' 등을 만들겠다는 의지를 표명했다. EU는 이런 사회를 만들기 위한 확실한 메카니즘을 갖추고 있기 때문에 이들 단어가 공허하게 들리지 않는다. 회원국이 되기 위해서는 민주주의(언론 자유와 사법부 독립을 포함)가 정착되어 있어야 하며, 법치주의와 인권 존중, 사형제 폐지 등이 필요하다.[32]

이코노크러시에 대한 생각을 잠시 내려놓고 민주주의를 다시 배우기 위해서는 다양한 영역에 걸친 비경제적 가치와 사고방식의 중요성을 재발견하는 것이 필요하다.

앞으로 나아갈 길

제1장에서 보여주었듯이 경제학적 사고가 점점 더 정치를 좌지우지하며, 그 과정에서 대중은 배제되고 민주적인 문화와 과정들은 상처를 입는다. 앞에서 언급한 것처럼 약한 민주주의가 되었든 충분한 민주주의가 되었든, 민주주의를 더욱 의미 있게 만들려면 반드시 민주주의에 걸맞게 경제학을 변화시킬 필요가 있다.

시민 경제학이 필요하다는 우리의 주장에 대한 대부분 사람들의 첫 반응은 경제학을 이해하고 싶지 않으며, 의사 결정은 경제 전문가에게 맡기는 것이 마땅하지 않느냐는 것이었다. 경제학이 기술적인 언어로 포장된 '우울한 과학'으로 마케팅되고 있다는 점에서 사람들이 경제학을 이해하지 않으려 하거나 지레 겁먹는 것도 무리는 아니다. 그럼에도 불구하고 우리가 의뢰한 유고브 여론조사나 대중교육에 쏠린 관심을 보면 사람들이 경제학의 중요성을 깨닫고 이해할 수 있기를 바라고 있으며, 단지 이를 위한 시간과 지원이 좀 더 필요할 뿐이라는 것을 알 수 있다.

경제 대화에 동참하는 것에 대한 사람들의 불안감을 없애는 가장 확실한 방법은 학교에서 경제학을 가르치는 것이다. 현재 우리 사회에서는 어려서부터 적극적인 시민의식을 함양하려는 시도가 과소평가되고 있으며, 시민권 같은 것은 과목으로 가르치지 않거나, 가르치더라도 대학 입학시험에서 제외된다. 성인 대상 워크숍과 강좌를 운영할 수 있는 곳은 지역의 커뮤니티 센터와 대학 정도이며, 시민사회단체와 종교모임에서는 지역의 경제 이슈를 접하고 경제 담론에 동참하기 위한 상당한 수준의 경제학 문해력을 키울 수 있다.

약한 민주주의를 제대로 작동시키기 위한 두 번째 방법은 이해하기 쉽고 전문용어를 섞지 않은 글을 통해 경제학 논쟁과 담론을 정기적으로 소개하는 것이다. 경제학 논쟁과 담론들은 모든 시민이 알아야 하며 신문과 인터넷, 텔레비전과 라디오에서 다뤄야 하는 공공재이다. 이는 공개된 정보의 가치와 가정, 관점과 한계 등을 분명히 함으로써 공익의 원칙을 따라야 함을 뜻한다. 또한 테이블에 하나의 옵션만이 올라오는 상황을 피하기 위하여 어느 지점에서 논쟁이 벌어지고 있으며, 특정 결정과 정책의 대안은 무엇인지 등이 강조되어야 한다. 약한 민주주의가 제대로 작동하려면 정보에 입각한 선택을 할 수 있어야 하며, 이를 위해서는 가능한 많은 시민들이 상당한 수준의 경제학 문해력을 갖춰야 한다.

또한 충분한 민주주의로 나아가기 위해 우리는 우리가 생각하는 경제의 성장과 그것의 측정 방법에 관해 논의할 필요가 있다. 우리의 유고브 여론조사에 따르면, 정치권과 미디어가 GDP를 거의 전적으로 신뢰하고 있음에도 불구하고, 일반 대중들은 GDP가 경제의 성장을 측정하는 가장 바람직한 척도라고는 생각하지 않았다. 정부의 경제정책이 얼마나 효과가 있는지 평가하기 위한 두 가지 척도를 묻는 질문에 대해 응답자들의 36%는 삶의 질 향상을 위한 조치들을 꼽았고, 26%는 GDP를, 25%는 소득분배 및 불평등 척도를 선호했다. 우리는 이 자료가 결정적이라고 주장하지는 않지만, 이는 우리가 공개 토론을 할 수만 있다면 집단 토론을 통해 우리 경제 정책의 기반을 다르게 선택할 수도 있음을 보여준 것이다.

우리는 충분한 민주주의로 나아가는 전 단계의 촉매 역할을 할 수 있는 제도에 관한 두 가지 아이디어를 개발했다. 완성된 계획이라기보다는 단순한 구상에 불과한 아이디어임을 먼저 강조하고 싶다. 중요한 것은, 충분한 민주주의로의 이행은 종이 위에 그린 청사진의 결과물이 아니며, 개인과 지역사회, 전문가, 국가가 함께 연대하여 충분한 민주주의의 가치와 기술을 체험하면서 현실에 발전적으로 적용하고 배워나가야 한다는 것을 우리가 믿고 있다는 점이다.

첫 번째 아이디어는 재무부와 영국은행에 각각 자신들의 결정과 정책을 면밀히 검토할 수 있는 평의회를 설치하는 것이다. 배심원 제도와 마찬가지로 사람들은 일정 기간 대가를 받고 평의회 멤버로 활동할 것이다. 그러면 정책 입안자들은 금융통화위원회의 금리인상과 같은 주요 결정들을 평의회에 출석하여 설명하고 동의를 구해야 할 것이다.

평의회는 거부권을 행사할 수는 없지만 정책 제안을 면밀히 검토하고 의견을 제시할 수 있다. 정책 입안자에게는 평의회의 의견을 고려해야 한다는 법적 의무가 주어질 수 있다.

정책 결정에 대한 설명이 필요하다는 말은 일반인이 이해할 수 있는 언어로 전달해야 한다는 뜻이며, 이는 평의회가 결정적인 피드백을 줄 수도 있고, 논의 과정을 일반 대중에게 알리는 역할을 맡을 수도 있음을 의미한다. 이 계획의 장점은 닫힌 문 뒤에 숨겨져 있던 정책 결정 과정을 개방하고 대중들이 경제정책 결정에 참여하는 문화를 장려하는 것이다. 어떤 정책이 모든 평의회 멤버들의 반대에도 불구하고 시행된다면 이는 여론이 간과되고 있음을 직접적으로 보여주는 사례가 될 것이다.

두 번째 아이디어는 영국 전역의 대학에 시민정책단(Citizens' Policy Groups) 국가 네트워크를 구축하는 것이다. 이를 조직하는 것이 대학의 공적 사명 중 일부가 될 수도 있다. 각각의 시민정책단은 지역 사회를 대표하는 부문들로 채워지며, 활동 기간은 1년 단위로 지속되고, 단원들은 일정한 대가를 받게 된다. 강제 조항은 아니지만 정치와 경제학 분야의 이해관계자들이 시민정책단을 좌우하지 못하도록 이들을 '배제'(opt-out)할 필요가 있다. 시민정책단은 정기적으로 소집되면서, 특히 중요하고 도전적이며 논란의 소지가 있는 정책 분야를 검토할 수 있다. 시민정책단이 정보를 수집하고 자신들의 아이디어를 개발하기에 앞서 관련 주제를 알 수 있는 교육을 받아야 한다. 그 후에 보고서를 지방과 중앙정부의 관련부서에 제공하고 자신들의 웹 사이트에 올려야 한다. 정책 분야는 보건과 교육 같은 이슈에서부터 경쟁과 통화정책, 경제의 성공을 측정하는 방법에 이르기까지 다양할 수 있다.

시민정책단은 정부의 정책 개발 과정에 실질적으로 참여하면서, 각 계각층의 사람들이 적극적으로 정치 경제적 논의에 참여하는 것 같은 효과를 낼 수 있다.[33] 고도의 기술을 필요로 하는 정책분야보다는 폭넓은 원칙과 혁신적인 아이디어가 필요한 분야에서 이런 정책단의 활동이 더 효과적일 것이다. 문제는 이들 보고서가 실제 의사 결정 과정에서 유의미한 역할을 하느냐, 아니면 선반 위에서 먼지를 뒤집어쓴 채 방치되느냐이다.

지금 말한 것들은 단지 우리의 아이디어일 뿐이다. 우리 모두는 어떻게 하면 다양한 분야의 사람들이 정치 경제적 토론과 논쟁에 동참하도록 참여 민주주의 제도를 만들어나갈 수 있는가에 대한 창의적인 도전을 계속해야 한다. 이 책의 저자들은 종일 방에 틀어박혀 아이디어를 생각해낼 수도 있지만, 궁극적으로 우리에게는 이런 아이디어를 수용하고 실행에 옮길만한 에너지와 결단력, 지성을 갖춘 이들이 필요하다. 이런 도전이야말로 가장 시급한 사회적 혁신이다.

모두를 위한 경제학

처음에는 이 책을 맨체스터 대학의 경제학 교과 과정 개혁을 위한 캠페인의 하나로 쓰기 시작했다. 이 책을 마무리하면서 우리는 사회의 가장 강력한 제도 몇 가지를 되살리기 위한 제안들을 포함시켰다. 우리가 너무 앞서간 것처럼 보일 수도 있다는 점을 이해한다. 하지만 사회의 모든 사람들이 경제 전문가가 어떤 교육을 받고 있는지 알아야 한다는 것이 이 책을 쓴 우리의 바람이다.

우리도 경제학은 전문가의 영역이라고 말하고 싶고, 또 이것이 20

세기를 지배한 정치문화의 한 부분임을 알고 있지만, 우리에게는 그럴 여유가 없다. 21세기의 인류가 직면하고 있는 도전 과제를 해결하기 위한 지식과 기술이 우리 경제를 운영하고자 하는 사람들의 교육 과정에서 조직적으로 제외되었기 때문이다. 사회는 시민들이 경제에 대해 다른 방식으로 생각하지 못하도록 정신적 강압복을 입혀서 결박하고 있다. 이는 우리의 공동 가치가 무엇이며, 우리가 어떤 경제 시스템을 원하는지, 그리고 직면한 도전 과제를 어떻게 해결해야 하는지 등에 대한 실질적인 논의를 배제시키는 결과로 나타난다. 우리는 차세대 경제 전문가들이 경제에 새로운 활력을 불어넣고 사람들이 경제학을 놓고 활발하게 대화하는 사회를 만드는 데 필요한 기술을 습득할 수 있도록 경제학을 개혁해야 한다.

이 책에서 간략히 서술한 학생운동의 목표는 개인적으로, 그리고 공동으로 경제학에 대한 사고를 새롭게 시작할 수 있는 공간을 여는 것이다. 이런 움직임이 힘을 얻어, 너무 늦지 않은 시기에 경제 토론과 의사 결정 과정에서 대중의 참여를 보장하는 제도가 구체화되기를 바란다. 궁극적으로 우리는 경제학이 공적인 대화의 장으로 나와야 하며, 또다시 전문가에게만 맡겨져서는 안 된다고 믿는다.

주

1 Michel Callon, 'The democratization of democracy', in Michel Callon, Pierre Lascoumbes and Yannick Barthe, *Acting in an Uncertain World: An Essay on Technical Democracy*, Cambridge, MA: MIT Press, 2009, 227p.

2 장하준, *Economics: A Users Guide*, London: Penguin, 2014, 163p.

3 See Joseph Schumpeter, *Capitalism, Socialism and Democracy*, New York: Harper & Brothers, 1942.

4 Aristotle, *The Politics*, London: Penguin, 1992, 1253a1 – 18.

5 Friedrich A. Hayek, 'The use of knowledge in society', *American Economic Review* 35(4) (1945): 519 – 530p.

6 이런 결론은 우리가 독자적으로 내린 것이지만, 아데어 터너도 비슷한 주장을 했다. Adair Turner, *Between Debt and the Devil*, Oxford: Princeton University Press, 2015.

7 James C. Scott, *Seeing Like a State: How Certain Schemes to Improve the Human Condition Have Failed*, New Haven, CT: Yale University Press, 1999.

8 다음을 참고하라. http://www.ecnmy.org/

9 이 구분을 위해 우리는 파울로 프레이리의 교육 및 실천 이론을 이용했다. 다음을 참고하라. Paulo Freire, *Education: The Practice of Freedom*, London: Writers and Readers Publishing Cooperative, 1976.

10 Joan Robinson, *Marx, Marshall and Keynes*, Delhi: University of Delhi, 1955, 75p.

11 Emily Flitter, Christina Cook and Pedro Da Costa, 'Special report: for some professors, disclosure is academic', Reuters, 2010. 12. 20. 다음을 참고하라. http://www.reuters.com/article/2010/12/20/us-academics-conflicts-idUSTRE6BJ3LF20101220

12 Jessica Carrick-Hagenbath and Gerald Epstein, 'Dangerous interconnectedness: economists' conflicts of interest, ideology and financial crisis', *Cambridge Journal of Economics* 36 (2012. 1.): 43-63p.

13 Charles Ferguson, 'Heist of the century: university corruption and the financial

crisis', *The Guardian*, 2012. 5. 21. 다음을 참고하라. http://www.theguardian.com/education/2012/may/21/heist-century-university-corruption

14 전미경제학회는 2009년 경제학자들의 자금출처 정보공개에 초점을 맞춘 윤리강령을 발표했다. (https://www.aeaweb.org/PDF_files/PR/AEA_Adopts_Extensions_to_Principles_for_Author_Disclosure_01-05-12.pdf) 그것은 연구 관행에 따른 명백한 행동 강령으로는 미흡하며, 경제학자들에게 연구의 접근 방법, 가치와 지식의 한계 등을 분명히 밝히라는 요구를 포함하고 있지 않다. 경제학자들을 위한 좀 더 포괄적인 윤리 강령 개발 움직임을 보려면 다음을 참고하라. Sheila Dow, 'Codes of ethics for economists: a pluralist view', *Economic Thought* 2(1) (2013): 20-29p.

15 Steven D. Levitt and Stephen J. Dubner, *Freakonomics: A Rogue Economist Explores the Hidden Side of Everything*, London: Penguin, 2007, ix.

16 앞의 책, 20p.

17 인간 행동에 관한 이런 접근법을 비판한 책은 다음과 같다. Jonathan Aldred, *The Skeptical Economist: Revealing the Ethics Inside Economics*, London: Earthscan, 2009, Ben Fine and Dimitris Milonakis, *From Economics Imperialism to Freakonomics: The Shifting Boundaries between Economics and Other Social Sciences*, London: Routledge, 2009.

18 MSNBC, 'Thomas Piketty, Paul Krugman and Joseph Stiglitz: the genius of economics', YouTube, 2015. 3. 다음을 참고하라. https://www.youtube.com/watch?v=Si4iyyJDa7c 경제학에 대한 이들의 믿음을 감안한다면, 이들이 자신의 위상을 의심하는 것처럼 반응하는 태도는 스스로 신뢰성을 떨어뜨리는 것이 될 수도 있다. 우리가 짧게 인용한 대목에서 바로 그런 모습이 보이는데, 이런 태도는 경제학자들이 공개적인 대중 토론에 참석한다면 반드시 시정되어야 한다.

19 Dani Rodrik, *Economics Rules: The Rights and Wrongs of the Dismal Science*, New York: W. W. Norton, 2015, 196 - 207p.

20 앞의 책, 214 - 215p.

21 Victoria Bateman, 'Is economics a sexist science?', *Times Higher Education*, 2015. 9. 다음을 참고하라. https://www.timeshighereducation.com/blog/is-economics-a-sexist-science

22 *Equality in Higher Education: Statistical Report 2013 Part 2: Students*, Equality Challenge Unit, 2013. 11, 31p.

23 Laura Blanco and Karen Mumford, *Royal Economic Society Women's Committee Survey on the Gender and Ethnic Balance of Academic Economics 2010*, report, Royal Economics Society, 2010. 10. 20. 다음을 참고하라. http://www.res.org.uk/ SpringboardWebApp/userfiles/res/file/Womens%20Committee/Biennial%20 Report/Womens%20Committee%202010%20survey%20report%202010.pdf

24 다음을 참고하라. www.res.org.uk/view/publicationsWomensComm.html

25 The Bureau of Investigative Journalism, 'About the Bureau'. 다음을 참고하라. https://www.thebureauinvestigates.com/who/

26 Edward Said, *Representations of the Intellectual: The 1993 Reith Lectures*, London: Vintage, 1994, 11p.

27 이런 견해는 사실이 아니다. 오히려 의회가 중앙은행의 독립을 자유롭게 철회할 수 있다면 사람들은 의회가 언제든 이를 결행할 수 있다고 믿기 때문에 중앙은행의 독립 효과가 사실상 사라질 수도 있다는 점에 주의할 필요가 있다.

28 다음을 참고하라. Robert A. Logan, 'Science mass communication: its conceptual history', *Science Communication* 23(2) (2001): 135 – 163p, Michael F. Weigold, 'Communicating science: a review of the literature', Science Communication 23(2) (2001): 164 – 193p.

29 이런 사례로 사이먼 렌 루이스, 장하준, 앤디 홀데인 등을 꼽을 수 있다.

30 Higher Education Funding Council England, *Guide to Funding 2015–16: How HEFCE Allocates its Funds*, report, 2015. 3, 4 – 16p.

31 'Scottish independence: poll reveals who voted, how and why', *The Guardian*, 2014. 9. 20. 다음을 참고하라. http://www.theguardian.com/politics/2014/sep/20/ scottish-independence-lord-ashcroft-poll

32 Rafe Martyn, 'Beyond the economic: the true value of Europe', The Disraeli Room, Respublica, 2016. 3. 23. 다음을 참고하라. http://www.respublica.org.uk/ disraeli-room-post/2016/03/23/beyond-economic-true-value-europe/

33 왕립예술학회(RSA)도 비슷한 결론을 내리고 시민경제위원회 프로젝트를 출범시켰다. Matthew Taylor, 'The human welfare economy', Chief Executive's Lecture, RSA, 2015. 7. 다음을 참고하라. https://www.thersa.org/action-and-research/arc-news/ chief-executives-lecture-2015-news/

커리큘럼 리뷰에 대한 기술 부록

이 부록은 우리의 경제학 교육 비판에 납득하거나 관심을 가진 이들을 위해 마련했다. 여기서 다룰 내용은 경제학에서 사용하는 수학, 경제학의 새로운 발전(특히 행동경제학), 계량경제학 등에 대한 우리의 견해이다. 이에 대한 주요 내용은 본문에서 이미 언급했다고 생각하지만, 여기에서는 '기술' 부록이라는 제목처럼 좀 더 디테일한 부분을 다루고자 한다. 물론 특별히 수학적인 내용이나 전문 용어에 익숙하지 않은 일반 독자를 대상으로 썼음을 미리 밝힌다.

경제학은 앞뒤가 맞지 않는다

우리의 경제학 비판에 대한 첫 번째 반응 중 하나는 우리가 수학적 방법과 모형화에 반대한다는 것이었다. 하지만 우리는 수학 자체를 반대하는 것이 아니다. 특정 유형의 수학을 아무런 비판과 의심 없이 활용하는 것에 반대하는 것이며, 질적 논증과 증거가 상대적으로 무시되는 행태를 반대하는 것이다. 우리는 비수학적 도구들뿐만 아니라 현재 경제학에서 가르치지 않는 것들을 포함한 다양한 유형의 수학이 경제학 연구에 필수적이라고 믿고 있다.

반면에 경제학자들은 모형을 만드는 접근 방식을 경제학 탐구의 당연한 출발점으로 여기는 듯하다. 경제학자 다이앤 코일에게 모형 작동에 관한 우리의 견해를 밝히자, 그녀는 이렇게 대답했다.

> 내가 모형화 방식을 열렬히 옹호하는 이유는 그것을 적절한 지적 탐구 방식이라고 여기기 때문입니다. 역사학자들도 모형을 만들지만 그렇게 부르지 않을 뿐이죠. 역사학자들이 제1차 세계대전의 원인을 찾는다고 가정해보세요. 그들은 한정된 변수를 가지고 있을 것이고, 그중 어느 것이 중요하고 덜 중요한지 증거를 수집하려고 할 것입니다. 그렇게 우리 모두는 모형화 작업을 수행하고 있으며, 모형화는 복잡하고 역동적인 이 세계를 이해하기 위한 적절한 방식인 거죠.

그녀의 말에 진실이 담겨 있을 수 있겠지만, 이는 수학적인 모형화 논거와, 이론을 세우기 위한 넓은 의미의 개념화를 뒤섞어버리는 것이다. 이 사회가 수학적 모형화를 위해 꼭 필요한 일종의 규칙을 가지고 있다고 믿어야 할 이유는 없다. 제1차 세계대전이 프란츠 페르디난트 대공의 암살과 경제 권력을 향한 영국의 욕심, 러시아와 오스트리아 간의 경쟁 등 복합적인 원인으로 발발했다고 말하는 것은 사실상 무의미한데, 그 이유는 이들을 정량화할 수 있는 단위가 없을뿐더러 이들을 서로 묶어주는 간단한 기계적 연관관계도 없기 때문이다. 또 다른 사례로, 노동경제학이 직무 만족도처럼 정량화하기 어려운 노동의 측면보다는 임금이나 생산성 등에 초점을 맞출 수밖에 없다는 점을 들 수도 있다. 경제 모형은 수학과 방정식에 대한 강박을 충족시키기 위해 중요한 세부 사항을 빠뜨릴 수 있으며, 때로는 글로 자세히 설명하는 것과 비교해서 사안을 쓸모없을 정도로 지나치게 단순화시킬 수도 있다. 그럼에도 불구하고 경제학은 과목의 특성상 정량 분석과 수학적 모형화에 따른 이점을 분명하게 누릴 수 있는데, 문제는 학생들을 위해 어떤 유형의 수학이 도입되어야 하는가이다. 제2장에서 언급했던 것처럼 최적화된 개인을 표현하기 위해 사용하며, 제한된 극대화(constrained maximization)로 불리는 수학적 기법을 중시하는 현재의 경향은 반드시 제한되거나 개선될 수 있다고 믿는다. 이의 문제점을 한 가지 지적하자면, 현실에서 경제가 요동치더라도, 즉 시간이 지나면서 경제에 변화가 발생하더라도, 평형점 혹은 일련의 평형점들을 처리하는 과정의 변화는 거의 없다는 것이다. 따라서 우리는 경제학과와 수학과가 협력하여 학생들이 동적 시스템을 잘 이해할 수 있도록 상미분방정식(ordinary differential equations)을 가르칠 것을 권장한다.[1]

이런 유형의 수학을 경험해본 경제학과 학생들도 일부 있지만, 전형적인 경제학과 학생이라면 균형이라는 관점, 즉 그때그때 동적 분석을 통해 (아마도) 궁극적으로 경제를 파악할 수 있으리라는 관점에 포커스가 맞춰져 있으며, 그들이 배우는 수학은 기상학이나 카오스 이론과 같은 다른 복잡한 과학에서 가르치는 수학보다 훨씬 기초적인 유형이다.[2] 경제학과 학생들도 수학과에 다니는 학생이나 공대생들이 사용하는 MATLAB 같은 기본 프로그래밍 패키지를 배우거나, 행위자 기반 계산 경제학(Agent-Based Computational Economics, ABM)•에서 사용되

• 행위자 기반 계산 경제학(ACE) 또는 행위자 기반 모형(Agent-Based Model)으로 불리며, 컴퓨터의 발전에 따라 새롭게 등장했고 행위자의 거시적 패턴 분석을 위한 계산 모형이다.

는 프로그래밍 기법을 배울 수 있다.[3] 결론적으로 말하자면, 학생들은 현재 신고전학파 경제학에서 다루지 않는 다양하고 종합적인 동적 모형을 활용할 수 있거나, 최소한 준비할 수 있다는 것이다.[4]

새로운 유행, 똑같은 문제들

우리의 비판에 대한 가장 일반적인 반론은 대학의 경제학 교과 과정이 이미 바뀌고 있으며, 이런 변화를 커리큘럼에 반영하는 것으로 우리의 우려는 충분히 해소될 수 있으리라는 것이다. 현재 '인기 있는' 경제학 분야를 꼽자면 신제도학파(new institutional economics), 죠슈아 앵그리스트(Joshua Angrist)와 스테판 피춰케(Stephen Pischke)가 제시한 현대의 실증적 '신뢰 혁명'[5], 행동경제학 등이 포함된다. 여기에서 이들 이론에 대해 모두 논평할 수는 없지만, 이들이 교과 과정 개혁의 만병통치약으로 작용하리라고 믿을만한 이유는 없다는 것만 밝혀둔다. 그 이유를 우리는 행동경제학의 예를 통해 증명할 것이다.

행동경제학은 인간의 이성에 뿌리박힌 편향을 탐구하는데, 이는 매우 합리적으로 행동하는 경제적 인간(homo economicus)(이라는 경제학의 기본 가정)과 모순될 수 있다. 이 분야는 점점 대중화되고 있으며, 제1장의 '넛지 팀'• 사례에서 살펴보았듯 정치권에서 활로를 개척했다. 하지만 행동경제학은 학생들이 구체적이고 불완전한 관점에서 경제 문제에 접근하도록 가르치기 때문에 제2장에서 요약한 문제를 해결하기 어렵다. 행동경제학에서 얻을 수 있는 정책적 아이디어가 있다면, 한

• 2010년 신설된 영국 내각사무처 산하 조직. 정식 명칭은 '행동조사팀'(Behavioural Insights Team)이다.

개인의 행동을 '있는 그대로' 연구함으로써 사람들이 의사 결정 시 빠질 수 있는 편향을 이해하고, 이에 따라 정부는 편향을 바로잡을 수 있는 정책을 설계할 수 있다는 점이다. 하지만 경제학자 조지 로유언스타인(George Loewenstein)과 피터 우벌(Peter Ubel)이 주장한 것처럼, 이 이론은 과도한 에너지 사용이나 비만 등의 해결책을 소비자에게서 찾도록 유도하지만 사실 이 문제는 소비자의 편향보다 훨씬 커다란 체계적인 기원(예를 들어, 건강에 좋지 않은 음식은 더 저렴하다)을 가지고 있다.[6] 나아가 행동경제학은 다른 의사 결정자들의 편향을 완전히 배제한다. 기업이나 정부, 심지어 경제학자들조차 이런 '비합리적'인 편향으로 고통을 느낄 가능성이 매우 크다.

커리큘럼 리뷰는 학생들에게 거의 전적으로 소비자 편향의 관점에서 사고하도록 권장한다는 우리의 가설을 뒷받침한다. 우리가 살펴본 행동경제학 시험 문제 두 종류(LSE와 글래스고 대학)는 완전한 모형을 기반으로 한 문제에 가까웠다(평균적으로 모형 작동 과정의 점수 배분이 95%에 달했다). 학생들에게 편향을 담고 있는 '장난스러운' 사례를 풀어보라고 한 뒤, 이를 표준적인 효용 극대화 이론을 통해 설명하도록 한 전형적인 문제였다. 다음 페이지의 〈표 A〉에서 볼 수 있듯, 이 문제는 핵심 아이디어를 비판적으로 평가하고 적용하는 것을 넘어서 또 다른 수학 문제를 푸는 것이며, 따라서 독자들은 이 문제가 제2장의 미시 및 거시경제학 예제와 매우 흡사하다고 여길 것이다. 이 특별한 사례는 너무 진부해서 놀라울 정도다.

이렇게 수학적 정밀도를 넓히는 것이 현상을 단순하게 관찰하는 것보다 우리에게 더 많은 통찰력을 주는지에 대해서는 의문을 가져볼 가치가 있다. 의문의 대상은 '투사편향'인데, 사람들의 현재 처지가 그들

5. 다음 날 배달되는 간식을 온라인으로 예약하는 행위자가 있다고 가정하자. 간식은 상하기 때문에 저장할 수 없다. 행위자의 현재 배고픔 상태는 $h_t \in \{0,1\}$로 표시한다. 간식의 품질은 b_t로 표시한다. 행위자가 기간 t에 간식을 먹는다면 그는 기간 t에 효용 $b_t(1+h_t)$를 얻지만, 남은 기간에 효용 d만큼의 비용을 떠맡는다. 간식을 먹지 않으면 효용도 없다.

(a) [21점] 여기서 행위자는 미래를 무시하지는 않지만, 배가 고파서 $\propto$ 정도의 간단한 투사편향(projection-bias)을 보인다고 가정하자. 배고픔은 독립동일분포(i.i.d)를 통해 구한다고 가정하자. 베르누이 분포는 모든 t에 대해 $\Pr(h_t = 10 = \theta)$을 가진다. 주문 시에는 간식의 품질을 알 수 없지만, 간격 [0,8]에 걸쳐 i.i.d. 균일분포(uniform distribution)를 통해 구한다. 미래의 소비 비용은 항상 $d = 4$이다.

  (i) 행위자가 이미 간식을 주문했으며 배가 고프다면($h_1 = 1$), 1기간의 기대효용은 무엇인가? 행위자가 간식을 먹지 않기로 선택할 수도 있음을 주의하라.

  (ii) (부분적으로) 투사편향 성향을 가진 행위자의 현재 상태를 나타내는 함수를 h_0라고 한다면, 그가 배가 고플 때($h_1 = 1$) 간식 주문의 기대효용으로 예상하는 것은 무엇인가?

  (iii) (부분적으로) 투사편향 성향을 가진 행위자의 현재 상태를 나타내는 함수를 h_0라고 한다면, 그가 1기간의 간식을 예약하기 위해 지불하고자 하는 최고 가격은 얼마인가? h_0와 관련한 지불의향가격(WTP)의 미분계수를 부호를 이용해 설명하라.

  (iv) 한 경제학자가 소비자의 0기간 및 1기간의 선택과 배고픔 정도에 관한 샘플 데이터를 관찰하고 있다고 가정하자. 그녀가 데이터를 통해 어떻게 투사편향을 시험할 수 있는지 직관적으로 설명하라.

  (v) 날씨가 추울 때의 의류 주문에서 투사편향을 발견한 마이크 콘린의 연구(Conlin et al. 2007)와 관련하여 (iv)번의 답을 작성하라.

출처: 런던정경대학 3학년 행동경제학 시험에서 재인용

의 미래 욕구 예측에 어떤 영향을 미치는가와 관련된다. 투사편향을 말로 설명하는 것은 어렵지 않다. 배가 고프면 당장 필요하지 않은 음식을 구입할 가능성이 더 커질 수 있다. 정성적인 예측은 수학을 사용하지 않아도 가능하기 때문에 수학으로 뭔가를 더할 수 있는 유일한 방법은 증거를 시험할 수 있는 정량적인 예측을 하는 것이다. 하지만 수학적으로 누군가 '배고픈 상태'라는 것을 현실 세계에서 관찰하기란 불가능하기 때문에 이 모형은 경험적 증거에 직접 적용할 수 없다. 따라서 형식적으로 증거에 대한 간략한 언급을 기저에 깔 뿐, 모형은 정량적인 예측 대신 사람들이 카탈로그 주문을 거둬들일 가능성에 날씨가 어떤 영향을 미치는가와 같은 직관적으로 유사한 시나리오만 소개하고 만다.[7] 엄밀한 것처럼 보이지만, 이 사례와 현실 사이의 관계는 불안정하고 빈약하다.

우리의 커리큘럼 리뷰 중에는 훨씬 독립적인 판단을 필요로 하는 행동경제학 과목(module)이 있었다(엑서터 대학에서). 이런 사례는 최소한 학생들에게 신고전학파 경제학의 가정을 면밀히 검토하고 독립적인 적용을 요구한다는 점에서 칭찬받아야 한다. 하지만 행동경제학은 표준적인 경제학 이론과 똑같은 방법론적 특징을 가지고 있으며, 따라서 엑서터 대학의 교과목을 평가하기에는 여전히 한계가 있다.

'합리적' 행동을 수학적으로 모형화한 행동경제학은 유사한 기술을 사용하여 '비합리적' 행동의 모형화를 시도한다. 하지만 이로 인해 두 가지 문제가 발생한다. 첫째로, 경험과 이론을 모두 분리한 인공적인 실험실 상황에서 각각의 편향을 문서화하면 가능한 모든 편향 이론을 도출할 수 있지만(위에서 인용한 LSE 시험은 8개의 질문에서 7개의 편향을 인용했다), 어떤 이론을 언제 사용할지 모르는 상황이 발생한다. 다시 말하면, 편향 중심의 접근법은 소비자 행동을 예측하는 분명한 방법 대신 소비자 행동을 합리화하는 방법만을 제공할 뿐이다. 이런 이유 때문에 많은 저자들이 행동경제학은 너무 많은 모형이 있지만 이것 혹은 저것을 선택하기 위한 경험적이고 논리적인 이유는 가지고 있지 못하다고 주장해 왔다.[8]

둘째로, '합리적'인 행동과 '비합리적'인 행동을 구분하고 이들을 별개 문제로 다루는 접근법은 일반적으로 인간 행동의 이면에 숨어 있는 추진력을 발견할 가능성을 배제한다. 진화 생물학자들이 강조했듯이, 경제 이론의 기준으로 보면 '비합리적'으로 보이는 행동들도 생존과 번식이라는 맥락에서 보면 이성적일 수 있다.[9] 진화에 합리적으로 대응하면서 발달한 행동들이 현재 시각에서 비합리적으로 보일 수도 있지만, 이를 이성적 행동에 대한 '편향'으로 간단하게 기록해버리면 특정한 결정이 내려지는 이유를 이해하기는 어렵다.[10] 대체로 보면 행동경제학은 인간 행동의 근본적인 인지 과정을 밝히는 데까지 나아가지는 못한 것으로 보인다.

행동경제학의 문제점은 신고전학파 경제학이 새로운 아이디어를 받아들일 때 일반적으로 발생하는 문제점과 유사하다. 비평가들은 경제학자들이 자신들에 대한 비판이 제기될 때마다 이를 기존의 이론 프레임 안으로 끌어들여 해결하려는 점을 우려한다. 경제학자들은 비평가의 견해를 받아들이면서도 가장 중요한 것들을 빠뜨리며, 비평가의 지적을 매우 형식적으로 수용하고 마는 경우가 대부분이다. 우리는 제4장에서 케인스의 아이디어가 왜곡되는 과정을 살펴봤고, 행동경제학의 사례도 앞에서 살펴봤으며, 제3장에서 다뤘던 이단경제학의 아이디어 일부가 '피셔-민스키-쿠 접근법'(Fisher-Minsky-Koo approach)

이라는 부제가 붙은 폴 크루그먼의 최근 논문에서 어떻게 수용되었는 지도 살펴볼 수 있다.[11] 하지만 크루그먼의 논문은 피셔와 민스키가 모두 명백히 거부한 균형분석(equilibrium analysis)에 의존하고 있으며, 내생화폐(endogenous money)와 금융불안정성가설(financial instability hypothesis), 심지어 리얼 파이낸셜 섹터에 이르는 민스키 이론의 핵심적인 부분들을 전혀 포함하지 않고 있다. 경쟁적인 아이디어를 기존 이론 틀에 끼워 맞춰 수용한다는 사실에서 논쟁의 범위와 발전의 기회는 줄어들 수밖에 없다. 경쟁적인 이론 틀을 뺀 아이디어만 남는 경우, 대부분의 방법론적 질문을 수용하더라도 제한적으로 이해될 수밖에 없기 때문이다.

그렇다면 계량경제학은 어떨까?

지금까지 우리는 경제학 이론과 관련된 커리큘럼 부분을 검토했다. 하지만 경제학의 통계학이라고 할 수 있는 계량경제학은 사실상 거의 모든 경제학 과정에서 필수 과목으로 다뤄지며, 경제학 연구의 상당 부분을 차지한다.[12] 계량경제학은 일반적으로 다른 모든 것이 일정하게 유지될 때, 즉 경제학 언어로 말하자면 다른 모든 조건이 동일하다(ceteris paribus)는 것을 전제로 경제 변수들 간의 인과관계를 밝히는 학문이다. 예를 들면 나이, 성별, 인종과 기타 관련 요소들이 일정하게 유지되는 경우 누군가 1년의 추가 교육을 받을 때 임금에 미치는 영향을 밝혀내는 것이다.

계량경제학은 그 자체로 실증을 추구할 뿐 아니라 인간의 행동에 대한 강력한 가정을 전제하지 않기 때문에 우리가 원래 설정한 커리큘럼 리뷰의 '경험적 증거 평가' 항목에 꼭 들어맞는다고 주장할 수 있다. 하지만 계량경제학이 우리가 리뷰에서 적용한 판단 근거들에 꼭 맞는다고 이야기할 수는 없다는 점에서 이렇게 결론을 내리는 것은 오해의 소지가 있다고 본다. 따라서 우리는 계량경제학에 대한 더욱 정확한 묘사를 위해 28개 계량경제학 과목을 대상으로 별도의 자체 평가 기준을 만들었다. 우리는 이 미니 리뷰를 통해, 계량경제학이 대부분의 경제학 이론에 비해 좀 더 경험적 증거에 초점을 맞추고 있음에도 불구하고 비판적인 경험 평가를 반드시 수반하지는 않는다는 점을 보여줄 수 있으리라고 믿는다. 이는 보통 경험적인 사례는 양식화되고, 대부분의 통계적인 실무 작업은 학생들이 수행하며, 제시된 증거는 경제학 이론을 테스트하는 데 거의 사용되지 않기 때문이다. 나아가, 일반적으로 계량경제학 수업을 통해서는 계량경제학의 기본 가정을 탐구하거나 경험적이고 통계적인 평가의 대안적 방법을 논의할 수 없다. 데이터 수집과 샘플링, 추론을 둘러싼 근본적인 이슈는 수업에서는 사실상 다뤄지지 않는다. 결과적으로 계량경제학 수업은 대부분 경험주의라는 외피를 두르고 있음에도 불구하고, 협소한 이론적인 분야에만 집중한다.

우리의 리뷰에 따르면, 계량경제학 수업에서 '선형회귀'(linear regression)로 알려진 특정한 통계 방법이 사용되는 빈도는 압도적으로 높았다. 이 방법을 이용한 교수 방식이 수업시간의 3분의 2 이상을 차지한 강의가 우리의 커리큘럼 리뷰에 포함된 계량경제학 과목 28개 가운데 26개나 되었다. 제프리 울드리지(Jeffrey Wooldridge)가 쓴 인기 교과서 『계량경제학』(Introductory Econometrics)은 모든 장에서 선형회귀를 주요하게 다루고 있다.[13] 이 방법은 기술적으로 매우 복잡해질 수 있는데, 결국은 가공하지 않은 원시 데이터에 초점을 두거나, 통계적 모집단의 일반적인 의견을 수집하는 보다 광범위한 방법을 추진하는 것으로 귀결된다. 실제로 계량경제학 시험 문제의 3분의 1은 데이터를 전혀 언급하지 않는 순수 이론적인 내용으로 출제되었다. 이론을 묻지 않은 시험 문제 중에서 개방형 과제에 독립적으로 접근하도록 했다고 간주할 수 있는 문제는 10% 미만이었고, 90% 이상은 단순하게 계량경제학적 방법(일반적으로 선형회귀)의 적용을 요구하거나 주어진 계량경제학적 방법을 사용하여 결과를 해석하도록 한 문제였다.

개방형 과제는 시험장 밖에서 풀도록 하는 것이 최선이라고 생각할 수 있지만, 이들 과목에서 독립 프로젝트를 위해 설정한 점수는 총점의 5분이 1에도 미치지 못했으며, 핵심(필수) 과목들에서는 총점의 평균 14%에 불과했다. 게다가 이 평균 점수는 셰필드 대학과 엑서터 대학처럼 평균 점수가 30%에 달한 대학들 때문에 상승한 것이며, 반면 맨체스터 대학과 LSE 같은 상위권 대학들이 독립 프로젝트에 부여한 점수는 각각 총점의 8%와 0%였다. 이는 대학들이 좀 더 기술적으로 부담이 많이 가는 학위 과정을 만들면서, 과제와 자기 전공에 관한 독자적인 연구는 퇴출시키는 쪽을 택했다고 볼 수 있다.

우리가 검토한 28개 과목 중에서 11개 과목은 독립적인 프로젝트를 전혀 다루지 않았고, 6개 과목은 독립적인 프로젝트에 총점의 3분의 1 이상을 할애했다. 다른 학과와의 비교해서 살펴보자면, 맨체스터 대학의 10개 '사회통계학' 과목에서 독립적인 프로젝트에 주어진 점수는 평균 총점의 47%에 달했는데, 여기에는 프로젝트와 과제물 수행에 100%의 점수를 부여하는 과목들도 포함되어 있다.[14]

경제학은 다른 사회과학에 비해 독자적인 방법과 접근법을 가지고 있다고 주장할 수도 있지만, 데이터를 직접 조사하고 이해한다는 점에서는 다른 사회과학과 근본적으로 유사하다. 경제학 데이터는 직접적이든 간접적이든 사람들로부터 수집해야 하며, 사회 데이터에는 사람들이 기록에서 드러나지 않거나, 반복조사에서 이탈하거나, 혹은 표본이 모집단을 대표하지 못하는 등의 잘 알려진 한계가 있다. 설문조사는 사회통계학에서 특히 중요한데, 응답자들이 정직하지 않거나 정확하지 않게 답변할 수도 있고, 질문을 통해 특정 답변을 유도할 수도 있으며, 단순히 모른다고 답할 수도 있기 때문이다.

다른 사회과학 분야에서도 이런 문제를 잘 알고 있으며, 많은 시간을 할애하고 있다. 예를 들어 앞에서 소개한 맨체스터 대학의 '사회통계학' 과목 중 몇몇 과목의 강의 요강에는 '학생들에게 데이터 수집과 요약, 해석의 원칙을 소개함', '조사 데이터의 계획과 관리 및 기초분석과 관련한 실제 이슈를 소개함', '설문조사 내용을 일반화할 수 있도록 샘플 데이터를 정하는 방법을 소개함' 등의 학습 목표가 포함되어 있다. 이와 비교하면 우리가 검토한 28개 계량경제학 과목 중에서는 단 한 과목에서만 사회 데이터의 수집과 처리, 해석 과정에 대해 설명하고 있다. 하지만 설문조사는 GDP처럼 주요 통계를 계산하는 데 활용되며, 경제학에서 매우 중요한 영역이다.[15] 경제학자 데이비드 헨드리(David Hendry)는 우리와 인터뷰하면서 과거에 경제학과 학생들은 거시경제 데이터를 이해하기 위해 국민계정(national accounts)을 자세히 공부했다고 말했으며, 수년 전 노벨상을 수상한 로버트 실러(Robert Shiller)는 '데이터 수집은 약자를 위한 것이라는 직업적 태도를 유지하고 있다'고 말했다.[16]

계량경제학 수업이 가진 긍정적인 성격을 하나 들자면, 학생들에게 왜 이런 가정을 세웠으며 어떤 상황에서 이런 가정을 적용할 수 없는지 등을 설명하도록 요구한다는 점인데, 우리가 검토한 90% 이상의 계량경제학 과목이 그렇게 수업을 진행하고 있었다. 하지만, 길고 모호한 가정들로 가득 찬 수많은 경제학 이론 수업들에 비하면 많이 개선되었음에도 불구하고, 계량경제학 수업에서도 학생들이 비판적으로 참여할 수 있는 여지는 많지 않다. 학생들에게 토론을 통해 기본적인 선형회귀 모형의 문제점과 극복 방법을 찾도록 요구하는 목적은 이를 약간씩 변형 적용하는 방식으로 모형을 '구출하는' 방법을 찾기 위함이며[17], 선형회귀를 적용하기 힘든 경우에는 대부분 논의 자체가 없었다. 선형회귀가 유용하게 쓰이는 경우가 많지만, 그렇지 않은 경우 또한 적지 않다. 정치학자 크리스토퍼 아첸(Christopher Achen)은 선형 세계에서는 미세한 편차만 발생해도 선형회귀의 결과를 크게 방해할 수 있음을 입증했다.[18] 하지만 계량경제학 수업에서는 선형회귀를 적용할 수 있는 경우와 없는 경우에 대한 논의는 거의 다뤄지지 않는다.

우리의 리뷰에 따르면, 어떤 계량경제학 수업에서도 특정한 계량경제 모형에 사용되는 구체적인 가정이 아닌, 계량경제학의 '기본' 가정이라고 부를만한 것들은 토론 주제가 아니었다. 이런 기본 가정 중에는 데이터가 확률로 간단히 나타낼 수 있는 불변의 과정을 통해 만들어진다는 생각도 있다. 하지만 데이터의 특성, 특히 계량경제학 데이터의 특성은 시기에 따라 실업률을 다르게 해석할 수 있는 것처럼 시간에 따라 커다란 '변화'를 보일 수 있다는 점이며, 따라서 관심 변수에 불변의 형태를 부여하는 모형으로는 데이터의 특성을 제대로 해석할 수 없다.[19]

로버트 루카스(Robert Lucas)가 비슷한 문제를 언급했는데, 그는 (우리가 제4장에서 언급한 것과는 약간 다른 맥락에서) 계량경제학의 경험적 추정치가 반드시 미래에 들어맞는다고 할 수는 없다는 이유로, 시간이 지나면서 사람들이 정책 변화에 적응한다는 점과 혹은 단순하게 계량경제학과 관련한 (느슨한) 지식들이 대중화되기 때문이라는 점을 들었다.[20] 루카스가 인플레이션에 적응한 노동자들은 더 많은 임금을 요구할 것이며, 따라서 실업과 인플레이션 간의 통계적으로 관찰된 반비례 관계 또한 왜곡될 것이라는 주장을 펼치기 위해 이런 추론을 사용했다는 점을 기억하자. 루카스가 바로 앞에서 언급한 두 가지 점 때문에 계량경제학으로 계산된 단순하고 기계적인 분석들이 종종 쓸모 없어져버리는 경우가 생겨난다.

문제는 계량경제학 수업에서는 데이터의 출처나 한계, 물리적 성질에 대한 경험적이고 실질적인 탐구 절차도 거치지 않고 그것이 계량경제학의 중심 가정을 만족시킨다고 가정해버리는 경향이 있다는 것이다. 유명한 통계학자 데이비드 프리드먼(David Freedman)은 이런 식으로 통계 모형을 적용하면 특정 문제에 대한 조사가 왜곡될 수 있다고 경고했다.[21] 이와 반대로 학생들이 데이터의 수집 방법과 이 과정에서 발생하는 문제점들을 이해하도록 유도하는 접근 방식도 있다. 선형 회귀를 비롯해 다양한 잠재적 방법을 적용하기 전에, 데이터의 유형과 생성 과정 등을 확인하는 다양한 테스트를 거친 뒤 데이터가 '스스로 이야기하도록' 놔두는 방식이 그것이다.[22]

계량경제학 분야에서는 추상적인 이론이 설 자리가 없다는 뜻이 아니다. 수학이나 통계학과 관련한 학문은 기본적으로 추상적인 이론에 기초하고 있다. 그래서 우리는 LSE가 개설한 '계량경제학 이론'(Econometric Theory)이라는 이름의 고급 선택과목이 100% 이론을 가르치는 과목임을 이해할 수 있다. 하지만 LSE가 필수과목으로 지정한 '계량경제학 원론'(Principles of Econometrics)이라는 또 다른 과목은 독립적인 프로젝트를 수행하지 않으면서 70% 정도의 이론만 가르치는 과목이라고 부를 수 있을까? 이 강좌의 수강생들은 분명 계량경제학 기법을 사용해야 하는 시기와 이유, 데이터 수집과 처리 방법 등에 대해 충분히 이해하지 못했으며, 앞으로 계량경제학을 더 이상 배울 일도 거의 없을 것이다.

계량경제학을 둘러싼 마지막 이슈는, 과학적 관점에서의 실패 여부와는 별개로, 경험을 다루는 학문으로서 경제학을 배우는 학생들에게 요구되는 경험적 노출의 대부분이 계량경제학 수업 시간에 이루어진다는 점이다. 경제사를 비롯해 사례 연구, 소셜 네트워크 분석, 설문조사, 실험 등과 같은 다양한 경험적 연구방법들은 커리큘럼상에 드러나지 않으며, 드러나더라도 계량경제학처럼 필수적이지 않다. 계량경제학 수업에서 경제 이론에 대한 엄격한 실증분석이 수반된다면 이런 현상이 어느 정도 이해가 되지만, 실상은 그렇지 않다. 우리가 검토한 계량경제학 과목의 70% 정도는 어떤 경제 이론 분석도 포함하고 있지 않았는데, 이들 과목은 주로 셰필드 대학과 카디프 대학 같은 특정 대학에 집중되어 있었고, 맨체스터 대학과 LSE 등은 여기에서 빠져 있다. 특히 핵심 과목들이 기대 이하였는데, 8개 필수 과목 가운데 경제 이론 분석을 포함한 과목은 겨우 1개에 불과했다. 몇몇 경제학 이론이 커리큘럼상에서 놀라운 생명력을 유지하는 이유를 경험적 반증을 위한 탐구가 결여되어 있다는 점에서 찾아야 할지도 모르겠다.

주

1 네트워크 분석에 도움이 되는 그래프 이론을 도입하는 것 또한 긍정적인 진전이 될 수 있을 것이다.

2 다음을 참조하라. Steve Keen, *Debunking Economics: The Naked Emperor Dethroned?*, London: Zed Books, 2011, 31p.

3 행위자 기반 모형(ABM)에 대한 소개는 다음을 참조하라. Leigh Tesfatsion, 'Agent-based computational economics', *Scholarpedia* 2(2) (2007): 1970p.

4 진화론과 복잡성 이론의 영향을 받은 시뮬레이션 모형의 일종인 스티브 킨의 민스키 모형과 윈 고들리와 마크 라브아가 주장한 스톡-플로 일관 모형(Stock Flow-Consistent models) 등이 있다. 다음을 참조하라. Steve Keen, 'Finance and economic breakdown: modeling Minsky's "Financial Instability Hypothesis"', *Journal of Post Keynesian Economics* 17(4) (1995): 607-635p, Matheus Grasselli and Marcello Costa Lima, 'An analysis of the Keen model for credit expansion, asset price bubbles and financial fragility', *Mathematics and Financial Economics* 6(3) (2012): 191-210p, Jason Potts, *The New Evolutionary Microeconomics: Complexity, Competence, and Adaptive Behaviour*, Cheltenham: Edward Elgar, 2000, 111-131p, Wynne Godley and Marc Lavoie, *Monetary Economics: An Integrated Approach to Credit, Money, Income, Production and Wealth*, Basingstoke: Palgrave Macmillan, 2007.

5 다음을 참조하라. Joshua D. Angrist and Stephen Pischke, 'The credibility revolution in empirical economics: how better research design is taking the con out of econometrics', *Journal of Economic Perspectives* 24(2) (2010): 3-30p, Joshua D. Angrist and Stephen Pischke, *Mostly Harmless Econometrics: An Empiricist's Companion*, Princeton, NJ: Princeton University Press, 2009.

6 George Loewenstein and Peter Ubel, 'Economics behaving badly', *New York Times*, 2010. 7.14. 다음을 참조하라. http://www.nytimes.

7 Michael Conlin, Ted O'Donoghue and Timothy J. Vogelsang, 'Projection bias in catalog orders', *American Economic Review* 97(4) (2007): 1217-1249p.

8 다음을 참조하라. Drew Fudenberg, 'Advancing beyond advances in behavioral

economics', *Journal of Economic Literature* 44(3) (2006): 694 - 711p, Jason Collins,
'Please, not another bias! The problem with behavioral economics', 《Evonomics》,
2015. 다음을 참고하라. http://evonomics.com/please-not-another-bias-the-
problem-with-behavioral-economics/

9　David S. Wilson and John M. Gowdy, 'Evolution as a general theoretical
framework for economics and public policy', *Journal of Economic Behavior &
Organization* 90, Supplement (June 2013): S3 - S10.

10　다음을 참조하라. Owen D. Jones, 'Time-shifted rationality and the law of law's
leverage: behavioral economics meets behavioral biology', *Northwestern
University Law Review* 95 (2001): 1141 - 1206p.

11　Gauti B. Eggertsson and Paul Krugman, 'Debt, deleveraging, and the liquidity
trap: a Fisher-Minsky-Koo approach', *The Quarterly Journal of Economics*
127(3) (2012): 1469 - 1513p.

12　Daniel S. Hamermesh, 'Six decades of top economics publishing: who and how?',
Journal of Economic Literature 51(1) (2013): 162 - 172p.

13　Jeffrey M. Wooldridge, *Introductory Econometrics: A Modern Approach*, Australia:
South-Western College Publishers, 2003.

14　자세한 내용은 맨체스터 대학 웹사이트에서 확인할 수 있다. http://courseunits.
humanities.manchester.ac.uk/Undergraduate/Social-Sciences/Social-Statistics.

15　GDP를 계산하는 방법에 대한 보다 자세한 내용은 ONS의 웹사이트를 참조하라: http://
webarchive.nationalarchives.gov.uk/20160105160709/http://www.ons.gov.uk/
ons/rel/elmr/explaining-economic-statistics/understanding-gdpand-how-it-is-
measured/sty-understanding-gdp.html.

16　Jeff Sommer, 'Robert Shiller: a skeptic and a Nobel winner', *New York Times*,
2013. 10. 19. 다음을 참조하라. http://www.nytimes.com/2013/10/20/business/
robert-shiller-a-skeptic-and-a-nobel-winner.html

17　2단계 최소제곱(결론적으로 두 차례의 선형회귀), 강한 표준오차(동일한 가설검정절차를 사용),
또는 고정효과추정(관측 불가능한 것이 선형이라고 가정하면 패널 데이터를 사용하여 추정회귀에
서 제거) 등을 생각할 수 있다. Aris Spanos도 비슷한 지적을 했다. Aris Spanos, 'Theory
testing in economics and the error-statistical perspective', Deborah G. Mayo
and Aris Spanos (eds), *Error and Inference: Recent Exchanges on Experimental*

Reasoning, Reliability, and the Objectivity and Rationality of Science, Cambridge: Cambridge University Press, 202 – 246p.

18 Christopher Achen, 'Let's put garbage-can regressions and garbage-can probits where they belong', *Conflict Management and Peace Science* 22(4) (2005): 327 – 339p.

19 David F. Hendry and Graham E. Mizon, 'Unpredictability in economic analysis, econometric modeling and forecasting', *Journal of Econometrics* 182(1) (2014): 186 – 195p.

20 이는 우리가 경제학의 미시적 기초를 갖춘 모형만 가치가 있다는 루카스의 주장에 동의한다는 의미는 아니다. 다음을 참조하라. Robert Lucas, 'Econometric policy evaluation: a critique', Karl Brunner and Allan Meltzer (eds), *The Phillips Curve and Labor Markets*, New York: North Holland, 1976, 19 – 46p.

21 통계 모형화에만 경도된 접근 방식에 대한 비판은 다음을 참조하라: David A. Freedman, 'Statistical models and shoe leather', *Sociological Methodology* 21 (1991): 291 – 313p, Leo Breiman, 'Statistical modeling: the two cultures (with comments and a rejoinder by the author)', Statistical Science 16(3) (2001): 199 – 231p.

22 이에 관해서는, 선형회귀를 포함한 11가지 통계 기법을 사용하여 식량 안보와 기후 변화에 대해 조사하고, 예측의 정확성을 서로 비교하여 어느 방법이 가장 적절한지 테스트하도록 한 다음의 사례를 참조하라. Julie E. Shortridge, Stefanie M. Falconi, Benjamin F. Zaitchik and Seth D. Guikema, 'Climate, agriculture, and hunger: statistical prediction of undernourishment using nonlinear regression and data-mining techniques', *Journal of Applied Statistics* 42(11) (2015): 2367 – 2390p.

커리큘럼 리뷰 방법론

개요

커리큘럼 리뷰에서는 러셀 그룹에 속한 7개 대학(케임브리지 대학, 셰필드 대학, 벨파스트 퀸즈 대학(QUB), 맨체스터 대학, 런던정경대학(LSE), 글래스고 대학, 엑서터 대학)의 174개 경제학 과목을 분석했다. 리뷰의 목적은 영국의 학부 과정에서 진행하는 경제학 교육의 내용과 형식을 실증적으로 검토하기 위한 것으로, 과목별 코스 요강과 지난 시험문제 등 두 가지 자료를 리뷰 대상으로 삼았다.

커리큘럼 리뷰를 위한 대부분의 연구는 2014~2015학년도에 실시했다. 우리는 16개 대학에 코스 요강과 시험문제를 제공해줄 수 있는지 문의했다. 벨파스트 퀸즈 대학, 옥스퍼드 대학, 카디프 대학을 제외한 대부분의 대학이 우리의 제안을 거절했다(옥스퍼드와 카디프에서 받은 자료는 너무 많아서 이번 리뷰에는 포함하지 않았다). 우리는 커리큘럼 리뷰를 위한 자료의 대부분을 해당 대학에서 경제학을 공부하는 학생들로부터 수집했으며, 따라서 전체 과정을 마무리하기까지 예상했던 것보다 훨씬 많은 시간을 들여야 했다. 결과적으로 우리의 표본은 랜덤 표본이나 대표 표본이 아니며, 우리가 데이터를 구할 수 있었던 대학 중심으로 구성되었다. 우리가 이 책에서 주장했듯 대학 경제학의 상태가 공공의 이익과 직결된다면, 오늘날 영국의 국공립 대학에서 경제학과 학생들에게 무엇을 가르치고 있는지는 솔직하고 투명하게 알려져야 하며, 대학은 이런 자료를 사람들이 공개적으로 이용할 수 있도록 해야 한다.

우리가 표본으로 삼은 모든 코스 요강은 2014~2015학년도 자료이며, 시험문제는 주로 2013~2014학년도 기말시험이나 학생들에게 제공된 모의 문제지로부터 입수한 것이다. 매우 드물기는 했지만, 모의 문제지 중에서는 2008~2009학년도부터 내려오던 것도 포함되어 있었다. 이런 모의 문제지는 학생들의 시험공부를 위해 제공되었으며, 학생들이 실제 치른 기말시험과 매우 유사했다. 수집 과정의 어려움 때문에 우리는 중간시험과 학기 중 과제물까지 체계적으로 모을 수는 없었다. 몇몇 과목의 경우 기말시험 대신 중간시험 문제지를 구할 수 있었으며, 이 경우에는 중간시험 문제지를 분석 대상으로 사용했다.

코스 요강

코스 요강의 성격과 담고 있는 내용은 대학마다 상이했지만, 우리는 어떤 교과서가 사용되고 있으며, 어떤 이론과 모형을 가르치는지, 그리고 비신고전학파의 관점이 언급되는지 등에 관한 데이터를 모으기 위해 코스 요강을 참고했다. 우리는 또한 코스 요강을 통해 기말시험이 과목 평가에서 얼마나 큰 비중을 차지하는지 파악할 수 있었으며, 중간시험과 학기 중 과제물을 분석하지 못해서 놓친 부분이 얼마나 되는지도 알 수 있었다.

시험 문제

우리는 174개 과목 가운데 156개 과목의 지난 시험문제를 분석할 수 있었다. 100% 코스워크 기반으로 진행되는 과목들이 있으며, 이 경우에는 다른 표본을 구하기 어려웠다. 우리가 구할 수 없었던 시험문제로 인해 우리의 결과가 특별히 영향을 받았을 것이라고 믿을만한 이유는 없다. 학기 중 과제물과 중간시험 내용을 추가하면 우리의 결과가 상당히 개선될 수 있을 것으로 생각하는 경제학 교수들이 있겠지만, 우리가 코스 요강을 분석한 결과나 영국 전역의 경제학과 학생들로부터 전해들은 이야기를 종합하면 평가는 상당히 아쉬운 수준의 객관식 시험과 할당된 문제 세트들에 의해 좌우되고 있음을 알 수 있다. 게다가 우리가 살펴본 대학들에서는 평균적으로 기말시험이 전체 평가의 81%나 차지하고 있었기 때문에 우리는 대부분의 평가를 분석 대상으로 삼았다고 볼 수 있다.

우리는 학생들이 졸업하고 자격을 갖춘 경제학자가 되기 위해 경제학 교육을 통해 배워야 하는 지식과 기술이 무엇인지 이해할 수 있는 방법론을 고안했다. 우리는 대부분의 연구 활동과 마찬가지로, 우리의 판단이 대상을 선정하고 분석을 수행하는 과정 속에 이미 내재되어 있다는 점을 잘 알고 있으며, 그것을 감추려고 하지 않는다. 아마 누군가는 다른 결론에 도달하는 커리큘럼 리뷰를 설계할 수도 있을 것이다(경제학 교육이 매우 비판적이며 실증적으로 이루어진다고 결론을 내릴 사람은 없겠지만). 지금 우리의 목표는 우리가 도달한 판단과 가정들을 투명하게 밝히고, 우리의 연구가 합리적인 이유를 논증하며, 한계는 무엇인지 밝히는 것이다.

우리는 네 가지 카테고리를 개발해 각 시험문제를 카테고리 별로 분류했으며, 각 과목별 합계, 특히 미시 및 거시경제학 같은 과목들과 대학별 및 전체 샘플의 합계를 산출해낼 수 있었다. 네 가지 범주는 다음과 같다.

1) 모형 다루기 문제

모형 다루기 문제는 학생들이 특정한 경제학 모형에 집중하고 이를 통해 몇 가지 과제를 수행하도록 한다. 모형이 얼마나 적합하며, 강점과 약점이 무엇인지의 여부는 평가 대상이 아니다. 이런 유형의 문제를 풀기 위해서는 도표와 수학(게임이론이나 제약 최적화(constrained optimisation)), 경우에 따라서는 서술이 동원된다. 모형 다루기 문제는 다음과 같이 다양한 형태로 출제된다.

a) 모형의 가정에 대해 언급하고, 이를 설명하라(비판적으로 설명하거나 평가하라는 지시는 없음).

b) 그래프와 방정식, 이론적 설명을 동원하여 모형을 추론하고 서술하라. 예를 들어, '다이아몬드-다이빅 모형(Diamond-Dybvig model)에서 투자 프로젝트가 거래될 수 있는 금융시장으로 은행을 대체해도 소비에서 같은 결과에 이를 수 있는지 설명하라.'

c) 모형을 처리하라: 일단 무언가가 도출되었다고 보고, 그것이 모형 안에서 어떻게 작동하는지 보여라. 예를 들어, 'VAT가 있다고 가정하자. 즉, t〉0이다. (d)부분에서 도출된 결과물이 여기 없을 수도 있음을 보여라. 답을 설명하라.'

d) 실제 사건을 모형 다루기를 통해 설명하라. 학생들이 경제 모형을 실제 사건과 연관시켜보도록 하는 질문. 예를 들어, 'IS-LM 모형으로 2008년 금융 위기를 어떻게 설명할 수 있는가?'

e) 수학적 계산 : 순수한 수학 문제 또한 모형 다루기 문제로 분류할 수 있다. 수학 문제가 모형과 직접적인 관련이 없는 경우도 있지만, 모형 다루기 문제냐 아니냐의 판정 기준은 학생들이 수학을 이용해 모형을 평가하느냐, 아니면 모형 다루기에 수학 문제를 적용할 뿐이냐를 보는 것이다.

2) 서술형 문제

서술형 문제는 학생들에게 무엇인가를 기억해서 적어내도록 간단히 요구한다. 결정적으로 서술형 문제는 학생들의 독자적인 판단을 요구하지 않는다. 서술형 문제를 통해 학생들에게 물을 수 있는 질문은 다음과 같은 것들이다.

> a) 정책, 제도 또는 사건 : 예를 들어 '2008년 12월 주가는 어떻게 되었나?', '완전적립방식 사회보장제도(fully funded social security system)란 무엇인가?'
>
> b) 논거 : 예를 들어 '로런스 서머스(Larry Summer)의 구조적장기침체이론(theory of secular stagnation)에 대해 논하라', '높은 수준의 근로소득세로 인해 GDP 성장률이 낮아질 수 있는 세 가지 이유를 제시하라.'
>
> c) 이론 : 예를 들어 '프리드먼 준칙(Friedman rule)이란 무엇인가?', '마샬-러너 조건(Marshall Lemer Condition)에 대해 설명하라', '최적통화권(optimal currency area)의 특징을 설명하라.'
>
> d) 방법론 : 경제정책분석 과목의 시험에서 공통적으로 나타나며 학생들에게 특정 연구결과의 도출 과정을 서술하도록 요구하는 단순한 형식의 질문이다. 예들 들어 '데이비드 카드(David Card)의 논문 '마리엘 보트리프트(Mariel Boatlift)•가 마이애이 노동시장에 끼친 영향'은 이민이 임금에 미치는 영향을 어떻게 보여주었나?'

• 1980년 4월 피델 카스트로가 쿠바를 떠나고 싶은 사람들을 위해 마리엘 항구를 개방한 사건. 이후 6개월간 125,000명의 쿠바인이 미국으로 건너갔다.

3) 평가형 문제

평가형 문제를 푸는 데는 독자적인 판단이 필요하다. 학생들이 독자적인 판단을 내리기 위해서는 한 가지 이상의 가능한 답이 있거나, 최소한 엄밀하게 정의된 '정답'이 있어서는 안 된다. 평가형 질문으로는 다음과 같은 것들이 가능하다.

a) 정책 또는 사건의 평가. 예를 들어 '2008년 금융 위기의 주요 원인은 무엇인가?'

b) 이론이나 모형의 평가. 예를 들어 '솔로우 성장 모형(Solow Growth Model)이 영국의 장기 경제성장을 이해하는데 얼마나 유용하나?'

c) 논거의 평가. 예를 들어 '1980년 이후 25년간 실업률은 미국보다 유럽에서 체계적으로 더 높았는데, 이는 유럽이 미국보다 더 강력한 고용보호정책과 더 관대한 실업보험제도를 유지했기 때문이다. 이 주장에 대해 논하라.'

d) 하나의 이론이나 모형을 다른 것과 비교하여 평가. 예를 들어 '실물적 경기변동이론(Real Business Cycle Theory)과 새 케인스학파 모형(New Keynesian models) 중에서 2008년 금융 위기의 성격을 더 잘 설명하는 이론은 어느 쪽인가?'

e) 방법론의 평가. 예를 들어 '회귀단절모형(regression discontinuity design)은 교육이 임금에 미치는 영향을 조사하는데 얼마나 유용하나?'

4) 객관식 문제

이 유형에 대해서는 별다른 설명이 필요하지 않으며, 쉽게 식별이 가능하다.

강조

각각의 시험문제는 하나씩 평가를 거쳐 적합한 카테고리 별로 분류했다. 시험문제가 여러 카테고리에 걸쳐있다고 판단되는 경우에는 점수가 고르게 배분되도록 조정했다. 서술형과 평가형이 절반씩 섞인 문제의 사례는 다음과 같다. '연구자가 삼림복원사업에 관한 가상평가법(contingent valuation method)을 수행하는 방법을 설명하라. 사용된 평가문항의 유형에 대한 사례를 제시하고 장단점을 논하라.'

또한 '솔로우 성장 모형을 도출하고 적용 가능성에 대해 간략히 언급하라'와 같이 복수의 질문을 담고 있으면서 질문 간 점수 배분이 분명하게 구분되어 있는 문제의 경우에는 카테고리 점수를 3/4, 1/4 식으로 배분했다.

결과의 집계 및 기록

개별 시험의 경우, 각 카테고리 별 백분율은 시험의 총점 중에서 해당 카테고리 별 할당 비율을 확인하여 계산했다. 예를 들어, 한 시험이 각각 점수의 50%씩를 배분한 섹션 A와 섹션 B로 나뉘어 있고, 섹션 A는 50점짜리 질문 1개, 섹션 B는 50점짜리 질문 2개 중에서 학생들이 하나를 선택해서 답할 수 있다고 가정한다면, 그 시험의 총점은 150점이 될 것이다. 이 경우 섹션 A의 질문이 '모형 다루기'에 해당하고, 섹션 B의 질문이 2개 모두 '평가형 질문'에 해당한다면 시험 점수는 모형 다루기에 1/3, 평가형에 2/3를 배분했다.

각 대학별 점수를 집계하기 위해 각 개별 과목의 결과에 가치가 있는 학점(또는 연간 비율)의 가중치를 곱했다. 모든 대학의 결과를 합산하기 위해 각 대학의 카테고리 별 점수를 합한 다음 대학 수로 나누었다.

우리는 제2장에서 핵심적인 미시 및 거시경제학 과목을 비롯한 모든 시험의 결과를 제시했다. 핵심적인 미시 및 거시경제학 시험이란 대학의 경제학과(BSc 혹은 BA 학위 취득학과)에 다니는 학생들이 의무적으로 치러야 하는 미시경제학 및 거시경제학 시험을 일컫는다. 따라서 예를 들어 글래스고 대학 3학년생 대상의 고급 거시경제학 시험은 모든 학생들에게 필수가 아니기 때문에 여기에 포함하지 않았다. 핵심 과목의 명칭은 대부분 미시경제학I, 거시경제학II 등으로 불리기 때문에 분류하기가 쉽다. 하지만 핵심적인 미시 및 거시경제학 과목으로 분류하는 게 맞는지 신중하게 판단해야 하는 경우도 있었다. 예를 들어 셰필드 대학의 1학년들은 경제정책1, 2 과목을 수강하는데, 이는 다른 대학의 거시경제학 및 미시경제학 강의와 완전히 같은 내용이다. 벨파스트 퀸즈 대학의 경우에는 좀 더 구체적인 주제(예를 들면 경제성장 이론, 게임 이론의 경제학적 응용)에 초점을 맞춘 과목들을 개설하고 있으며 핵심 거시경제학 강의라고 판단하기가 애매해서 이 리스트에 포함하지 않았다.

도전

커리큘럼 리뷰는, (시험에 응시하는 학생들처럼) 채점 기준(mark scheme) 없이 문제를 풀어야 하고, 다양한 카테고리 간 경계가 항상 분명하지도 않다는 사실에 대한 중대한 도전이었다. 하지만 경계가 흐릿한 경우들도 있었고 이때는 다른 것보다 결정하기가 어려웠다. 예를 들어 '이론에 대해 서술하라'와 '모형을 다루어라'라는 문제는 서로 경계가 겹쳐 있어서 명확히 한 쪽으로 가르기가 쉽지 않은데, 하지만 이런 점이 우리의 전체 분석 결과에 크게 영향을 미칠 수 없는 이유는 이들 문제들이 지식에 대한 독자적이고 비판적인 판단을 묻기보다는 기술적인 지식과 그 지식의 기억 및 환류 능력을 시험하는데 그치기 때문이다.

더 중요한 것은, 학생들에게 독자적인 판단과 평가를 요구하는 질문인지, 아니면 단지 강의 노트나 슬라이드에 담긴 내용을 술술 풀어내도록 요구하는 질문인지 파악하는 것이 때로는 어려웠다는 점이다. 마찬가지로 학생들이 논점을 제기하고 독자적인 판단을 내릴 수 있는지, 또한 해당 질문이 독자적인 판단의 가능성을 배제하는 단 하나의 정답만 가지고 있는지 등을 판단하는 것 또한 어려웠다. 예를 들어 우리가 분석했던 셰필드 대학 3학년생들이 치르는 국제무역 시험(채점 기준이 포함되어 있음)의 질문 1C 문항은 다음과 같았다. '무역정책에 관한 지식을 활용하여 다음 문장을 평가하라: "관세는 작은 나라보다 큰 나라에서 복지에 더 부정적인 영향을 미친다." 이 질문은 비판적인 평가형 문제의 완벽한 사례로 보이지만, 채점 기준에 따르면 이 문제의 정답은 무조건 '거짓'이며, 표준적인 신고전학파 모형을 사용하면 간단하게 풀 수 있다.

　이런 식으로 평가를 묻는 것인지 아닌지 애매한 질문은 부정적인 쪽으로 판단하자는 것이 우리의 대응 방침이었다. 앞에서 지적한 '모형 다루기' 문제의 밑에서 두 번째 유형이 여기에 포함되며, '그 모형의 약점을 지적하라'는 질문과 함께 아주 낮은 점수가 부여된 문제들도 이런 의심이 든다. 저자들이 학생운동 과정에서 만난 우리 동료와 학생들의 경험을 떠올려보자면, 이런 질문을 접한 학생들은 강의 노트에서 한 줄짜리 답변을 기억해낼 것을 요구받고 있으며 점수를 따려면 정말 독자적으로 판단해서는 안 된다고 느낄 것이다. 우리는 이런 문제들이 평가형 문제와는 관련이 없다고 판단했다.

　우리는 모든 '모형 다루기' 문제의 데이터를 수집한 다음 실제 세계를 다룬 비율이 얼마나 되는지 조사했는데, 결과적으로 그 비율은 매우 낮아서 경제학 교육이 추상적이며 실제 세계와 유리되어 있다는 우리의 주장을 뒷받침했다. 다시, 우리는 '실제 세계'는 무엇으로 구성되는가에 대한 정의를 내려야 했다. 모형 다루기 문제가 소득과 세금, NHS를 단순하게 언급한다고 해서 실제 세계를 다룬 것으로 볼 수 있을까? 실제 세계의 데이터를 사용하고 실제 세계의 경험적 트렌드를 기록한다면 어떻게 봐야 할까? 아니면 학생에게 실제 세계에 대한 실질적인 지식을 입증하도록 요구하는 경우에만 실제 세계를 다뤘다고 볼 수 있을까(만약 그렇다면 그게 요구사항이었다는 것을 알 수 있는 방법은 있을까)? 우리의 판정 기준은 실제 세계에 관한 지식이 있어야 답을 쓸 수 있다는 사실이 질문 속에 담겨 있느냐의 여부였다. 이런 기준에 따라 우리는 실제 세계의 데이터를 가져다 쓴 모형은 학생들이 실제 세계를 몰라도 풀 수 있다는 점에서 실제 세계를 다룬 문제에 포함시키지 않앞으며, 반면에 실제 세계의 사건이나 트렌드를 설명하거나 평가하기 위해 모형을 사용한 경우에는 학생들이 답변하려면 자신의 지식을 이용할 수밖에 없다는 점에서 실제 세계를 다룬 문제에 포함시켰다.

우리는 카테고리를 제대로 설정했는지(예를 들어, 평가 기준이 너무 까다롭거나 애매하지는 않은지), 또는 이를 일관되고 엄격하게 적용했는지 등의 관점에서 우리의 리뷰가 비판받을 수 있다고 본다. 우리는 카테고리를 다르게 설정하는 것만으로도 다른 결과를 도출해낼 수 있다는 주장을 전적으로 인정한다. 더 흥미로운 문제는 적용과 관련한 것이다. 연구를 진행하는 내내 우리는 판정을 내린다는 게 어떤 역할인지 잘 깨닫고 있었으며, 우리의 리뷰가 객관적이지 않다는 걸 인정하는 한편 엄격하게 진행될 수 있도록 조치를 취해왔다. 우리의 경험을 살펴보면, 과정이 매번 똑같은 결론에 이를 정도로 정확한 것은 아니었다. 하지만 우리 팀의 한 멤버가 커리큘럼을 검토한 다음에는 항상 다른 멤버가 같은 과정을 반복하면서 차이가 5% 이내에서 유지되도록 했다. 따라서 연구 과정에서 도출된 추론을 뒷받침할 만큼 우리의 연구가 충분히 엄밀했다는 점은 확실히 밝혀둔다. 우리는 이해 당사자들이 경제학 교육을 주제로 추가 연구에 나서기를 기대하며, 우리의 연구 방법론을 둘러싼 찬반 토론이 열린다면 기꺼이 응할 것이다.

계량경제학 리뷰

다른 경제학 과목과 같은 기준을 사용하기는 적절치 않다는 판단에 따라 계량경제학 커리큘럼 리뷰에서는 다른 판단기준으로 사용했다. 계량경제학 리뷰에는 기존 7개 대학의 표본 외에도 카디프 대학의 계량경제학 과목 2개를 추가했는데, 이는 계량경제학 리뷰를 가장 나중에 수행했기 때문에 가능했다. 시험 문제는 세 가지 카테고리로 나눌수 있다.

1. 문제에 대한 독자적인 접근. 학생들에게 조사한 이슈나 원시 데이터를 제공하고, 이에 대한 분석 방법과 이유를 질문한다. 예를들어 '당신은 1990~2010년의 대학 수업료와 UCAS● 대학 지원자 통계 데이터를 가지고 있다. 당신은 수업료 인상이 대학 지원자 숫자에 어떤 영향을 끼쳤는지 알고 싶다. 어떤 방법을 사용해야 하며, 그 이유는 무엇인가?'

2. 추상적/이론적 계량경제학. 실제 데이터나 실제 문제를 언급하지는 않지만, 학생들에게 통계/확률 이론에 대한 수학적 풀이를 요구하거나, 순수하게 추상적인 수준에서 회귀 모형을 조직하고 통계를 시험하도록 요구하는 질문.

3. 주어진 결과의 해석이나 제안된 접근법의 적용. 학생에게 일련의 특정 결과물이나 계량경제학 방법을 제공하고, 그것을 적용, 해석, 또는 평가하도록 요구하는 질문. 예를 들어 주어진 회귀를 통해 가설 테스트를 수행하거나 누락변수편이(omitted variable bias)를 논하도록 하는 문제.

나아가 우리는 가능하다면 과목 전체 점수의 백분율을 기록했는데, 단지 (코스 요강에 나와 있는) 기말시험만이 아니라 시험장 밖에서 수행된

● Universities and College Admissions Service. 영국의 대학입학 지원을 관리하는 기관.

독자적인 통계 보고서나 프로젝트에 주어진 점수의 백분율도 기록했다.

마지막으로, 과목마다 '예/아니오'로 답할 수 있는 질문을 부여했으며, 코스 요강과 시험 문제를 이용해 결론을 도출했다. 이때 사용된 질문 중에는 '선형회귀가 강의의 대부분(2/3 이상)을 차지하고 있는가?'와 '데이터와 데이터 출처 등을 둘러싼 비판적 토론이 있는가?' 등이 포함되어 있다.

'경제학자'들에게만 '경제'를 맡겨둘 것인가?

데모크러시가 아니라 이코노크러시!

역자 후기는 아무래도 이 책 제목에 대한 이야기로부터 시작하는 게 좋을 듯하다. '이코노크러시'(Econocracy)가 무슨 뜻인지 제대로 이해하는 것만으로도 저자들의 메시지를 얼추 파악할 수 있다고 보기 때문이다. 물론 어느 사전을 찾아봐도 '이코노크러시'라는 단어는 존재하지 않는다. 저자들이 만든 말이기 때문이다. 앞쪽의 'Econo-'는 이코노믹스(Economics, 경제학)에서 가져왔다. 'Econo-'가 경제가 아닌 경제학을 지칭한다는 것은 서문만 읽어봐도 알 수 있다. 뒤쪽의 '-cracy'는 권력이나 통치를 뜻하는 그리스어에서 따왔다. 흔히 Democracy를 민주주의로 옮기지만 이를 풀어보면 '권력이 시민에게 있다', 다시 말해 시민이 통치하는 사회라는 뜻이다. 그러니까 이코노크러시는 '경제학이 통치하는 사회'를 뜻하는 조어라고 할 수 있다. 이것이 저자들이 주목하는 현대 사회의 정체성이다. 데모크러시가 아닌 이코노크러시! 저자들은 제1장 첫머리에 사전의 뜻풀이 형식을 빌려 이코노크러시의 의미를 이렇게 적어 놓았다.

"정치적 목표가 경제에 미치는 영향에 따라 정해지며, 전문가의 관리를 요하는 별도의 논리 체계가 존재한다고 믿는 사회."

책에는 저자들이 현대 사회를 이코노크러시로 규정한 다양한 근거가 제시된다. 제2차 세계대전 이후 경제정책의 신뢰를 얻지 못하는 정당이 영국 선거에서 승리한 전례는 거의 없었다. 그 결과 1950년 이전까지 모든 선거 구호에서 단 두 차례만 찾을 수 있었던 '경제'라는 단어가 2015년 총선 때는 보수당 선거 공약 속에서만 59차례나 등장했다. 통계청은 분기마다 재화와 서비스의 화폐가치를 측정하여 국내총생산 추정치를 발표하며, 정치권은 이를 활용해 여론을 형성한다. 정부 기구 안에도 다수의 경제학자가 포진하고 있으며 정책 결정 과정에서 막강한 영향력을 발휘한다. 경제가 국가 운영의 중심 잣대가 되면서, 삶의 다양한 영역들이 경제에 얼마나 기여하느냐는 관점을 가지고 자신의 존재를 증명해야 한다.

문제는 소수의 엘리트를 제외하면 경제학의 언어를 이해하고 소통할 수 있는 시민이 거의 없다는 점이다. 현대 사회에서는 어려운 경제 언어를 습득한 사람만 발언권을 누린다. 경제 토론과 의사 결정에 시민이 낄 여지는 거의 없다. 현실이 이렇기 때문에 이코노크러시는 우리 시대의 위대한 정치 전통인 자유민주주의와 양립할 수 없다는 게 저자들의 주장이다.

문제는 그뿐만이 아니다. 경제학적 결정은 사람들의 삶에 바로 영향을 미치기 때문에 경제학자가 실수한다는 것은 예술사학자나 고생물학자가 실수하는 것과는 차원이 다른 일이다. 그래서 저자들은 경제정책의 결정 과정이 좀 더 공개적인 공론화 과정을 거쳐야 하며, 이를 위해서는 경제학의 문턱을 낮추고 많은 시민이 경제학을 접하고 이해할 수 있도록 해야 한다고 말한다. 이것이 바로 경제학의 민주주의라고 일컫는 방식이며, 또한 민주주의를 되살리는 길이라는 것이다.

경제 민주주의보다 경제학의 민주주의가 필요한 이유

이 책의 저자들은 2008년 세계 금융 위기의 소용돌이를 겪으며 성장한 세대이다. 이들은 경제 정책 하나가 그토록 많은 사람의 삶에 영향을 끼칠 수 있다는 것에 충격을 받고, 세계를 이해하고 그 속에서 역할을 찾으려면 경제학을 공부해야겠다고 다짐하며 대학에 입학했다고 고백한다. 하지만 대학에서 마주한 경제학은 상상했던 학문과 너무 달랐다. 대학에서 배운 경제학만으로는 세상을 이해하는 데에 별 도움이 되지 못했다. 이런 현상을 배태한 가장 중요한 원인의 하나로 이들은 신고전학파 경제학으로 불리는 주류 경제학파에 의한 경제학의 독점과 학문적 오만을 지목한다.

결과적으로 볼 때, 금융 위기 이전까지 주류 경제학자들의 현실 진단이 오만했던 것은 사실이다. 미국 연방준비제도이사회 의장이었던 벤 버냉키는 낮은 인플레이션과 고성장의 '대 안정기'가 도래했다고 진단했고, 당시 IMF 수석 이코노미스트였던 올리비에 블랑샤르는 금융 위기의 징후가 보이고 있었음에도 '거시경제의 상황은 좋다'고 공표했다. 이런 자아도취적 집단 사고가 어떻게 가능했을까. 이들 저명한 전문가들의 머릿속을 신고전학파의 사고방식이 온통 지배하고 있었기 때문이란 게 저자들의 주장이다.

물론 저자들이 신고전학파 경제학의 무용론을 주장하는 것은 아니다. 신고전학파 경제학이 대학의 경제학 교육을 독점하고 있기 때문에 발생하는 결함을 지적할 뿐이다. 세상에 존재하는 그랜드 비전이 대개 그렇듯이, 신고전학파 경제학에도 경제학자의 능력을 심각하게 제한하는 단점과 사각지대가 있으며, 경제 전문가들이 다른 경제학파의 사고방식을 접하고 받아들일 수 있다면 경제를 예측하고 미세 조정하는 능력을 조금 더 키울 수 있으리라는 게 저자들의 주장이다.

예를 들어 금융 위기가 닥쳤을 때 신고전학파 경제학자들은 사태의 폭발성을 전혀 예측하지 못했을 뿐 아니라 사후 설명 과정에서조차 무능했다. 하지만 당시 거시경제학자들이 다른 경제학파의 이론, 가령 금융 위기 훨씬 이전에 발표되었던 하이먼 민스키의 금융 불안정성 가설 같은 이론을 알고 있었다면 위기에 좀 더 잘 대처할 수 있지 않았을까. 저자들은 그랬을 것이라고 주장한다. 민스키는 포스트 케인스학파의 경제적 관점을 고수했고, 2008년 금융위기가 발생하기 전까지 그의 금융 불안정성 가설은 신고전학파 경제학자들에게 크게 주목받지 못하다가 위기 이후에야 폴 크루그먼 같은 주류 경제학자들에게 받아들여졌다.

현대 사회는 환경이나 불평등 문제처럼 신고전학파의 이론 틀만 가지고는 해결할 수 없는 다양한 난제들이 점점 많아지고 있다. 이는 신고전학파의 관점을 고수하는 것만으로는 혁신적이고, 지속 가능하며, 공정하고, 안정적인 사회를 구축하기 어려울 정도로 우리가 사는 사회가 복잡해졌음을 의미한다. 우리는 우리 자신의 미래를 결정할 복잡하고 도전적이며 긴급한 정치적 결정을 내려야 하는 과제에 수시로 직면하고 있다. 다양한 경제학파들의 이론과 시각을 수용하고, 공론의 장을 더욱 활성화하는 것만으로도 경제학은 지금보다 훨씬 더 현실적인 사회 분석과 해법의 도구가 될 수 있으리라고 저자들은 말한다.

문제는 경제학이 아닌 경제학 교육

    2012년 12월, 저자들을 필두로 맨체스터 대학에서 경제학을 공부하는 학생들이 새로운 대안 경제학과 경제학 교육의 개혁을 주장하며 학내 동아리 포스트 크래시 경제학회(Post-Crash Economics Society)를 창립했다. '크래시'(crash)는 2008년 금융 위기에 전혀 대처하지 못하고 무력했던 주류 경제학의 와해를 뜻한다. 이제는 와해 이후의 대안 경제학을 준비하자는 것이 학회 창립의 이유였다.

    이들은 자체 세미나를 진행하면서 교과 과정 개혁을 위한 캠페인을 꾸려나갔다. 이들의 첫 번째 행동 목표는 대학의 경제학 커리큘럼 개혁이었다. 이를 위해 이들은 맨체스터 대학과 케임브리지 대학, 런던정경대학을 비롯해 러셀 그룹(영국 명문 대학 리그)에 속한 7대 대학 174개 전공과목의 수업 안내서와 시험문제를 전수 조사했다. 대부분의 경제학 수업이 주류 신고전학파 경제학 과목들로 채워져 있었고, 시험문제 또한 추상적이고 수학적인 경제 모형 다루기에 할애되고 있었다. 신고전학파 경제학을 견제하고 보완하기 위한 비판적인 사고나 다원주의 이론은 설 자리조차 위태롭게 보였다. 저자들은 이렇게 수집한 자료를 토대로 영국 대학 경제학과의 커리큘럼을 분석하고 비평했는데, 그 내용은 제2장과 부록 등에서 자세히 살펴볼 수 있다.

    이들의 활동은 리싱킹 경제학(Rethinking Economics)과 만나면서 훨씬 폭넓고 깊어진다. 리싱킹 경제학은 경제학 개혁을 목표로 내건 국제적인 학생조직이다. 리싱킹 경제학 회원들은 대학의 경제학 커리큘럼 개혁을 넘어서 시민을 대상으로 하는 경제학 교육 프로그램으로 활동의 영역을 확장해나간다. 즉 정치나 뉴스, 지역 사회의 경제 담론에 비판적으로 참여할 수 있는 기본적인 지식과 자신감, 관심을 지닌 개인(시민)을 많이 길러내는 것이 경제학의 민주주의, 나아가 민주주의의 회복을 위한 지름길이라는 것이다.

『이코노크러시』 제6장에는 이를 위한 구체적인 프로그램들이 다수 소개되어 있는데, 저자들은 이 과정을 '시민 경제학자' 양성이라는 개념으로 설명한다. 그 과정을 몇 가지만 소개하자면 11~18세 학생들을 대상으로 비판적이고 다원주의적인 경제학을 소개하는 학교 워크숍이 있으며, 일상에서 마주치는 경제학을 비판적으로 소개하는 시민 대상 야간 강좌도 있다. 또한 리싱킹 경제학은 2016년 3월 '경제'(www.ecnmy.org)라는 이름으로 시사 웹 사이트를 열었는데, 이 사이트는 모든 시민이 경제를 논할 수 있는 자신감과 이해력을 지니며, 자기 주변의 경제적, 정치적 담론에 비판적으로 참여할 수 있는 세상을 만들자는 목표를 내걸었다. 웹 사이트는 사용자들에게 다양한 경제적 아이디어를 소개하는 비디오와 애니메이션을 포함한 '학습' 섹션을 제공하고 있다. 이와 별도로 포스트 크래시 경제학회에서도 열린 경제학을 위한 시민강좌를 현재까지 꾸준히 꾸려오고 있는데, 관심 있는 분은 포스크 크래시 경제학회 페이스북 페이지(https://www.facebook.com/PostCrash EconomicsSocietyManchester)에 접속해서 자세히 살펴볼 수 있다.

현대사회 분석과 신고전학파 경제학 비판, 대학의 경제학 교육과정 분석, 대안 경제학 소개 등을 두루 담고 있는 『이코노크러시』는 저자들이 전 세계 경제학도들을 향해 외치는 '매니페스토'라고 할 수 있다. 물론 저자들의 주장을 수용한다고 하더라도 모든 정책 결정을 정치인들에게 맡긴다든지, 국민투표 등을 통해 대중에게 위임해야 하는 것은 아니다. 저자들의 적극적인 후원자이자 이 책의 서문을 쓴 앤디 홀데인 영국은행 수석 이코노미스트의 말처럼 "정치적 과정에서 제3자 원칙을 취하도록 훈련받은 전문성은, 정치 일정이나 파퓰리즘의 압박에도 불구하고 사회의 장기적인 이익을 위해 판단할 수 있도록 하는 중요한 역할을 하"기 때문이다. 다만 경제학은 모든 사람에게 영향을 미친다는 점에서 명실상부하게 모두를 위한 학문이며, 전문가에게만 맡겨놓기에는 너무나 중요하다는 저자들의 주장을 현재의 경제학계가 겸허히 경청하는 것만으로도 우리의 미래는 한층 밝아질 것이다.

저자들이 『이코노크러시』를 출간한 2016년 말, 이들과 뜻을 같이한 대학생 학회는 맨체스터 대학의 포스트크래시 경제학회, 케임브리지 대학의 경제다원주의학회 등 14개에 불과했다. 하지만 2년여가 지난 현재 영국 내 19개 대학을 비롯해 전 세계 60여 개 대학의 경제학과 학생들이 리싱킹 경제학 네트워크에 동참하고 있을 정도로 영국과 유럽에서는 경제학 개혁 학생운동이 영향력을 넓혀가고 있다. 아쉽게도 국내 대학들에서는 아무런 움직임이 없지만 말이다.

역자도 대학에서 경제학을 전공했다. 역자 또한 대학에 다니면서 다양한 경제학파의 이론을 접해본 기억은 별로 없다. 과거보다 주류 경제학의 독점 현상이 더욱 심화된 학과 환경에서 1학년 때부터 박 터지는 경쟁을 해가며 취업 준비에 내몰리는 현재의 대학생들은 더할 것이다. 하지만 대학에서 경제학을 공부하는 이들이라면, 졸업 후 경제학자나 경제 전문가를 꿈꾸는 이들이라면, 혹은 건강한 시민 사회의 일원으로 살아가고 싶은 젊은이들이라면 『이코노크러시』 저자들의 주장이 한 번쯤은 경청해볼 가치가 있을 것이다. 그리고 한국에서도 경제학의 다원주의를 지향하는 움직임이 살아나기를 기대한다.

믹 모런 편집장

〈맨체스터 자본주의〉 시리즈는 경제 회복과 금융 개혁, 정치적 동원 같은 현대 자본주의의 대형 이슈들을 재평가하는 책들로 꾸렸다. 이 시리즈에서 우리는 주요 정책 이슈뿐 아니라 방치된 정책 의제를 지탱하는 가설들에 대해 다루고자 한다. 책임감 있는 자본주의의 안정성을 보장하기 위해서 필요한 정치적 선택에 기여하는 것이 우리의 목표이다.

이 시리즈의 첫 세 권은 경쟁과 시장에 대한 정책 편향, 아웃소싱에 대한 영국 정부의 집요한 고집, 그리고 남반구 국가들을 위한 수출 상품으로서의 민관협력사업의 발전을 다루었다. 이 책들은 모두 1979년 이후의 구조 개혁이 시장을 약속하고, 엘리트들에게는 착취적인 금융주도 자본주의의 혜택을 제공했지만, 반면 평범한 시민들은 일상적인 복지에 필요한 재화와 서비스를 공급받는 것에서조차 문제를 겪고 있다는 주장을 담고 있다.

이와 함께 맨체스터 대학 사회문화변화연구센터(Centre for Research on Socio Cultural Change) 연구원들은 다양한 공익 보고서 시리즈를 생산하고 있는데, 이 보고서들은 연구센터 홈페이지(www.cresc.ac.uk)에서 자유롭게 내려 받을 수 있다. 이들 보고서가 다루는 주제는 육류 공급에서부터 철도, 섬유, 의류, 성인 보호 등 다양하다. 맨체스터 자본주의 홈페이지는 발간 도서와 보고서 저자들의 최근 활동을 소개하고 있다.

〈맨체스터 자본주의〉라는 제목에는 엘리트들이 의사 결정을 하는 대도시 중심부

바깥의 경제와 사회에도 많은 정보들이 널려 있다는 우리의 확신이 담겨 있다. 우리가 이 시리즈를 펴내는 이유는, 빅토리아 시대 영국에서라면 지방 급진주의 정도로 여겨졌겠지만 21세기에는 정보화된 시민을 통해 고취할 수 있는 힘을 알리고 육성하기 위해서이다. 『이코노크러시』 저자들의 말처럼 시민들에게는 지식이 필요하며, 전문가의 결정에만 맡겨놓을 수는 없다.

〈맨체스터 자본주의〉 시리즈 기존 발간 도서

Licensed larceny: Infrastructure, financial extraction and the Global South, Nicholas Hildyard

The end of the experiment?, Bowman et al.

What a waste: Outsourcing and how it goes wrong, Bowman et al.